Reflexionen über Entfremdungserscheinungen in
Christa Wolfs *Medea. Stimmen*

Yıldız Aydın

Reflexionen über Entfremdungserscheinungen in Christa Wolfs *Medea. Stimmen*

PETER LANG
EDITION

Bibliografische Information der Deutschen Nationalbibliothek
Die Deutsche Nationalbibliothek verzeichnet diese Publikation
in der Deutschen Nationalbibliografie; detaillierte bibliografische
Daten sind im Internet über http://dnb.d-nb.de abrufbar.

Zugl.: RWTH Aachen University, Diss., 2010

D 82
ISBN 978-3-631-69844-0 (Print)
E-ISBN 978-3-631-71349-5 (E-Book)
E-ISBN 978-3-631-71350-1 (EPUB)
E-ISBN 978-3-631-71351-8 (MOBI)
DOI 10.3726/978-3-631-71349-5

© Peter Lang GmbH
Internationaler Verlag der Wissenschaften
Frankfurt am Main 2016
Alle Rechte vorbehalten.
Peter Lang Edition ist ein Imprint der Peter Lang GmbH.

Peter Lang – Frankfurt am Main · Bern · Bruxelles ·
New York · Oxford · Warszawa · Wien

Diese Publikation wurde begutachtet.

www.peterlang.com

Meiner Mutter

Danksagung

Für meine Doktorarbeit schulde ich sehr vielen Menschen einen herzlichen Dank.

An erster Stelle möchte ich meinem Doktorvater, Herrn Prof. Dr. Dieter Breuer, danken. Ohne seine weitreichende Unterstützung, seinen Ansporn und seine konstruktive Kritik wäre diese Dissertation nie entstanden.

Viele haben diese Arbeit mit motivierendem Zuspruch unterstützt. Ihnen allen gehört mein persönlicher Dank, insbesondere an Josipa Spoljaric für die jahrelange freundschaftliche Unterstützung und für endlose literarische Gespräche. Frau Sabine Durchholz war mir bei der Endkorrektur und Layoutgestaltung sehr behilflich, wofür ich ihr danke.

Zum Schluss möchte ich mich ganz herzlich bei meiner Mutter, Sevim Aydin, und meinen Geschwistern, Hülya, Derya, Ayla und Murat bedanken, die mir sehr viel Geduld entgegenbrachten und mich während der Arbeit mit aufmunternden Worten jederzeit unterstützten.

Inhalt

Einleitung

1. Der Begriff der Entfremdung

Nicht nur in *Medea. Stimmen*[1], sondern in vielen anderen literarischen Arbeiten hat sich Christa Wolf mit Entfremdungserscheinungen befasst. Bereits in *Der geteilte Himmel* (1963) lässt sie ihre Romanheldin, die Pädagogikstudentin Rita Seidel, sagen: „Man ist auf schreckliche Weise in der Fremde"[2]. Auch die an Leukämie erkrankte Christa in *Christa T.* (1968) stellt in ihrer Ausweglosigkeit erschüttert fest: „Mir steht alles fremd wie eine Mauer entgegen. Ich taste die Steine ab, keine Lücke. Was soll ich es mir länger verbergen: Keine Lücke für mich."[3] Und in der Erzählung *Kein Ort. Nirgends* (1979), in der eine fiktive Begegnung Heinrich von Kleists mit Karoline von Günderrode konstruiert wird, ist Kleist geradezu von einer unentrinnbaren Weltfremdheit überwältigt: „Es wird dahin kommen, daß die Kinder meine Weltfremdheit belachen."[4] Bereits der erste Satz in *Kindheitsmuster* (1976) weist auf eine bestimmte Beziehung zwischen der Vergangenheit und Fremdheit: „Das Vergangene ist nicht tot; es ist nicht einmal vergangen. Wir trennen es von uns ab und stellen uns fremd."[5] Ebenso stößt man in ihrer ersten Mythos-Bearbeitung *Kassandra* (1983) auf eine Fülle von Entfremdungserscheinungen, die besonders die Stimme Kassandras betreffen. Vom Gott Apollon mit der Sehergabe beschenkt, jedoch ihrer Glaubwürdigkeit beraubt, ist es Kassandra nicht mehr möglich, sich mit ihrer eigenen Stimme zu identifizieren, weil aus ihr immer wieder eine „fremde Stimme"[6] spricht.

---

1   Christa Wolf: Medea. Stimmen. München: Luchterhand 1996. (Im Folgenden unter Verwendung der Sigle MS.)

2   Christa Wolf: Der geteilte Himmel. Erzählung. Werke Bd. 1. Hg. v. Sonja Hilzinger. München: Luchterhand 1999, S. 238.

3   Christa Wolf: Nachdenken über Christa T. Werke Bd. 2. Hg. v. Sonja Hilzinger. München: Luchterhand 1999, S. 83.

4   Christa Wolf: Kein Ort. Nirgends. In: dies.: Kein Ort. Nirgends, Der Schatten eines Traumes Karoline von Günderrode – ein Entwurf, Nun ja! Das nächste Leben geht aber heute an. Ein Brief über die Bettine. Werke Bd. 6. Hg. v. Sonja Hilzinger. München: Luchterhand 2000, S. 9–105, hier S. 64.

5   Christa Wolf: Kindheitsmuster. Werke Bd. 5. Hg. v. Sonja Hilzinger. München: Luchterhand 2000, S. 13.

6   Christa Wolf: Kassandra. In: dies.: Kassandra, Voraussetzungen einer Erzählung. Werke Bd. 7. Hg. v. Sonja Hilzinger. München: Luchterhand 2000, S. 226–395, hier S. 269.

Diese Beispiele verdeutlichen, dass sich Christa Wolf dem Problem der Entfremdung schon früh genähert hat. In einem Interview mit Jaqueline Grenz im Jahr 1983 markiert die Autorin in diesem Zusammenhang den Beginn ihrer Auseinandersetzung mit den Entfremdungserscheinungen:

> In den späteren Büchern – „Kein Ort. Nirgends" und „Kassandra" – erinnere ich (mich) an etwas: an die Ursprünge der Entfremdungserscheinungen in unserer Zivilisation. Dies war meine Fragestellung der letzten sieben Jahre.[7]

Man könnte leicht fehlgehen in der Annahme, dass sie sich Ende der 70er Jahre, also unmittelbar nach der Ausbürgerung Wolf Biermanns, diesem Thema zugewendet hat. Drei Jahre zuvor jedoch bemerkt Christa Wolf in einem Gespräch mit Hans Kaufmann Bezug nehmend auf ihre Erzählung *Selbstversuch*[8] (1972) ausdrücklich: „Es geht um nicht mehr und nicht weniger als die Überwindung von Entfremdung"[9]. Die Erzählung – sie behandelt die Verwandlung einer jungen Ärztin der Physiopsychologie in einen Mann im Namen des wissenschaftlichen Fortschritts – war ursprünglich für eine Anthologie konzipiert worden, in der sich verschiedene Schriftsteller mit dem Thema Geschlechtertausch produktiv auseinandersetzen wollten. Das Experimentieren an der Geschlechtsumwandlung einer Frau, wie sie hier vergegenwärtigt wird, löst in der Ärztin sukzessive eine Geschlechtsentfremdung aus, so dass sie frühzeitig diesem Experiment ein Ende setzt. *Selbstversuch* kann man durchaus als eine Geschichte lesen, die ein solches wissenschaftliches Experiment infrage stellt, insofern es „humane Bezüge"[10] außer Acht lässt. Entfremdung vom eigenen Geschlecht, der Zeit, dem Ort, von sich selbst oder der eigenen Stimme sind ein immer wiederkehrendes Thema der Erzählerin Christa Wolf, das in unterschiedlichen Formen und Konstellationen dargestellt wird, und dies ist auch in der Forschung durchaus gesehen worden. Es ist deshalb sinnvoll, das Problem der Entfremdung bei Christa Wolf näher zu untersuchen.

Der Begriff der Entfremdung (lat. alienatio, engl. alienation, franz. alienation) findet in der Theologie, Philosophie, Soziologie und Psychologie Verwendung. Nach Siegfried Blasche wurde er in der Scholastik und Mystik „wertfrei

---

7   Christa Wolf: Ursprünge des Erzählens. Gespräch mit Jaqueline Grenz. Herbst 1983. In: Christa Wolf: Essays, Gespräche, Reden, Briefe 1975–1986. Werke Bd. 8. Hg. v. Sonja Hilzinger. München: Luchterhand 2000, S. 347–365, hier S. 365.

8   Christa Wolf: Selbstversuch. Traktat zu einem Protokoll. In: dies.: Erzählungen 1960–1980. Werke Bd. 3. Hg. v. Sonja Hilzinger. München: Luchterhand 1999, S. 468–501.

9   Christa Wolf: Subjektive Authentizität. Gespräch mit Hans Kaufmann. In: dies.: Essays, Gespräche, Reden, Briefe 1959–1974. Werke Bd. 4. Hg. v. Sonja Hilzinger. München: Luchterhand 1999, S. 401–437, hier S. 431.

10 Ebd.

für Trennung, aber auch pejorativ für den Abfall von Gott oder positiv für die Abkehr von den irdischen Dingen"[11] benutzt, ebenso als ‚alienatio mentis', um eine Geistesverwirrung[12] zum Ausdruck zu bringen. Größere Bedeutung erhält der Begriff erst in der Philosophie der Neuzeit. Für J. J. Rousseau entsteht Entfremdung durch den Übergang des Menschen vom Naturzustand in ein Gesellschaftssystem. Während die Freiheit des Individuums durch seine Abhängigkeit von der Natur nicht verhindert werde, führe die Abhängigkeit von der Gesellschaft zu einer Diskrepanz „zwischen dem faktischen Sein des Menschen, sozusagen seiner ‚wahren' Persönlichkeit, und dem Bild seiner selbst, das er zu schaffen trachtet".[13] In einem anderen Sinne versteht Rousseau den Begriff der Entäußerung als vollkommene Entfremdung (alienation totale), womit er die freie Zustimmung des Individuums (volonté générale) zur Einschränkung seiner natürlichen Freiheit durch einen Gesellschaftsvertrag (contrat social), und zwar zugunsten der bürgerlichen Gleichheit und Freiheit, meint. Es geht um die Übergabe der natürlichen Rechte und Freiheit des Menschen an die Gesellschaft, die hier eine vollkommene Entfremdung bewirke.

G. W. F. Hegel betrachtet die Entfremdung zunächst als Prozess der Entäußerung in der Arbeit. Einerseits habe die Arbeit eine Funktion der Vermittlung zwischen Mensch und Natur, andererseits habe sie jedoch zur Folge, dass der Mensch sich von der objektiven Welt des Geistes entfremdet. Erst durch die Erkenntnis der Entfremdung bzw. des Selbstverlustes sei es dem Menschen möglich, sein Selbstbewusstsein zu entwickeln. Die Entfremdung wird als eine notwendige Durchgangsphase zur Selbstverwirklichung verstanden. Hegel verwendet den Terminus Entfremdung auch für den Zustand der Selbstentfremdung, in dem der mit Gott gleichgesetzte Geist, durch Denken zum Selbstbewusstsein gelange und somit die Entfremdung überwinde. Die Entfremdung des Geistes von sich selbst steht bei Hegel mit dem „Streben des Geistes nach Selbstverwirklichung"[14] in Verbindung.

Karl Marx greift das Problem der Entfremdung bei Hegel auf und führt den Begriff in die Sozialwissenschaften ein. Im Mittelpunkt seines Entfremdungsverständnisses steht die Entfremdung des Arbeiters von seinem Produkt. Marx

---

11 Siegfried Blasche: Stichwort: Entfremdung. In: Enzyklopädie Philosophie und Wissenschaftstheorie. Hg. v. Jürgen Mittelstraß u. a. Mannheim, Wien, Zürich: Bibliographisches Inst. 1980, S. 550.
12 Ebd.
13 Joachim Israel: Der Begriff der Entfremdung. Makrosoziologische Untersuchung von Marx bis zur Soziologie der Gegenwart. Aus dem Englischen übersetzt von Marga Kreckel. Hamburg: Rowohlt 1972, S. 34.
14 Ebd., S. 44.

kritisiert an Hegel, dass die Entfremdung nur im Gedanken aufzuheben sei. Ihm zufolge resultiert die Entfremdung aus dem kapitalistischen System, und nur durch „die Abschaffung des Privateigentums und des Profits, beseitig[e] der Kommunismus die Entfremdung der menschlichen Arbeit und die ‚Verdinglichung' der sozialen Beziehungen"[15]. Innerhalb der marxistischen Bewegung wurde in den 60er und 70er Jahren des 20. Jahrhunderts über den Begriff „Entfremdung" viel diskutiert und besonders von nicht-orthodoxen Marxisten verwendet, um den real existierenden Sozialismus zu kritisieren, weil die Möglichkeit von Entfremdung in sozialistischen Ländern bestritten wurde.[16]

In der Psychologie und Sozialpsychologie taucht der Begriff im Zusammenhang mit Depersonalisation, Entpersönlichung und Anomie auf: „Zwischen Ich und Erlebnis schiebt sich ein Abstands- oder Unwirklichkeitsgefühl, das die eigenen Handlungen wie die eines Fremden empfinden läßt".[17] Auch infolge von aktuellen Katastrophen wie Massenarbeitslosigkeit, atomaren und ökologischen Bedrohungen und der Technisierung kann Entfremdung als „das Gefühl der Ohnmacht gegenüber anonymen Großorganisationen und Informationsmonopolen"[18] entstehen. Die psychologischen Untersuchungen zum Begriff der Entfremdung zeigen, dass hier zwei Aspekte der Entfremdung beachtet werden: Entfremdung als Prozess und Entfremdung als Zustand. Axel T. Paul unterscheidet „den Prozeß, der materiellen oder sozialen Umwelt oder auch sich selbst fremd zu werden, und den Zustand, sich der Natur, den Artefakten, den Mitmenschen oder sich selbst gegenüber fremd zu fühlen".[19] Es wird vorausgesetzt, dass der Begriff der Entfremdung „eine diesem Prozeß oder Zustand vorausliegende und gegebenenfalls wiederherzustellende Einheit von empfindendem Subjekt und erlebter

---

15 Auguste Cornu: Die Idee der Entfremdung bei Hegel, Feuerbach und Karl Marx (1948). In: Heinz-Horst Schrey (Hg.): Entfremdung. Darmstadt: Wissenschaftliche Buchgesellschaft 1975 (= Wege der Forschung; Bd. CDXXXVII), S. 42–59, hier S. 56.

16 Vgl. Adam Schaff: Entfremdung als soziales Phänomen. Wien: Europa 1977, S. 279. In einem ostdeutschen kulturpolitischen Wörterbuch wird hervorgehoben, dass die Entfremdung in der sozialistischen Gesellschaft überwunden sei. (Vgl. hierzu Stichwort: Humanität. In: Harald Bühl, Dieter Heinzer, Hans Koch, Fred Staufenbiel (Hg.): Kulturpolitisches Wörterbuch. Berlin: Dietz 1970, S. 220).

17 Stichwort: Entfremdung. In: Wilhelm Hehlmann: Wörterbuch der Psychologie. Stuttgart: Kröner 1959 (= Kröners Taschenausgabe Bd. 269), S. 100; Stichwort: Depersonalisation. In: ebd., S. 74).

18 Stichwort: Entfremdung, R. A. In: Lexikon der Psychologie. In fünf Bänden. Hg. v. Gerd Wenninger. Berlin, Heidelberg: Spektrum Akademischer Verl. 2000, S. 388.

19 Axel T. Paul: Artikel „Entfremdung". In: Psychologische Grundbegriffe. Ein Handbuch. Hg. v. Siegfried Grubitzsch u. Klaus Weber. Hamburg: Rowohlt 1998, S. 119f.

Umgebung" impliziert.[20] Ähnlich argumentiert Joachim Israel, der zwischen soziologischer und psychologischer Ebene der Entfremdung unterscheidet:

> Auf soziologischer Ebene kann man versuchen, die sozio-ökonomischen Prozesse zu beschreiben und zu analysieren, die auf den einzelnen und auf seine Rolle in der Gesellschaft einwirken. Eine wichtige Aufgabe ist es dabei, im Rahmen einer gegebenen gesellschaftlichen Struktur die Prozesse zu erforschen, die Einfluss auf die Beziehung des einzelnen zu seiner Arbeit sowie auf seine gesellschaftlichen Beziehungen und auf seine Beziehungen zur Objekt-Welt ausüben. Auf psychologischer Ebene kann versucht werden, die psychischen Erfahrungen zu beschreiben und zu analysieren, die aus den Beziehungen des Individuums zu Personen und zu Objekten resultieren. Man kann ebenso der Frage nachgehen, wie der einzelne seine eigenen Existenzbedingungen in der Gesellschaft empfindet, die durch gesellschaftliche Prozesse der Entfremdung gekennzeichnet ist. Im ersten Fall beobachten wir entfremdende Prozesse, im zweiten Zustände der Entfremdung.[21]

Von dieser Begriffsbestimmung ist der Weg zu Christa Wolfs Erzählungen und Romanen nicht mehr weit. Christa Wolf hat in allen ihren Werken und besonders in *Medea. Stimmen* psychische Zustände der Entfremdung dargestellt, indem sie die Erfahrungen, Empfindungen und Gefühle des Subjekts sowie seine Existenzbedingungen in der Gesellschaft beschrieben hat, die auf bestimmte sozio-ökonomische und kulturpolitische Prozesse zurückgeführt werden können.

2. Forschungsbericht

Christa Wolfs Roman *Medea. Stimmen* ist seit seinem Erscheinen 1996 vielfach literaturgeschichtlich, komparatistisch und mythengeschichtlich untersucht worden.

Komparatistische Untersuchungen lassen sich unter drei Aspekten näher beschreiben. Zum einen beziehen sie sich auf den Vergleich zwischen der Medea-Bearbeitung Christa Wolfs und einer anderen Mythos-Bearbeitung von anderen Autoren. Eleni Georgopoulou unternimmt eine vergleichende Studie[22], indem sie Christa Wolfs *Medea. Stimmen* und Evjenia Fakinus *Das siebte Gewand* unter dem Aspekt der kulturkritischen Haltung der deutschen und der griechischen Autorin analysiert, die mit der Literarisierung eines antiken Mythos verbunden sei. Christa Wolfs Medea-Mythos und Evjenia Fakinus Demeter-Kore-Mythos

---

20 Ebd., S. 119f.
21 Israel, Der Begriff der Entfremdung, a. a. O., S. 18.
22 Eleni Georgopoulou: Antiker Mythos in Christa Wolfs *Medea. Stimmen* und Evjenia Fakinus *Das siebte Gewand*. Die Literarisierung eines Kultur-Prozesses. Braunschweig: Romiosini 2001.

thematisieren Georgopoulou zufolge die Kultur im Veränderungsprozess und vergegenwärtigen die „Kritik an der westlichen Kultur". Ortrud Gutjahr[23] vergleicht in ihrem Beitrag Christa Wolfs *Medea. Stimmen* mit Botho Strauß' *Ithaka* und stellt trotz Bearbeitung unterschiedlicher mythologischer Stoffe einige Parallelen fest; nach Gutjahr standen beide Autoren nach der Wende mit Veröffentlichung ihrer Texte *Was bleibt* (1990) und *Anschwellender Bockgesang* (1993) im Mittelpunkt ästhetischer und politischer Debatten. Gemeinsam sei der Medea-Bearbeitung Wolfs und der Odysseus-Bearbeitung von Strauß die Thematisierung der Fremdheitsproblematik, die mit der Wiedervereinigungsproblematik verknüpft werde. Gutjahr macht auf den kulturkritischen Aspekt dieser Werke aufmerksam, auf die Opfer, die der Kulturprozess fordere. Die Mythenbearbeitung beider Autoren wird als „Gestaltung einer Schwellenerfahrung" bewertet und als solche anhand von Arnold van Genneps *Übergangsriten* interpretiert. Unter dem Aspekt der Aktualisierung des Mythos vergleicht Inge Stephan[24] Christa Wolfs *Medea. Stimmen* und *Die märkische Argonautenfahrt* von Elisabeth Langgässer. Sie hält fest, dass es bei der Bedrohung nationaler Identität vermehrt zu mythischen Rekursen komme und dass in den letzten Jahrzehnten eine „Boomzeit" des Mythischen erkennbar sei. In der Wiederbelebung des Mythischen zeige sich, so Stephan, oft eine Auseinandersetzung mit dem Faschismus nach 1945 und Fragen der Herkunft würden verhandelt. Dabei gehe es mehr um die Wiederbelebung alter Geschlechterbilder als neue ‚nationale' Identitäten und im konkreten Fall um Vorstellungen von Mütterlichkeit im Sinne von „Fürsorglichkeit" und „Aufopferung".

Zum anderen beschäftigen sich einige komparatistische Arbeiten mit der Medea- und Kassandra-Bearbeitung Christa Wolfs: Karin Birge Büch[25] bearbeitet Christa Wolfs Umgang mit den Mythen, indem sie Parallelen zwischen

---

23 Ortrud Gutjahr: Mythos nach der Wiedervereinigung. Zu Christa Wolfs *Medea* Stimmen und Botho Strauß' *Ithaka*. In: Verena Ehrich-Haefeli, Hans-Jürgen Schrader, Martin Stern (Hg.): Antiquitates Renatae. Deutsche und französische Beiträge zur Wirkung der Antike in der europäischen Literatur. Festschrift für Renate Böschenstein zum 65. Geburtstag. Würzburg: Königshausen & Neumann 1998, S. 345–360.

24 Inge Stephan: Die bösen Mütter: Medea-Mythen und nationale Diskurse in Texten von Elisabeth Langgässer und Christa Wolf. In: Gerhard Fischer, David Roberts (Hg.): Schreiben nach der Wende. Ein Jahrzehnt deutscher Literatur 1989–1999. Tübingen: Stauffenburg 2001, S. 171–180 (= Studien zur deutschsprachigen Gegenwartsliteratur; Bd. 14).

25 Karin Birge Büch: Spiegelungen. Mythosrezeption bei Christa Wolf. „Kassandra" und „Medea. Stimmen". Marburg: Tectum 2002.

Kassandra und *Medea. Stimmen* herausarbeitet. Als charakteristisch für den Mythenumgang Wolfs sieht sie zwei entgegensetzte Betrachtungen: die Kritik am literarisierten Mythos und das Sprechen einzelner Figuren, wobei sie ersteres als Entmythologisierung und das zweite als Remythologisierung versteht. Sie diskutiert das Sündenbock-Motiv unter Berücksichtigung des Menschen als ‚homo sacer‘ im Sinne von Giorgo Agamben und stellt fest, dass in Kolchis und Korinth drei wichtige Merkmale der Ausgrenzung zu erkennen sind: Geschlecht, Abstammung und Wissen. Hervorgehoben wird ebenfalls die Ähnlichkeit der Zeitengrenze in beiden Werken, die den Wechsel der Machtstrukturen kennzeichne.

Corinna Viergutz und Heiko Holweg[26] untersuchen utopische Elemente in *Kassandra* und *Medea. Stimmen* von Christa Wolf. Nach einem Vergleich der Utopieentwürfe beider Mythenadaptionen stellen die Autoren fest, dass sich in beiden Mythenprojekten Wolfs gleiche Utopievorstellungen erkennen lassen, die mit dem Traum einer Rückkehr zum matriarchalen Ursprung zusammenhängen. Gleichzeitig wird der Unterschied zwischen Kassandra und Medea damit begründet, dass die in *Kassandra* formulierte Gewissheit der Hoffnung in *Medea. Stimmen* aufgegeben wird.

Anknüpfend an die These von Thorsten Wilhelmy, der die Widersprüchlichkeit in Christa Wolfs *Kassandra* damit begründet, dass die Autorin einerseits der Verschleierung im Mythos auf den Grund gehe, andererseits aber in ihrer Rezeptionsweise selbst eine Verschleierung anstrebe, unternimmt Ulrich Krellner[27] den Versuch, Wilhelmys These mit Blick auf die inneren und äußeren Verhältnisse zu ergänzen. Krellner liest die Mythenprojekte Wolfs als eine „Deckerzählung". Neben der Thematisierung des Kampfes um die Emanzipation der Frau, behandle Wolf in *Kassandra* gleichzeitig den Kampf um die Integrität der Intellektuellen in der DDR, in *Medea. Stimmen* gehe es ihr um die Verteidigung ihrer persönlichen Integrität. Er kommt zu dem Schluss, dass die Mythenadaptionen Christa Wolfs die Bedeutung einer Ersatzhandlung haben, in der die Autorin „ihre in Bedrängnis gekommene Integrität und Autonomie" aufrechtzuerhalten versuche.

---

26 Corinna Viergutz, Heiko Holweg: „Kassandra" und „Medea" von Christa Wolf. Utopische Mythen im Vergleich. Würzburg: Königshausen & Neumann 2007 (= Epistemata, Würzburger Wissenschaftliche Schriften: Reihe Literaturwissenschaft, Bd. 447 – 2007).

27 Ulrich Krellner: Mythologie Transformationen. Zur Rolle des Mythos in Christa Wolfs „Kassandra" und „Medea. Stimmen". In: Edgar Platen, Martin Todtenhaupt: Mythisierungen, Entmythisierungen, Remythisierungen. Zur Darstellung von Zeitgeschichte in deutschsprachiger Gegenwartsliteratur (IV). München: Iudicum 2007 (= Perspektiven nordeuropäische Studien zur deutschsprachigen Literatur und Kultur. Hg. v. Edgar Platen, Christoph Perry, Beatrice Sandberg, Wolf Wucherpfennig), S. 123–137.

Zum Schluss gibt es vergleichende Untersuchungen zu den Medea-Bearbeitungen von Christa Wolf und anderen Schriftstellern: In *Das Drama der Geschichte bei Heiner Müller und Christa Wolf* vergleicht Daniela Colombo[28] das Geschichtsbild in den Medea-Bearbeitungen von Christa Wolf und Heiner Müller. Ausgehend von ähnlichen Erfahrungen, der Zugehörigkeit zur gleichen Generation und vom gleichen Lebensort der Autoren, hebt Colombo hervor, dass beide Autoren Kritik an der westlichen Zivilisation üben. Unter dem „Drama der Geschichte" wird die „Vorstellung eines Kontinuums von Gewalt, Ausschluss und Unterdrückung" verstanden, die in beiden Werken dargelegt werde. Während jedoch bei Müller „Geschichte als Kreislauf von Gewalt" hervortrete, erscheine bei Christa Wolf „Geschichte als Ausschluss und Unterdrückung".

In einer anderen vergleichenden Studie beleuchten Astrid Messerschmidt und Eva Peters[29] die Ähnlichkeiten der Medea-Bearbeitungen von Ursula Haas und Christa Wolf. Ausgangspunkt für beide Schriftstellerinnen ist die Veränderung des Medea-Mythos durch Euripides, beide lehnen die Anschuldigung „Kindsmörderin" ab und nähern sich der Figur mit einer gewissen Skepsis an; ihre Absicht ist, hinter den Überlieferungen eine andere Medea vorzufinden. Medea wird als „paradigmatische Figur der Fremdheit" erkannt. Die Neuinterpretationen der beiden Autorinnen spiegeln „Antagonismen weiblicher Existenz zwischen Ausgrenzung, Assimilation, Resignation und Widerstand" wider.

Michael Scheffel[30] vergleicht die Medea-Versionen von Euripides, Franz Grillparzer und Christa Wolf unter dem Aspekt ‚Sexus' und ‚Gender'. Nach Scheffel durchbricht Christa Wolf mit ihrer Neukonzeption die „variierenden Wiederholungen" des Medea-Mythos und versucht, Medea von ihrer Schuld frei zu sprechen. Er argumentiert, dass die Medea-Figur von Euripides nicht das Urbild des Bösen darstelle, sondern eine tragische Figur sei, die aufgrund der ihr widerfahrenen Ungerechtigkeit Selbstjustiz übt. Die Rachsucht Medeas entwickle Euripides nicht aus dem Sexus der Figur, sondern aus der kulturtypischen soziokulturell kodierten Ordnung der Geschlechter. Zum Sinnbild einer rasenden Furie sei Medea

---

28 Daniela Colombo: Das Drama der Geschichte bei Heiner Müller und Christa Wolf. Würzburg: Königshausen & Neumann 2009 (= Epistemata, Würzburger Wissenschaftliche Schriften, Reihe Literaturwissenschaft; Bd. 662–2209).

29 Astrid Messerschmidt, Eva Peters: Kein Freispruch für Euripides. Zu den Medea-Romanen von Ursula Haas und Christa Wolf. In: Weimarer Beiträge: Zeitschrift für Literaturwissenschaft, Ästhetik und Kulturwissenschaften, 46 (2000) 4, S. 524–546.

30 Michael Scheffel: Vom Mythos gezeichnet? Medea zwischen ‚Sexus' und ‚Gender' bei Euripides, Franz Grillparzer und Christa Wolf. In: Wirkendes Wort (53) 2/2003, S. 295–307.

im kaiserlichen Rom und nicht etwa in der Polis Athen geworden, an deren Reihe sich auch Franz Grillparzer anschließe. Scheffel hebt hervor, dass Grillparzer und Wolf eine biologisch begründete Polarität der Geschlechter entwerfen. Der wesentliche Unterschied zwischen ihnen bestehe darin, dass Wolf durch die Einbettung der Sündenbockstruktur René Girards zu einer Version gelange, die Medea als Opfer einer Legende kenntlich mache.

Näher an der Fragestellung meiner Arbeit liegt die vergleichende Studie[31] von Marketta Göbel-Uotila. Die Autorin unternimmt den Versuch, anhand der Medea-Figur, die seit den 80er Jahren des vorigen Jahrhunderts eine Renaissance erlebe, die Modellierung des Fremden und des Anderen in der Literatur zu untersuchen. Dabei legt sie Hans Henny Jahnns, Jean Anouilhs und Christa Wolfs Medea-Bearbeitungen zugrunde. Nach einem kurzen Überblick über die Rezeptionsgeschichte des Medea-Stoffes wendet sie sich dem Begriff des Mythos zu und entwickelt ein Muster der Fremderfahrung, das sie auf die drei Werke anwendet. Dies geschieht unter den Kategorien: Natur-, Kultur-, Geschlechtsfremde und das existentiell Fremde, das eigene Fremde, die Ambivalenz der Fremderfahrung und Strategien im Umgang mit dem Fremden. „Das eigene Fremde" wird unter zwei Aspekten, das Unbewusste und die Entfremdung thematisiert. Göbel-Uotila versteht unter dem Begriff der Entfremdung eine dialektische Bewegung zwischen dem Eigenen und dem Anderen im Sinne von Henri Lefebre, der die Befreiung aus der Entfremdung als einen Prozess vom Anderen zum Nächsten und vom Nächsten zum Anderen beschreibt, welches wiederum Entfremdung hervorrufen könne. „Vom Anderen zum Nächsten" heißt nach Lefebre, dass durch die Annäherung an das Andere eine Macht über das Andere erreicht wird, „vom Nächsten zum Anderen" impliziert die Entdeckung des Unbekannten und Fernen im Nahen. Für Göbel-Uotila spielt diese wechselseitige Beziehung eine große Rolle, weil sie hier „die Unvermeidbarkeit der Macht in der traditionellen Subjekt-Objekt-Beziehung" zu erkennen glaubt, d. h. eine „Verbindung zwischen dem Wissen um die Dinge und der Macht über sie". Die Existenz des Anderen erweise sich als „Quelle der Entfremdung", deren Verdrängung die Entfremdung nur stärker werden ließe. In ihrer Medea-Bearbeitung verweise Christa Wolf auf destruktive gesellschaftliche Strukturen, die auf dieser Subjekt-Objekt-Problematik basiere.

---

31 Marketta Göbel-Uotila: Medea. Ikone des Fremden und des Anderen in der europäischen Literatur des 20. Jahrhunderts. Am Beispiel von Hans Henny Jahnn, Jean Anouilh und Christa Wolf. Hildesheim: Olms 2005 (= Germanistische Texte und Studien, Band; 73).

Einige Arbeiten erörtern das kompositionstechnische Verfahren und die Erzählstruktur bei Christa Wolf. Birgit Roser[32] analysiert in ihrer Arbeit einerseits die Integration verschiedener Varianten des Medea-Mythos von Euripides und Seneca und andererseits die Integration des aktuellen politisch-sozialen Hintergrunds in *Medea. Stimmen*. Im Anschluss daran beleuchtet sie entmythisierende und mythisierende Aspekte und das kompositionstechnische Verfahren der Mehrstimmigkeit, das sie als den „gelungenste[n] Versuch" Christa Wolfs zur Realisierung ihres poetologisches Konzepts bezeichnet. Nach Roser hat Christa Wolf keinen neuen Mythos einer fremden ‚wilden Frau' geschaffen. In *Christa Wolfs Medea- eine Gestalt auf der Zeitengrenze*[33] interpretiert Marie-Luise Erhardt die Gestalt der Medea und erläutert die Komposition, Ich-Perspektive und die Struktur des Monologs. Sie analysiert die Figurenkonstellation und hebt hervor, dass Christa Wolfs Medea das christliche Denken vergegenwärtige, das in Freiheitsbewusstsein, moralischem Bewusstsein und dem Gebot der Nächstenliebe bestehe. Medea sei hier eine ideale Gestalt, verchristlicht und human. Nicola Kaminski analysiert in *Sommerstück – Was bleibt – Medea. Stimmen. Wende Seismographien*[34] anhand von drei Werken Christa Wolfs, wie sich politische Umbruchserfahrungen in den Erzählstrukturen widerspiegeln. Es werden Abweichungen und Gemeinsamkeiten im Gebrauch der Wortwahl verglichen. Sie bezeichnet die drei Werke als Wende-„Mitschriften", weil sie kurz vor oder nach der Wende erschienen sind, in einem intertextuellem Verhältnis zueinander stehen und somit eine Interaktionsstruktur aufweisen würden. Diese Interaktionsstruktur lässt sich Kaminski zufolge in Christa Wolfs Rede *Sprache der Wende* am 4. 11. 1989 auf dem Alexanderplatz hervorgehobenen Echo-Rede näher beschreiben.

---

32 Birgit Roser: Mythenbehandlung und Kompositionstechnik in Christa Wolfs „Medea. Stimmen". Frankfurt am Main, Berlin, Bern, Bruxelles, New York, Wien: Lang 2000 (= Münchener Studien zur literarischen Kultur in Deutschland; Bd. 32).

33 Marie-Luise Ehrhardt: Christa Wolfs Medea – eine Gestalt auf der Zeitengrenze. Würzburg: Königshausen & Neumann 2000.

34 Nicola Kaminski: *Sommerstück – Was bleibt – Medea. Stimmen.* Wende-Seismographien bei Christa Wolf. In: Walter Ehrhart, Dirk Niefanger (Hg.): Zwei Wendezeiten. Blicke auf die deutsche Literatur 1945 und 1989. Tübingen: Max Niemeyer 1997, S. 115–139.

Mit dem Thema Gender, ‚weibliches Schreiben' und Christa Wolfs Ästhetik in *Medea. Stimmen* befassen sich Gudrun Loster-Schneider[35], Stefan Neuhaus[36] und Irmela von der Rühe[37]. Anhand von werkgeschichtlichen Äußerungen Christa Wolfs glaubt Loster-Schneider zeigen zu können, dass die Autorin ihr neues Projekt unter Innovationsaspekten konzipiert habe. Nach einem Durchgang durch die feministische Auslegungstradition der Mythengenese, hebt sie vier Innovationsaspekte Christa Wolfs hervor: den transkulturellen, transmedialen und heterosexuellen Aspekt, die Kritik an der androzentrischen Mythengenese, den geschlechterideologischen Aspekt und den Versuch, „den Stoff als Gründungsmythos kollektiver weiblicher Objektmachung und zugleich als Geschichte eines individuellen weiblichen Subjetkwerdungs- und Emanzipationsprozesses aus männlichen Identifizierungen zu erzählen"[38].

Den Mythosbegriff von Roland Barthes aufgreifend, interpretiert Neuhaus Christa Wolfs Medea-Bearbeitung. Der Ansatz von Barthes eigne sich deshalb zur Analyse von Medea, weil die ideologiekritische Komponente Ähnlichkeiten zu Wolfs Wahl des Mythos und Umgang mit ihm aufweise und die Autorin ihre Skepsis gegenüber dem überlieferten Sinn des Mythos deutlich mache. Er widerlegt die Behauptung in Bezug auf die Entmyhologisierung und Remythologisierung der Medea-Bearbeitung von Christa Wolf und untersucht die Medea-Bearbeitung unter dem Aspekt der „*Codierung* männlicher und weiblicher Eigenschaften". Medea vergegenwärtige die Harmonie von weiblich-männlich, Ratio und Emotionen und somit den Ausgleich beider Triebe, der in der Tradition der Philosophie der Aufklärung im Sinne Schillers stehe. Allerdings erweitere sie diese, indem sie „eine Beziehung von Macht und der Codierung von Männlichkeit und Weiblichkeit" vor Augen führe. Nach Neuhaus entwickelt Christa Wolf eine humane Medea, aber keinen neuen Mythos. Irmela von der Rühe umreißt die Veränderungen und Umdeutungen des Medea-Mythos, diskutiert die politisch-ästhetischen und die geschichtsphilosophischen Aspekte und

---

35 Gudrun Loster-Schneider: Intertextualität und Intermedialität als Mittel ästhetischer Innovation in Christa Wolfs Roman *Medea. Stimmen*. In: Waltraud Wende (Hg.): Nora verläßt ihr Puppenheim. Autorinnen des zwanzigsten Jahrhunderts und ihr Beitrag zur ästhetischen Innovation. Stuttgart, Weimar: Metzler 2000, S. 222–249.

36 Stefan Neuhaus: Christa Wolf, Medea und der Mythos. In: Wirkendes Wort (53) 2/2003, S. 283–294.

37 Irmela von der Lühe: „Unsere Verkennung bildet ein geschlossenes System" – Christa Wolfs ‚Medea' im Lichte der Schillerschen Ästhetik. Marbach: Deutsche Schillergesellschaft 2000.

38 Ebd., S. 229.

weist wie Neuhaus auf die Affinität zu Schiller hin. Sie versteht *Medea. Stimmen* als Fortschreibung der Schillerschen Kunstauffassung, die ein Licht auf die produktive Auseinandersetzung des Modernen und Neuen mit dem Alten werfe. Im Sinne von Schiller aktualisiere Christa Wolf durch ihre Mythos-Bearbeitung einen aufklärungs- und kunstpädagogischen Anspruch, indem sie Modelle für die Gestaltung der Gegenwart durch den antiken Mythos aufzeige.

Des Weiteren beschäftigen sich einige Studien mit literaturgeschichtlichen Aspekten. Silke Beinssen-Hesse[39] kritisiert die Medea-Bearbeitung Christa Wolfs; als politische Allegorie sei sie unfruchtbar. Unbehagen verspüre der Leser gegenüber der Verwendung der Medea-Gestalt als einer Frauenfigur, die einem Rufmord zum Opfer falle und als „das Urbild des leidenschaftlichen exzessiven Menschen" in die Geschichte eingegangen sei. Als „aufgeklärte Vertreterin des westlichen Humanismus" bringe Christa Wolfs Medea der Gesellschaft nur Unglück und ende selbst in der „Wüste". Die den einzelnen Kapiteln im Roman vorangestellten Motti geben der Autorin Gelegenheit, Christa Wolfs geistiges Umfeld zu beleuchten: Es handele sich um Autoren, die die Herabsetzung der Frau vor Augen führen, um solche, die ein feministisches Projekt repräsentieren, und um Sozialtheoretiker, die die Aufklärung und einen idealistischen Sozialismus vertreten und insofern eine Analogie zu Christa Wolfs Auffassung darstellen.

Yvonne Delhey[40] konstatiert, dass Christa Wolf in ihrer Mythoskonzeption die Idee eines humanen Sozialismus vertrete. Christa Wolf gehe von einem moralphilosophischen Geschichtsmodell aus, das mit einer psychologischen Komponente erweitert werde. Sie funktionalisiere den Mythos, indem sie die gesellschaftliche Wirksamkeit im Sinne der „littérature engagée" in den Vordergrund stelle. Delhey vergleicht das Mythos-Verständnis Christa Wolfs in ihrer Medea- und Kassandra-Bearbeitung und stellt unter anderem fest, dass das gesellschaftliche Anliegen in Medea. Stimmen zurücktrete, stattdessen stehe die Unschuld Medeas im Mittelpunkt.

---

39 Silke Beinssen-Hesse: Christa Wolfs *Medea. Stimmen* und die Krise des Opferkults. In: Fischer, Roberts (Hg.): Schreiben nach der Wende, a. a. O., S. 193–206.

40 Yvonne Delhey: Kunst zwischen Mythos und Aufklärung – Littérature engagée im Zeichen des Humanen. Zur Mythosrezeption Christa Wolfs mit einer Fußnote zu Franz Fühmann. In: Rückblicke auf die Literatur der DDR. Hg. v. Hans-Christian Stillmark unter Mitarbeit von Christoph Lehker. Amsterdam, New York, NY 2002 (= Amsterdamer Beiträge zur neueren Germanistik; Bd. 52 – 2002), S. 155–177.

Hingewiesen sei an dieser Stelle auch auf den von Marianne Hochgeschurz herausgegebenen Band *Christa Wolfs Medea. Voraussetzungen zu einem Text*[41], in dem neben Tagebuchaufzeichnungen, Briefen, Notaten und Gesprächen von Christa Wolf auch Essays und Aufsätze zu *Medea. Stimmen* publiziert worden sind. Erwähnt seien hieraus zwei Aufsätze. Für Margaret Atwood[42] reflektiert der Roman über Macht und ihre Wirkungsweisen, sowie die Verhaltensweisen unter Druck geratener Menschen. Die Intention Christa Wolfs sei, anhand der Mythos-Bearbeitung zeitgenössische Probleme wie z. B. Fremdenfeindlichkeit in Europa, den Zusammenbruch der DDR und die „Ära des Big Business" zu vergegenwärtigen. Anna Chiarloni[43] verweist auf die Thematisierung der Ursprünge der Gewalt, die nach ihrer Meinung den Kernpunkt des Romans bildet. Ähnlich wie in *Kassandra* werde hier nicht der Umgang mit Fremden und Fremdheit, sondern die Humanisierung der menschlichen Beziehungen hervorgehoben. Sie bezeichnet den deutsch-deutschen Literaturstreit nach der Einigung als „ungerechte Abrechnung" mit den DDR-Intellektuellen und kritisiert die einseitige Herangehensweise der Medea-Rezeption einiger Interpreten. In ihrem Beitrag betont Liliana Mitrache[44], dass Christa Wolf anhand einer mythologischen Frauenfigur ihre persönlichen Erfahrungen, Enttäuschungen und Erwartungen nach der „Wende" zum Ausdruck gebracht habe. Wolfs Mythos-Bearbeitung verkörpere eine humanisierte Medea und begründe mit ihrer Version eine Anti-Euripides-Variante des Medea-Mythos. Aufgrund der Thematisierung der Fremdheit in der neuen Heimat spiele die Medea-Gestalt für Christa Wolf eine wichtige Rolle, weil sie ihr als „Entlastungszeugin" diene. Im Übrigen gehe es um die Bedeutung des „weiblichen Schreibens" als Darstellung der Wirklichkeit aus der Perspektive der Frauen und dessen soziale, historische und psychologische Voraussetzungen.

Auf die Thematik der Fremdheit gehen auch Friederike Mayer und Monika Shafi ein. Friederike Mayer[45] skizziert in ihrem Aufsatz die literarische Verarbeitung der

---

41 Marianne Hochgeschurz (Hg.): Christa Wolfs Medea. Voraussetzungen zu einem Text. München: dtv 2000.
42 Margaret Atwood: Zu Christa Wolfs Medea. In: Hochgeschurz (Hg.), Christa Wolfs Medea. Voraussetzungen zu einem Text, a. a. O., S. 105–114.
43 Anna Chiarloni: Medea und ihre Interpreten. Zum letzten Roman von Christa Wolf. In: Hochgeschurz (Hg.): Christa Wolfs Medea. Voraussetzungen zu einem Text, a. a. O., S. 174–188.
44 Liliana Mitrache: Von Euripides zu Christa Wolf. Die Wiederbelebung des Mythos in „Medea. Stimmen". In: Studia Neophilologia 74 (2002), S. 207–214.
45 Friederike Mayer: Potenzierte Fremdheit Medea – die wilde Frau. Betrachtungen zu Christa Wolfs Roman *Medea. Stimmen*. In: Literatur für Leser, 20 (1997) 2, S. 85–94.

Differenzerfahrung der Frau als ‚Fremde' im Lichte der Dialektik der Aufklärung. Sie verweist auf die Vereinnahmung der Frau als das „moralische Geschlecht" in der Aufklärung und führt den Begriff ‚potenzierte Fremdheit' ein, worunter sie den doppelten Ausschluss vom Diskurs der Macht als ‚Wilde' und ‚Frau' versteht. Mayer stellt fest, dass hier Fremde zur Korrektur des Selbstbildes beitragen, und weist auf das strukturelle Muster von Mythen (Krise – Opfer – Lösung) hin, das in der Konstruktion gesellschaftlicher Krisensituationen zu erkennen ist. Christa Wolf erweitere dieses Muster, indem sie zugleich ein Licht auf die Geschichten- und Legendenbildung werfe. Das Bild Medeas wird von Mayer einerseits als Fremde, andererseits durch ihr „tatsächliche[s] Handeln" bestimmt, im Wesentlichen aber durch das infolge der Macht des Diskurses hervorgerufene Fremdbild. Kritisiert wird jedoch der Einsatz der Stimmen als erzählerisches Mittel, die nicht effektiv genug konstruiert worden seien. Monika Shafi[46], die den Roman als einen Schlüsselroman betrachtet, diskutiert die Bearbeitung der Konfliktstrukturen in Medea. *Stimmen*. Nach einer kurzen Übersicht über die Mythos-Bearbeitung Wolfs, werden einige Parallelen zwischen den beiden mythischen Figuren Kassandra und Medea aufgezeigt. Durch die Medea-Bearbeitung vergegenwärtige Christa Wolf die destruktiven Wurzeln der Gesellschaft, die Sündenbock- und Fremdenproblematik. Shafi hebt das ethisch-moralische Dilemma des Romans hervor und versucht die ethische Differenz der Medea-Figur zu begründen. Als nicht gelungen betrachtet sie die Darstellung des Konflikts „zwischen Fremdem, Eigenem, Außenseitern und in-group, Alterität und Identität". Bei ihrer Interpretation berücksichtigt sie zum Teil auch die autobiographische Dimension des Romans.

Die bisherigen Arbeiten über Medea. *Stimmen* lassen erkennen, dass das Thema Fremde, Fremdheit oder Differenzerfahrungen zwar ausführlich erörtert und analysiert wurde, dass es aber keine umfassende Analyse des Problems der Entfremdung gibt. Auf die Bedeutung der Entfremdung in Medea. *Stimmen* haben auch andere Untersuchungen aufmerksam gemacht. Liliane Mitrache hebt hervor, dass Christa Wolf in Medea. *Stimmen, Kein Ort. Nirgends* und *Kassandra* Probleme der „Identität und Entfremdung des Individuums, seine Anpassung und das Verhältnis zur Gesellschaft"[47] behandelt; Astrid Messerschmidt und Eva Peters sprechen von der „paradigmatische[n] Figur der Fremdheit"[48]; für Marie-Luise Erhardt kommt jedoch die Medea-Figur von Christa Wolf „nicht aus der

---

46 Monika Shafi: „Falsch leiden sollte es das auch geben." Konfliktstrukturen in Christa Wolfs Roman „Medea". In: Colloquium Germanica Internationale Zeitschrift für Germanistik 30 (1997) 4, S. 375–385.

47 Mitrache, Von Euripides zu Christa Wolf, a. a. O., S. 207.

48 Messerschmidt, Peters, Kein Freispruch für Euripides, S. 542.

sozialistischen Welt, sondern ‚aus der Tiefe der Zeit' [...] mit dem eingeborenen Sinn für das Richtige begabt, eine Unentfremdete, mit der unverrückbaren Sicherheit im Urteilen und Handeln."[49] Marketta Göbel-Uotila verweist auf die „Quellen der Entfremdung"[50], denen Christa Wolf in ihrer Medea-Bearbeitung nachgehe, und Inge Stephan stellt fest, dass Medea eine „Fremde in entfremdeten Umständen"[51] sei. Auch wenn einige Wissenschaftler abschnittweise auf dieses Problem eingegangen sind oder Einzelaspekte der Entfremdung berücksichtigt haben, steht eine genaue Analyse der Entfremdung in diesem Werk noch aus.

3. Zielsetzung und Aufbau der Arbeit

Die vorliegende Arbeit hat zum Ziel, Christa Wolfs Verständnis von Entfremdung, ihre Auseinandersetzung mit diesem Thema und ihre eigene Entfremdungserfahrung zu beleuchten sowie die subjektiven Erfahrungen der Entfremdung anhand der literarischen Figuren in ihrem Werk *Medea. Stimmen* näher zu analysieren.

Im ersten Kapitel sollen chronologisch einige der wichtigsten kulturpolitischen Ereignisse in der DDR und solche kurz nach der Wiedervereinigung Deutschlands analysiert werden, um zu klären, welchen Einfluss diese Prozesse auf die Autorin und auf ihre schriftstellerische Tätigkeit hinterlassen haben, ob ein bestimmter Entfremdungsgrad zu bestimmten Zeitpunkten festzustellen ist und wie diese Entfremdungserfahrung näher beschrieben werden kann. Dabei werden autobiographische und biographische Bezüge, Tagebücher, Interviews, Essays und auch andere Werke von Christa Wolf herangezogen.

Unter dem Aspekt der Entfremdung berücksichtigt das zweite Kapitel die Mythos-Bearbeitungen Christa Wolfs, vergleicht ihre Herangehensweise an den Kassandra- und Medea-Mythos und versucht, Ähnlichkeiten und Unterschiede in ihrer Konzeption der Entfremdung darzulegen. Es geht darum, aufzuzeigen, welche Funktion der Mythos in diesem Sinne erfüllt und in welcher Hinsicht er als Projektion der eigenen Entfremdungserfahrungen benutzt wird. Ein Vergleich dieser beiden Mythos-Bearbeitungen erscheint erforderlich, weil dadurch festgelegt werden kann, ob eine Verschiebung im Verständnis der Autorin hinsichtlich Entfremdung stattgefunden hat.

---

49 Marie-Luise Erhardt: Christa Wolfs Medea – eine Gestalt auf der Zeitengrenze. Würzburg: Königshausen & Neumann 2000, S. 53.
50 Göbel-Uotila, Medea. Ikone des Fremden und des Anderen in der europäischen Literatur des 20. Jahrhunderts, a. a. O., S. 257.
51 Stephan, Die bösen Mütter, a. a. O., S. 175.

Im dritten Kapitel wird die von dem amerikanischen Soziologen Melvin See-man[52] entwickelte Theorie der Entfremdung diskutiert. Seeman hat den Begriff der Entfremdung aus dem soziologischen in den sozialpsychologischen Bereich eingebracht und Ende der 50er Jahre ein Schema von fünf Kategorien subjektiver Erfahrungen von Entfremdung herausgearbeitet. Nach seiner Auffassung gibt es in diesem Zusammenhang fünf gebräuchliche Bedeutungen dieses Begriffs: *powerlessness, meaninglessness, normlessness, isolation* und *self-estrangement*. Seemans Theorie führte zu heftigen Auseinandersetzungen, besonders weil die Auswahl seiner fünf Kategorien und ihre Beziehungen zueinander infrage gestellt wurden. Nach einer kurzen Vorstellung von Seemans Theorie der Entfremdung wird die Bedeutung seiner Theorie für die literaturwissenschaftliche Analyse von literarischen Figuren erörtert.

Im vierten Kapitel wird der Versuch unternommen, die Entfremdungserscheinungen der literarischen Figuren in *Medea. Stimmen* anhand der Klassifikation von Melvin Seeman zu interpretieren. Im Gegensatz zu der verbreiteten Ansicht von Marie-Luise Erhardt, Christa Wolfs Medea sei eine Figur „mit dem eingeborenen Sinn für das Richtige begabt, eine Unentfremdete, mit der unverrückbaren Sicherheit im Urteilen und Handeln"[53], geht die Arbeit von der These aus, dass nicht nur Medea, sondern alle Figuren in unterschiedlicher Abstufung eine bestimmte Art der Entfremdung erfahren. Die von Seeman entwickelte Theorie dient als Grundlage zu untersuchen, welche Entfremdungserfahrungen sich bei den Figuren feststellen lassen. Unter Beachtung von zwei wichtigen Aspekten, der politischen und kulturellen Entfremdung, werden Gefühle, Empfindungen und Verhaltensweisen der Figuren im werkimmanenten Verfahren erläutert. Da der Handlungsablauf des Romans aus der Perspektive von sechs Figuren – Medea, Jason, Agameda, Akamas, Glauke und Leukon – erzählt wird, wurden diese Figuren für die Analyse ausgewählt.

Die Schlussbetrachtung dient unter anderem dazu, die Entfremdungserfahrungen der Romanfiguren mit denen der Autorin zu vergleichen.

---

52 Melvin Seeman: On The Meaning of Alienation. In: American Sociological Review 24 (1959), S. 783–791.

53 Ehrhardt, Christa Wolfs Medea – eine Gestalt auf der Zeitengrenze, a. a. O., S. 53. Auch Corinna Viergutz und Heiko Holweg gehen mit Marie-Luise Erhardt konform und befürworten die These von Ehrhardt, dass Medea eine „unentfremdete" Figur sei. (Vgl. Viergutz, Holweg, „Kassandra" und „Medea" von Christa Wolf, a. a. O., S. 82).

I. Christa Wolf und die Konflikte im kulturpolitischen Klima unter besonderer Berücksichtigung der Entfremdung

Christa Wolfs Schreibmotiv resultiert aus ihrer persönlichen Auseinandersetzung mit den Entwicklungen in der DDR, ihren eigenen Erlebnissen und Erfahrungen sowohl in der Vergangenheit wie auch Gegenwart. Als „„Selbstauseinandersetzung‘, Auseinandersetzung mit Konflikten zwischen Individuum und Gemeinschaft"[54] bezeichnet Barbara Sørensen Christa Wolfs Schreibmotiv, Sonja Hilzinger zufolge hat die „Auseinandersetzung mit Fortschritt und Rückschlägen sozialistischer Entwicklung in der DDR"[55] einen großen Einfluss auf die schriftstellerische Arbeit der Autorin ausgeübt, für Manfred Durzak sind ihre Werke „in der spezifischen kulturpolitischen Umbruchsituation verwurzelt"[56]. In der Tat war für Christa Wolf ein wichtiger Anlass für das Schreiben die Verarbeitung von aktuellen Problemen, Krisen und bestimmten Zeitumständen der DDR. „Ich weiß, daß ein Teil meines Zwanges zu schreiben aus der Reibung mit dem Problem der DDR kommt."[57] gesteht sie diesbezüglich zu. Die kulturpolitischen Umstände und Konflikte in der DDR, die sie zum Teil selbst erlebte, waren sicherlich ein wichtiger Impuls für ihre schriftstellerische Arbeit. Auch wenn dies einen „produktiven Funken"[58] herbeigeführt habe, ist zugleich die destruktive Wirkung der äußeren Umstände unübersehbar, denn die eskalierenden Umstände

---

54 Barbara Sørensen: Sprachkrise und Utopie in Christa Wolfs Texten nach der Wende. Die Krise der Intellektuellen im wiedervereinigten Deutschland. Kopenhagen, München: Fink 1996 (= Text & Kontext Sonderreihe; Bd. 38), S. 41.

55 Sonja Hilzinger: Christa Wolf. Stuttgart: Metzler 1986 (= Sammlung Metzler; M 224), S. VII.

56 Manfred Durzak: Rollenzwang und Individuation. Die Romane von Christa Wolf. In: ders.: Der Deutsche Roman der Gegenwart. Entwicklungsvoraussetzungen und Tendenzen: Heinrich Böll, Günter Grass, Uwe Johnson, Christa Wolf. 3. erw. und veränd. Aufl., Stuttgart, Berlin, Köln, Mainz: Kohlhammer 1979 (= Sprache und Literatur; 70), S. 184–221, hier S. 185.

57 Christa Wolf: Ein Gespräch mit Christa und Gerhard Wolf. 23. Mai 1983. In: dies., Essays, Gespräche, Reden, Briefe 1975–1986. Werke Bd. 8, a. a. O., S. 305–323, hier S. 321.

58 Christa Wolf: Schreiben im Zeitbezug. Gespräch mit Aafke Steenhuis. 11. Dezember 1989. In: dies.: Essays, Gespräche, Reden, Briefe 1987–2000. Werke Bd. 12. Hg. v. Sonja Hilzinger. München: Luchterhand 2001, S. 196–226, hier S. 215.

besonders im kulturpolitischen Bereich führten zu einer Distanzierung und zu einem Gefühl der Entfremdung.

Die Erfahrung der Entfremdung und ihre destruktive Wirkung hat Christa Wolf in der DDR nicht nur in ihrer Prosa bearbeitet, sondern sie hat gleichzeitig vor Entfremdung auslösenden Prozessen in öffentlichen Gesprächen, Diskussionen oder Lesungen insbesondere seit Ende der 70er Jahre gewarnt. Aber auch nach der Wiedervereinigung scheint das Thema Entfremdung für sie von seiner Aktualität nichts eingebüßt zu haben. Denn die Auseinandersetzung mit dem Problem der Entfremdung steht auch nach der Auflösung der DDR im Zentrum ihres Interesses. Über die beiden Länder und die Leser bemerkt sie:

> [...] interessant war für mich immer, daß in den Büchern offenbar eine Grundlage gewesen sein muß, die Lesern in beiden deutschen Staaten ein Identifikationsmuster anbot. Und das bestärkte mich in dem Verdacht, daß unsere Gesellschaften so unterschiedlich nun auch wieder nicht waren. Gleich waren zum Beispiel das Patriarchat und das Leistungsprinzip. Das bringt ganz bestimmte Verhaltensweisen hervor, bestimmte Arten von Entfremdung, in der DDR verstärkt durch politischen Druck und autoritäre Strukturen.[59]

Es lohnt sich, einen kurzen Blick auf einige bedeutende kulturpolitische Ereignisse in der DDR und kurz nach der Wende zu werfen, um die Bedeutung der Entfremdung für Christa Wolf zu erfassen.

I.1 Ablehnung der Bitterfelder Poesie

Der oft erhobene Vorwurf gegenüber Christa Wolf, dass sie linientreu oder systemkonform gewesen sei, trifft vielleicht zu, als sie 1949 der SED beigetreten war, oder als sie in den 50er Jahren als Literaturkritikerin für die Zeitschrift „Neue Deutsche Literatur" (NDL) Werke nach den Kriterien des sozialistischen Realismus rezensierte und noch unter dem Einfluss der marxistischen Theorien von Georg Lukàcs stand: eine Realismusauffassung also, die eine realistische Schilderung, Parteilichkeit und Volkstümlichkeit voraussetzte, indem ein positiver Held dargestellt werden sollte, mit dem sich der Leser identifizierte. Ab den 60er Jahren entfernte sie sich jedoch von dieser künstlerischen Leitlinie. Nach Hans Mayer musste sie sich „wegschreiben [...] von manchem Angelernten"[60]. Christa Wolf bekennt später selbst:

---

59 Christa Wolf: Die Dauerspannung beim Schreiben. Gespräch mit Helmut Böttiger. März 2000. In: Wolf, Essays, Gespräche, Reden, Briefe 1987–2000. Werke Bd. 12, a. a. O., S. 707–724, hier S. 711f.

60 Zitiert nach Jörg Magenau: Christa Wolf. Eine Biographie. Berlin: Kindler 2002, (Hans Mayer: Rückschau auch meinerseits. Zum 60. Geburtstag meiner weiland – Studentin

Ich habe früher Texte geschrieben, die ich heute anders schreiben würde, denn ich habe auf Grund anderer Erfahrungen eine andere Einstellung zu dem Gegenstand. Es handelt sich weniger um literarische Arbeiten, die sowieso abhängig sind vom Reifeprozess des Autors, sondern mehr um Artikel und Rezensionen, die von einer gewissen damals verbreiteten Einstellung zur Literatur ausgingen, von einer unschöpferischen, rein ideologisierenden Germanistik. Das sind natürlich Aufsätze, die ich heute nicht gedruckt sehen möchte, aber ich will und kann sie nicht verleugnen, sie gehören zu meiner Entwicklung.[61]

Nicht nur von der normativen Ästhetik, sondern auch von den inhaltlichen Zielen der DDR-Kulturpolitik distanzierte sie sich sukzessiv und nahm eine kritische Haltung ein. In ihrer Rede auf der II. Bitterfelder Konferenz 1964 widersprach sie Walter Ulbricht, der bereits auf der I. Bitterfelder Konferenz 1959 die sozialistisch-realistische Literatur propagierte. Mit dem Motto ‚Greif zur Feder Kumpel‘ waren Künstler und Schriftsteller aufgefordert, in die Betriebe zu kommen und in ihren Werken ‚das Heldentum der Arbeit‘ zu verherrlichen. Es ging darum, das anvisierte Wirtschaftsprogramm durch Künstler zu stabilisieren. *Der geteilte Himmel*, in dem die Teilung Deutschlands zum Scheitern einer Beziehung führt, entstand im Rahmen dieses kulturpolitischen Programms und löste nach der Veröffentlichung 1963 eine kulturpolitische Debatte aus. Zwar war das Bekenntnis zum Sozialismus durch die Entscheidung der Heldin, in der DDR zu bleiben, im Roman deutlich zu erkennen, doch die Darstellung der Probleme und die Thematisierung von Zweifel, Verlust, Entfremdung und Trennung der Figuren waren ein Indiz für die Ablehnung des sozialistischen Realismus, demzufolge ein positiver Held dargestellt werden sollte. Wie Bernhard Mayer-Burger konstatiert, wurde in der DDR die Thematisierung von Entfremdung und Zweifel in der Literatur insbesondere von der Parteiführung resolut abgelehnt:

Walter Ulbricht machte allerdings einige Grenzen der literarischen Arbeit genauer kenntlich, wenn er sich von einem abstrakten, nicht sozialistisch gefüllten Realismus distanzierte, die Thematik der Entfremdung als für die DDR nicht zutreffend ablehnte und den „Zweifel als Motor des Fortschritts" verwarf.[62]

Auf der II. Bitterfelder Konferenz 1964 thematisierte Christa Wolf dann das Problem der ‚Wahrheit‘ in der Literatur. „Was ist denn Wahrheit? Und was ist

Christa Wolf. In: Christa Wolf zum 60. Geburtstag am 18. März 1989. München: Luchterhand 1989, Privatdruck), S. 59.

61 Christa Wolf: Unruhe und Betroffenheit. Gespräch mit Joachim Walther. In: dies., Essays, Gespräche, Reden, Briefe 1959–1974. Werke Bd. 4, a. a. O., S. 354–377, hier S. 370f.

62 Bernhard Mayer-Burger: Entwicklung und Funktion der Literaturpolitik der DDR (1945–1978). 2. Aufl. München: tuduv 1986 (= tuduv-Studien: Reihe Sprach- und Literaturwissenschaft), S. 204.

die Wahrheit der Kunst, die statistische, die soziologische, die agitatorische? Was kann man den Lesern an Problematik und Konflikten zumuten?"[63], fragte sie und äußerte deutlich ihre Bedenken gegenüber einer die Realität verschleiernden Realismusauffassung. Mit dieser Kritik brachte sie „eine Stimmungslage […], die viele prominente Autoren in den frühen sechziger Jahren erfüllte"[64], zum Ausdruck. Die Auseinandersetzung mit dem realistischen Darstellungsproblem begann bereits in den Studienjahren in Leipzig, als die Autorin ihre Diplomarbeit über *Das Problem des Realismus in Hans Falladas Erzählungen und Romanen* (1953) bei Hans Mayer schrieb. Unter dem Einfluss von Hans Mayer entwickelte sie eine Realismus-Konzeption, die mit der sozialistisch-realistischen Literatur nicht übereinstimmte: „Jene Methode, sich mit der Literatur auseinanderzusetzen, wurde dann bei Hans Mayer weiter gefestigt."[65], bemerkt sie rückblickend. Christa Wolf ist „in Theorie und literarischer Arbeit am konsequentesten den Weg über Bitterfeld hinaus weitergegangen"[66], konstatiert Manfred Durzak. Aber auch andere Autoren wie Karlheinz Jakobs, Erwin Strittmatter oder Erik Neutsch distanzierten sich von der Bitterfelder Poesie. Wie Manfred Jäger feststellt, haben diese Autoren

> die von der SED-Führung vorgelegte Bitterfelder Konzeption auf die Probe der Realität gestellt und die immer noch auf Bestätigung, Beschönigung und Feier der Arbeit ausgerichteten Inhalte dieser kulturpolitischen Kampagne durchbrochen und hinter sich gelassen. Sie haben aus der vorgelegten Konzeption etwas anderes gemacht, als die Partei wollte, und deswegen gab es um jedes der vieldiskutierten Werke heftigen Streit, um *Beschreibung eines Sommers* von Karlheinz Jakobs, *Der geteilte Himmel* von Christa Wolf, um Strittmatters *Ole Bienkopp* oder *Die Spur der Steine* von Erik Neutsch. Diese Romane erfüllten nicht die vorgegebene Konzeption, sondern veränderten diese.[67]

I.2 Kahlschlag: Angriff auf Entfremdung

Das 11. Plenum des ZKs der SED 1965 gehört zweifellos zu den wichtigsten kulturpolitischen Ereignissen in der Geschichte der DDR-Literatur. Das auch als ‚Kahlschlag' bezeichnete berüchtigte 11. Plenum war ein schonungsloser Angriff auf

---

63 Christa Wolf: Diskussionsbeitrag zur zweiten Bitterfelder Konferenz 1964. In: dies., Essays, Gespräche, Reden, Briefe 1959–1974. Werke Bd. 4, a. a. O., S. 42–53, hier S. 48.

64 Manfred Jäger: Kultur und Politik in der DDR 1945–1990. Köln: Edition Deutschland Archiv. Im Verlag Wissenschaft und Politik 1995, S. 93.

65 Christa Wolf: Unerledigte Widersprüche. Gespräch mit Therese Hörnigk. In: dies., Essays, Gespräche, Reden, Briefe 1987–2000. Werke Bd. 12, a. a. O., S. 53–102, hier S. 65.

66 Durzak, Rollenzwang und Individuation, a. a. O., S. 190.

67 Jäger, Kultur und Politik in der DDR 1945–1990, a. a. O., S. 103.

DDR-Künstler, die, wie es hieß, in ihren Kunstwerken Entfremdung, Skeptizismus, Widersprüche und Zweifel verbreiten und dadurch die Jugend negativ beeinflussen. „Entfremdungpropaganda", meinte zuvor Walter Ulbricht, habe „die Bevölkerung in einigen Volksdemokratien so und soviel vom Lebensstandard gekostet"[68]. Der Lebensstandard der Bevölkerung könne mit Skeptizismus propagierenden Werken nicht erhöht werden, konstatierte auch Erich Honecker auf dem 11. Plenum.[69] Man ging davon aus, dass in der sozialistischen Gesellschaft die Entfremdung überwunden sei und nicht mehr existiere.[70] Künstlern, die das Problem der Entfremdung in ihren Werken thematisiert hatten, wurde vorgeworfen, dass sie dadurch ‚schädliche Tendenzen' verbreiteten. Wie bereits auf dem Bitterfelder Weg proklamiert, hatte der Künstler die Aufgabe, sich nach ästhetischen Richtlinien des sozialistischen Realismus zu verhalten. Auffallend war jedoch im Unterschied zum Bitterfelder Weg, dass diesmal ein härterer Kurs eingeschlagen wurde.

Besonders schonungslos wurde Werner Bräunig und sein Werk *Rummelplatz* kritisiert, das Christa Wolf als Einzige verteidigt hatte:[71]

> Ich bin an einem Punkt in einem wirklichen Konflikt, den ich nicht lösen kann. Ich bin nicht einverstanden mit der kritischen Einschätzung des Auszugs aus dem Roman von Werner Bräunig in der NDL, weil ich glaube und weiß, daß Werner Bräunig dieses Buch nicht geschrieben hat, weil er im Westen verkauft werden will – das halte ich für eine haltlose Verdächtigung, die einem Schriftsteller gegenüber, der dafür keinerlei Handhabe geliefert hat, nicht angebracht ist. […].

---

68 Zitiert nach Günter Agde: Zur Anatomie eines Tests. Das Gesprächs Walter Ulbrichts mit Schriftstellern und Künstlern am 25. November 1965 im Staatsrat der DDR. In: ders. (Hg.): Kahlschlag. Das 11. Plenum des ZK der SED. Studien und Dokumente. Berlin: Aufbau 2000 (= 8045), S. 134–153, hier S. 146.

69 Vgl. Erich Honecker: Bericht des Politbüros an die 11. Tagung des Zentralkomitees der SED, 15.–18.12.1965. Auszug. In: Agde (Hg.), Kahlschlag. Das 11. Plenum des ZK der SED. Studien und Dokumente, a. a. O., S. 238–251, hier S. 244.

70 Unter dem Stichwort „Humanität" heißt es in einem ostdeutschen kulturpolitischen Wörterbuch: „Prinzip des Denkens und Handelns, das auf Freiheit und Würde des Menschen gerichtet ist. […] Wahre Humanität. ist erst auf dem Boden der sozialistischen Gesellschaft möglich; hier sind die Quellen der Unterdrückung und Unfreiheit des Menschen beseitigt, die Entfremdung überwunden, die Ursache der Kriege beseitigt." (Siehe hierzu Stichwort: Humanität. In: Bühl, Heinzer, Koch, Staufenbiel (Hg.): Kulturpolitisches Wörterbuch, a. a. O., S. 220).

71 In ihrem Tagebuch bemerkt Christa Wolf über das 11. Plenum: „Das Plenum hat entschieden: Die Realität wird abgeschafft." (Christa Wolf: Ein Tag im Jahr 1960–2000. München: Luchterhand 2003, S. 73).

Meiner Ansicht nach zeugen diese Auszüge in der NDL nicht von antisozialistischer Haltung, wie ihm vorgeworfen wird. In diesem Punkt kann ich mich nicht einverstanden erklären. Das kann ich mit meinem Gewissen nicht vereinbaren. Ich glaube es nicht. [...].

Das ist ganz, ganz schwierig, das ist für Menschen, die ernsthaft schreiben, eine sehr ernste Sache – wenn jemandem vorgeworfen wird, sein Buch oder sein Stück ist antisozialistisch, und er kann den Fehler bei sich nicht finden.[72]

Sie lehnte die Behauptung ab, dass der Schriftstellerverband der DDR sich zum ungarischen Petöfi-Klub[73] entwickelt, verwies auf die Kompliziertheit und die Psychologie des Schreibens und die Gefahr eines Rückfalls in Lukacs' Theorie des ‚Typischen in der Kunst'. In ihrem Erinnerungsbericht aus dem Jahre 1990 bemerkt Christa Wolf über das 11. Plenum, dass sie damals das Gefühl hatte, „allein vor einer Dampfwalze [zu] stehen"[74], was den enormen Druck veranschaulicht, dem sie damals ausgesetzt war. Ihre Rede war ein „bemerkenswertes Manifest: der auch 1965 noch ungebrochenen Bindung vieler DDR-Schriftsteller an den Staat einerseits – und einer beginnenden Abkehr von der menschenfeindlichen Praxis dieses Systems."[75], so Wolfgang Emmerich über die damalige Haltung von Christa Wolf.

Im Zusammenhang mit dem 11. Plenum des ZKs darf die zuvor zum 80. Geburtstag von Franz Kafka veranstaltete Kafka-Konferenz in Liblice bei Prag nicht außer Acht gelassen werden. Denn bereits 1963 wurde auf dieser Konferenz eine heftige Debatte um die Darstellung der Entfremdung in der Literatur geführt. Die Veranstalter der Konferenz, die Tschechoslowakische Akademie der Künste, der Schriftstellerverband ČSSR und die Prager Karls Universität, hatten Literaturwissenschaftler, Philosophen und Schriftsteller eingeladen, um über die Aktualität von Franz Kafka zu diskutieren, der in sozialistischen Ländern sehr wenig rezipiert wurde. Es galt, Franz Kafka zu rehabilitieren und seine Bedeutung auch für sozialistische Länder hervorzuheben. Dabei spielte die Darstellung von Entfremdung in Kafkas Werken eine besonders große Rolle. Während die

---

72 Christa Wolf: Diskussionsbeitrag. In: dies., Essays, Gespräche, Reden, Briefe 1959–1974. Werke Bd. 4, a. a. O., S. 113–126, hier S. 121 ff.

73 Der Name geht auf den revolutionären ungarischen Dichter Sandor Petöfi (1823–1849) zurück. Eine Verbindung mit dem Petöfi-Klub, der 1956 von ungarischen Autoren gegründet worden war und eine bürgerliche Revolution zum Ziel hatte, wurde in DDR mit einer ‚konterrevolutionären Verschwörung' gleichgesetzt und hatte für die Betroffenen schwerwiegende Folgen.

74 Christa Wolf: Rummelplatz 11. Plenum. Erinnerungsbericht. In: dies., Essays, Gespräche, Reden, Briefe 1987–2000. Werke Bd. 12, a. a. O., S. 255–267, hier S. 259.

75 Wolfgang Emmerich: Kleine Literaturgeschichte der DDR. Erweiterte Neuausgabe. 2. Aufl. Leipzig: Gustav Kiepenheuer 1997, S. 182.

Gegner, und dazu gehörte die Delegation aus der DDR – Anna Seghers, Klaus Hermsdorf, Helmut Richter, Werner Mittenzwei –, die Entfremdung im Sozialismus bestritten und Kafka ablehnten, betonten die Befürworter und Reformisten – Eduard Goldstücker aus Prag, Ernst Fischer aus Wien und Roger Garaudy aus Paris –, dass die Entfremdung im Sozialismus noch nicht überwunden sei und dass man sich damit auseinandersetzen müsse. Mit besonderer Schärfe forderte Ernst Fischer die Publikation von Kafkas Werken in sozialistischen Ländern:

Kafka ist ein Dichter, der uns alle angeht. Die Entfremdung des Menschen, die er mit maximaler Intensivität dargestellt hat, erreicht in der kapitalistischen Welt ein schauerliches Ausmaß. Sie ist aber auch in der sozialistischen Welt keineswegs überwunden. Sie Schritt für Schritt zu überwinden, im Kampfe gegen Dogmatismus und Bürokratismus, für sozialistische Demokratie, Initiative und Verantwortung, ist ein langwieriger Prozess und eine große Aufgabe. [...][76]

Wir sollten einem Dichter, der origineller und alarmierender als viele andere die Entfremdung, Verdinglichung, Entmenschlichung in der spätkapitalistischen Welt dargestellt hat, nicht länger das Visum verweigern. [...]

Ich appelliere an die sozialistische Welt: Holt das Werk Kafkas aus unfreiwilligem Exil zurück! Gebt ihm ein Dauervisum![77]

Die Kafka-Konferenz kann durchaus als eine „metaphorische Einkleidung eines politischen Kampfes gegen den Dogmatismus"[78] betrachtet werden oder gar als ein Kampf der „Reformkräfte gegenüber Kräften der Beharrung"[79]. Die Entfremdung diente bei Kafka also meist dem Verweis auf die politischen Widersprüche im Sozialismus, die von Dogmatikern geleugnet wurden, während die Reformsozialisten es als eine wichtige Aufgabe ansahen, sie im Sozialismus zu überwinden. Dabei war Franz Kafka, der das Problem der Entfremdung in seinen Werken exemplarisch dargestellt hat, in diesen Auseinandersetzungen nur eine Galionsfigur, und in den Auseinandersetzungen um Entfremdung in sozialistischen Ländern benutzt wurde, um Veränderungen herbeizuführen und die starren Strukturen des sozialistischen Realismus zu durchbrechen.

Vor diesem Hintergrund wird deutlich, warum auf dem 11. Plenum jegliche Darstellung von Entfremdung, Widerspruch und Skeptizismus in Kunst und

---

76 Ernst Fischer: Kafka-Konferenz. In: Heinz Politzer (Hg.): Franz Kafka. Darmstadt: Wissenschaftliche Buchgesellschaft 1973. S. 365–377, hier S. 365.

77 Ebd., S. 375 ff.

78 Jäger, Kultur und Politik in der DDR 1945–1990, a. a. O., S. 113.

79 Werner Mittenzweig: Zur Kafka Konferenz 1963. In: Agde (Hg.), Kahlschlag. Das 11. Plenum des ZK der SED, a. a. O., S. 79–87, hier S. 80.

Literatur abgelehnt wurde. Der Angriff auf Entfremdung, ihre Verleugnung im Sozialismus wurde nach der Rückkehr der DDR-Delegation in der Heimat fortgesetzt. Er war der Anlass einer Kampagne gegen Formalismus und Abstraktionismus in der DDR und erreichte dann 1965 auf dem 11. Plenum einen Höhepunkt. Es ging um die Durchsetzung einer bestimmten Stilrichtung, des sozialistischen Realismus. Dem 11. Plenum folgte eine Fülle von repressiven Maßnahmen in Literatur, Film und Theater, die viele Künstler in eine Identitätskrise stürzten. „Wie eine Inquisition"[80], stellt Günter Witt über das Plenum später fest. Ungeschont blieb auch Christa Wolf nicht nach diesem Ereignis. Sie wurde von der Kandidatenliste des Zentralkomitees gestrichen und erlitt eine Herzattacke. Für Christa Wolf begann erst durch dieses kulturpolitische Ereignis der endgültige „Bruch mit einengenden literarischen Normen"[81], so Therese Hörnigk.

I.3 Kritik an den „Teilhabern des Entfremdungsmonopols": Der VI. Schriftstellerkongress

> Wozu so teuflisch sich zerquälen?
> Nie mehr geschah, was da geschah:
> Das Nahsein der sich fremden Seelen,
> das Fremdsein derer, die sich nah… [82]

Nach dem 11. Plenum beginnt Christa Wolf mit der Arbeit an *Nachdenken über Christa T.* Als sie den Roman am 1. März 1967 beendet, notiert sie in ihrem Tagebuch: „Warum schreibt man? Heftiger Wunsch, alles noch einmal umzustürzen. ‚Christa T.' wird nicht veröffentlicht werden, und das wird mich wieder treffen."[83] Sie weiß, dass sie bei der Veröffentlichung des Romans in Schwierigkeiten geraten und dass dies negative Konsequenzen für sie haben wird. Trotzdem setzt sie alles daran, dieses Buch zu veröffentlichen, und geht das Risiko ein: „Der Schnitt also doch, den ich freiwillig wählen muss. Jede Möglichkeit öffentlich zu wirken, ist nun schlagartig vorbei. Es reduziert sich alles auf die Frage: Lohnt sich das für das Buch?

---

80 Günter Witt: Wie eine Inquisition. In: Agde (Hg.), Kahlschlag. Das 11. Plenum des ZK der SED, a. a. O., S. 339–344.

81 Therese Hörnigk: „… aber schreiben kann man dann nicht." Über die Auswirkungen politischer Eingriffe in künstlerische Prozesse. In: Agde (Hg.), Kahlschlag. Das 11. Plenum des ZK der SED 1965, a. a. O., S. 413–422, hier S. 421.

82 Wolf, Nachdenken über Christa T.Werke Bd. 2, a. a. O., S. 203.

83 Christa Wolf: Tagebuchauszüge zu „Nachdenken über Christa T.". In: Angela Drescher (Hg.): Dokumentation zu Christa Wolf „Nachdenken über Christa T.". Hamburg, Zürich: Luchterhand 1992 (= Sammlung Luchterhand; 1043), S. 193.

Ich finde: Ja."[84] Gleichzeitig ahnt sie, dass einige Schriftstellerkollegen ihren Roman ablehnen werden[85], denn er entspricht nicht dem anvisierten Literaturprogramm des sozialistischen Realismus. Mit diesem Buch hatte sich die Autorin an Themen wie Subjektivismus, Selbstzweifel, Entfremdung, Tod und Selbstverwirklichung herangewagt, die in der DDR zuvor Tabu waren. „In dieser Klarheit hatte bis dahin kein Autor in der DDR Entfremdungs- und Identitätsprobleme thematisiert"[86], stellt Joachim-Rüdiger Groth über den Roman fest, und Jörg Magenau begründet die Beliebtheit des Buches in Ost- und Westdeutschland eben dadurch, dass „,Entfremdung' und der Versuch einer Frau, gegen und mit der Gesellschaft sie selbst zu sein, ein systemübergreifendes brisantes Thema war"[87]. *Nachdenken über Christa T.* verdeutlicht sowohl in der Darstellungsweise als auch in den inhaltlichen Elementen eine deutliche Absage an die vorherrschende Kunstauffassung, und lässt sich durchaus als eine Provokation[88] lesen.

Welche Schwierigkeiten die Autorin für die Erlangung der Druckgenehmigung auf sich nehmen musste, geht aus dem Akten, Dokumente, Briefe und Tagebuchauszüge enthaltenden Band von Angela Drescher[89] hervor. Das Manuskript wird dem Cheflektor des Mitteldeutschen Verlages Heinz Sachs im März 1967 eingereicht. Nach zwei negativ ausfallenden internen Arbeitsgutachten des Verlages – das eine

---

84 Ebd., S. 202.
85 Über Anna Seghers konstatiert Christa Wolf: „Mir wurde bewußt, daß die Anna meine Christa T.-Geschichte ablehnen müsste.", was auch zutrifft (Wolf, Ein Tag im Jahr 1960–2000, a. a. O., S. 98). Andererseits bemerkt Brigitte Reimann enthusiastisch über den Roman: „Du hast mir dein Buch geschickt. Das ist wunderbar und ganz unerwartet, und ich habe bald geheult vor Freude." (Brigitte Reimann an Christa Wolf, am 19. 3. 1969. In: Drescher (Hg.), Dokumentation zu Christa Wolf „Nachdenken über Christa T.", a. a. O., S. 73)
86 Joachim-Rüdiger Groth: Widersprüche. Literatur und Politik in der DDR 1949–1989. Zusammenhänge, Werke, Dokumente. Frankfurt am Main, Berlin, Bern, New York, Paris, Wien: Lang 1994, S. 87.
87 Magenau, Christa Wolf. Eine Biographie, a. a. O., S. 230.
88 Vgl. Heidi Gidion: Christa Wolfs „Nachdenken über Christa T." Wiedergelesen nach fünfundzwanzig Jahren. In: Heinz Ludwig Arnold (Hg.): Christa Wolf. Vierte Aufl.: Neufassung. München: edition text + kritik, (= text + kritik, Bd. 46, 1994), S. 48–58. Man könnte annehmen, dass die Namensgebung Christa T. etwa eine Anspielung auf Franz Kafkas Held Josef K. aus *Der Prozeß* sein könnte. Doch dies ist bisher nicht belegt. Fest steht, dass es sich hier um eine 1963 an Leukämie verstorbene Schulfreundin Christa Tabbert handelt, deren Tagebücher Christa Wolf mit ihren eigenen Tagebüchern literarisch verarbeitet hat.
89 Drescher (Hg.), Dokumentation zu Christa Wolf „Nachdenken über Christa T.", a. a. O.

warnt vor einer „ideologischen Desorientierung"[90] und das andere sieht das dritte Werk Christa Wolfs als gescheitert an – setzt man die Hauptverwaltung „Verlage und Buchhandel" im Ministerium für Kultur, die für die Druckgenehmigung zuständig war, über das Manuskript in Kenntnis. Erst als sich Christa Wolf damit einverstanden erklärt, einige Änderungen vorzunehmen, das 19. Kapitel hinzufügt und zwei Außengutachten des Verlages die Druckgenehmigung befürworten, wird am 2. Mai 1968 die Druckgenehmigung erteilt. Geplant war die Auslieferung im März 1969, aber sie wurde unterbrochen, sodass das Buch zunächst im Luchterhand Verlag in Westdeutschland veröffentlicht wurde. Die bereits bei der Druckgenehmigung entstandenen Probleme sollten der Anfang einer länger andauernden harten Auseinandersetzung mit dem Machtapparat sein. Die Hinauszögerung der Publikation, die Freigabe einer geringen Auflage als Möglichkeit, eine offizielle und inoffizielle Debatte gegen das Buch in Gang zu setzen, waren einige Vorgehensweisen, mit denen Christa Wolf konfrontiert wurde.

Auf dem VI. Schriftstellerkongress im Mai 1969, auf dem hundert Exemplare des Romans verkauft wurden[91], richtete der Direktor des Literaturinstituts „Johannes R. Becher" Max Walter Schulz mahnende Worte an die Schriftsteller, die Dekadenz, Entfremdung und Subjektivismus in ihren Werken thematisierten. Er betrachtete sie als „Teilhaber[ ] des Entfremdungsmonopols"[92] und brachte Rainer Kunzes *Sensible Wege* und Christa Wolfs *Nachdenken über Christa T.* mit diesem Begriff in Verbindung. Besonders scharf kritisierte er jedoch Christa Wolf:

> Wir kennen Christa Wolf als eine talentierte Mitstreiterin unserer Sache. Gerade deshalb dürfen wir unsere Enttäuschung über ihr neues Buch nicht verbergen. Wie auch immer parteilich die subjektiv ehrliche Absicht des Buches gemeint sein mag. So wie die Geschichte nun einmal erzählt ist, ist sie angetan, unsere Lebensbewußtheit zu bezweifeln,

---

90 Erstes Arbeitsgutachten. Gutachten zu: Christa Wolf, „Nachdenken über Christa T." 27.6.67. In: Drescher (Hg.), Dokumentation zu Christa Wolf „Nachdenken über Christa T.", a. a. O., S. 34.

91 Obwohl die ersten Exemplare auf dem VI. Schriftstellerkongress 1969 verkauft wurden, wurde im Impressum das Jahr 1968 als das Erscheinungsjahr angegeben. Für 1972 wird eine Nachauflage vorgesehen, die die Partei zunächst verhindern wollte, auch hier wird das Buch auf 1968 zurückdatiert. Am 17. April 1972 heißt es in einem Brief an Erich Honecker, „die Lage ist jetzt soweit verfahren, daß es schwer sein wird, diese Neuauflage zu verhindern". (Brief des halleschen Parteisekretärs an Erich Honecker am 17. April 1972, in: Peter Böthig (Hg.): Christa Wolf. Eine Biographie in Bildern und Texten. München: Luchterhand 2004, S. 86.).

92 Max Walter Schulz: Das Neue und Bleibende in unserer Literatur. In: VI. Deutscher Schriftstellerkongreß vom 28. bis 30. Mai 1969 in Berlin. Protokoll. Berlin, Weimar: Aufbau 1969, S. 23–58, hier S. 52.

bewältigte Vergangenheit zu erschüttern, ein gebrochenes Verhältnis zum Hier und Heute und Morgen zu erzeugen. – Wem nützt das?[93]

Er lehnte die dargestellte „Innerlichkeitsproblematik"[94] Christa Wolfs ab und verwies auf Marcel Reich-Ranicki, der das Buch zuvor gelobt und behauptet hatte, „Christa T. stirbt an der Leukämie, aber sie leidet an der DDR"[95]. Reich-Ranicki benutzte das Buch jedoch auch, um Kritik an den Kulturfunktionären der DDR zu äußern, die den sozialistischen Realismus propagiert hatten. Gerade dieser Punkt und die positive Aufnahme von *Nachdenken über Christa T.* im Westen waren unter anderem Anlass für Max Walter Schulz, Christa Wolfs Roman zu verwerfen. Er richtete nachdrücklich einen Appell an sie: „Besinn dich auf dein Herkommen, besinn dich auf dein Fortkommen, wenn du mit deiner klugen Feder der deutschen Arbeiterklasse, ihrer Partei und der Sache dienen willst."[96] Nach diesen Ereignissen wurde massiver politischer Druck auf die Autorin ausgeübt; man verlangte von ihr eine Stellungnahme zu den Prager Ereignissen[97], den Rücktritt aus dem Vorstand des Schriftstellerverbandes und innerliterarisch die Distanzierung vom Helden in ihrem Werk. Christa Wolf war immer wieder genötigt, ihre Parteinahme für den Sozialismus und ihre Zugehörigkeit zum sozialistischen Staat zu beteuern. Im Jahre 1969 wurde dann vom Ministerium für Staatssicherheit auch der „Operative Vorgang Doppelzüngler" angelegt, der bis 1989 geführt wurde.

Im Jahre 1995, als sie an ihrem Medea-Roman arbeitet, erinnert sich Christa Wolf an ihre Ohnmacht, nachdem es zu einem heftigen Streit mit demjenigen gekommen war, der ihr Buch für schädlich befunden hatte:

[...] da stand ich ihm in seinem riesigen Dienstzimmer gegenüber, zu dem ich durch riesige leere Flure und eine Menge von Vorzimmern gelangt war, und es ging um mein Buch, an dem mir lag und das er für schädlich hielt, und er schrie mich an, und ich schrie zurück, und dann beruhigten wir uns beide, und sein Ton wurde kalt, und mein Ton wurde verzweifelt, wir verabschiedeten uns unversöhnt, und auf dem langen Weg von seinem riesigen Schreibtisch zur Tür kippte ich um, zum erstenmal in meinem Leben [...][98]

---

93 Ebd., S. 55.
94 Ebd., S. 56.
95 Marcel Reich-Ranicki: Eine unruhige Elegie. In: ders.: Ohne Rabatt. Über Literatur aus der DDR. München: dtv 1993 (= 11744), S. 200–208, hier S. 204.
96 Schulz, Das Neue und Bleibende in unserer Literatur, a. a. O., S. 56.
97 Christa Wolf und Anna Seghers hatten die offizielle Erklärung des Vorstandes des Schriftstellerverbandes zu den Prager Ereignissen nicht unterschrieben. Vgl. Drescher (Hg.), Dokumentation zu Christa Wolf „Nachdenken über Christa T.", a. a. O., S. 15.
98 Christa Wolf: Begegnungen Third Street. In: dies.: Hierzulande Andernorts. Erzählungen und andere Texte 1994–1998. München: Luchterhand 1999, S. 7–41, hier S. 25.

Die Ohnmacht als Folge der Handlungsunfähigkeit und Machtlosigkeit spiegeln ein Gefühl von Entfremdung wieder, die die starke Bindung zur Partei, aber auch zur DDR in einem enormen Maße negativ beeinflusst hatte. Ihr sehnlicher Wunsch nach Veränderungen wurde nach den Fehlentscheidungen und dem harten Kurs in der Kulturpolitik der DDR nicht erfüllt. „Zwischen diesen zwei Büchern hat ein entscheidender Umbruch in meinem Denken und Fühlen stattgefunden. *Nachdenken über Christa T.* habe ich in einer viel größeren Ungewißheit, in einer wirklichen Bewußtseinskrise geschrieben."[99], äußerte Christa Wolf über die Zeit zwischen *Der geteilte Himmel* und *Nachdenken über Christa T.*: Die Entfremdung hatte existenzielle und bedrohliche Erscheinungsformen angenommen.

I.4 „Das Motiv des Sich-selber-fremd-Werdens"[100]: Wolf Biermanns Ausbürgerung

> Deswegen kömmt es mir aber vor, als sähe ich
> mich im Sarg liegen und meine beiden Ichs
> starren sich ganz verwundert an.
>
> Günderrode[101]

Über das Gefühl von Ohnmacht erinnert sich Christa Wolf 1997 rückblickend: „[…] ganz besonders eindringlich und sozusagen als Dauergefühl bestehen blieb es 1965" und auch später „in der Zeit nach 1976, nach der Ausbürgerung von Wolf Biermann"[102]. Ein weiteres ziemlich zermürbendes Konfliktpotential, das einerseits eine Polarisierung der Künstler in der DDR, andererseits eine Abwanderungswelle in den Westen herbeiführte und für Christa Wolf einen tiefen Bruch mit dem sozialistischen Regime bedeutete, war die Ausbürgerung des Liedermachers Wolf

---

99   Christa Wolf: Eine Diskussion über „Kindheitsmuster". In: dies., Essays, Gespräche, Reden, Briefe 1975–1986. Werke Bd. 8, a. a. O., S. 296–304, hier S. 303.

100   Christa Wolf: Mittwoch, 27. September 1978, Meteln. In: dies., Ein Tag im Jahr 1960–2000, a. a. O., S. 231–249, hier S. 235.

101   Christa Wolf stellt ihrem Werk *Kein Ort. Nirgends* diese Worte Karoline von Günderrodes voran, die die Selbstentfremdung des Menschen deutlich zum Ausdruck bringt. In: Wolf, Kein Ort. Nirgends, Der Schatten eines Traumes Karoline von Günderrode – ein Entwurf, Nun ja! Das nächste Leben geht aber heute an. Ein Brief über die Bettine. Werke Bd. 6, a. a. O., S. 7–105, hier S. 9.

102   Christa Wolf: Schreiben als Lebensäußerung. Gespräch mit Herlinde Koelbl (1997). In: dies., Essays, Gespräche, Reden, Briefe 1987–2000. Werke Bd. 12, a. a. O., S. 592–606, hier S. 594f.

Biermann.[103] Biermann, der mit scharfer Zunge die Missstände der politischen Entwicklung in der DDR anprangerte, war für die Parteiführung eine besonders unbequeme Person; man wollte ihn bereits 1974 los werden. Er lehnte damals den Verzicht auf die DDR-Staatsbürgerschaft ab, weil er die DDR nicht verlassen wollte. Am 16. November 1976, als sich Wolf Biermann auf einer Konzertreise in Köln befand, nutzte man die Gelegenheit, ihn wegen seines „feindselige[n] Auftreten[s]"[104] auszubürgern. Einen Tag nach dieser Maßnahme protestierten zwölf Autoren – Sarah Kirsch, Christa Wolf, Volker Braun, Franz Fühmann, Stephan Hermlin, Stefan Heym, Günter Kunert, Heiner Müller, Rolf Schneider, Gerhard Wolf, Jurek Becker, Erich Arendt – in einem offenen Brief gegen die Zwangsausbürgerung Biermanns. Der in einer westlichen Nachrichtenagentur veröffentlichten Protestresolution der zwölf Erstunterzeichner schlossen sich später noch viele Künstler an. Verheerend waren jedoch die Folgen der Biermann-Petition. Bei Weigerung der Rücknahme der Unterschrift drohten vielen Künstlern Ausschlüsse, Publikations- und Auftrittverbot oder Verhaftung.[105] Obwohl sich einige diesen einschüchternden Repressalien unterwarfen und Reue zeigten[106], hatte Christa Wolf ihre Unterschrift nicht zurückgenommen. Sie wurde deshalb aus dem Vorstand der Berliner Sektion des Schriftstellerverbandes der DDR und Gerhard Wolf aus der Partei ausgeschlossen. Der spätere Vorwurf, Christa Wolf habe „ihre Unterschrift rasch und in aller Form wieder zurückgenommen"[107], beruht auf einer unhaltbaren Aussage. Offensichtlich hatte Christa Wolf dies der dem Ministerium für Staatssicherheit zu verdanken, das durch Verbreitung gezielter Gerüchte erreichen wollte, andere Künstler zu einer Rücknahme ihrer Unterschrift zu bewegen.[108]

---

103   B. Jentzsch verlässt 1976 die DDR; S. Kirsch, R. Kunze, H. J. Schädlich, J. Becker, J. Fuchs verlassen 1977 und G. Kunert 1979 die DDR, um nur einige Schriftsteller zu nennen.

104   Emmerich, Kleine Literaturgeschichte der DDR, a. a. O., S. 253.

105   1980 setzte sich Christa Wolf für die Freilassung von Lutz Rathenow, Frank-Wolf Matthies und Thomas Erwin aus der U-Haft ein, indem sie einen Brief an Erich Honecker schrieb. Vgl. hierzu Joachim Walther: Sicherheitsbereich Literatur. Schriftsteller und Staatssicherheit in der Deutschen Demokratischen Republik. Berlin: Links 1996 (= Wissenschaftliche Reihe des Bundesbeauftragten; 6), S. 107.

106   Aufgrund der Verhaftung seines Schwiegersohnes nahm Fritz Cremer später seine Unterschrift zurück. Vgl. Jäger, Kultur und Politik in der DDR 1945–1990, a. a. O., S. 122.

107   Marcel Reich-Ranicki: Macht Verfolgung kreativ? 1987. In: ders., Ohne Rabatt, a. a. O., S. 214–220, hier S. 215.

108   In einem Sachstandsbericht vom 18.09.1978 heißt es: „In Realisierung der mit der Partei abgestimmten Differenzierungsmaßnahmen wurde erreicht, dass die im Zusammenhang mit der Ausbürgerung Biermanns in Erscheinung getretenen aktivsten feindlichen Kräfte keinen einheitlichen Block gegen die Politik der Partei bilden

Die Erfahrung der Ausgrenzung aufgrund kulturpolitischer Widersprüche drängte viele Künstler und Schriftsteller zum Rückzug und in die Isolation. Die Erkenntnis, dass der Staat zur Erhaltung der Macht systemkritische Intellektuelle nicht mehr in seinem Land haben wollte, brachte sie in eine existentielle Krise: „[…] den wirklichen Schmerz habe ich 1968 empfunden, beim Einmarsch der Truppen des Warschauer Paktes in die CSSR; und dann noch einmal 1976, als ich merkte, daß ich immer noch Hoffnung gehabt hatte, die dann zerstört wurde"[109], so Christa Wolf über diese Zeit, die die negativen Folgen dieser Krise deutlich macht. Der Ausschluss und die Verhinderung einer Einmischung systemkritischer Künstler in die Kulturpolitik, die sich dann gezwungenermaßen von kulturpolitischen Fragen und Entwicklungen der DDR zurückgezogen hatten, verursachte in ihnen eine tief greifende Entfremdung. „Vorhin hörte ich schon wieder den ersten Teil von Schuberts ‚Winterreise', auf die ich jetzt süchtig bin."[110], schreibt sie in ihr Tagebuch. In der Musik wird die subjektive Erfahrung der Entfremdung eindrucksvoll zum Ausdruck gebracht, und sie wirkt für sie wie ein Trost. Auf Ausgrenzung und Entfremdung versuchte Christa Wolf immer wieder sowohl in ihren Werken, als auch in Essays oder Interviews aufmerksam zu machen. Sie warnte vor der Gefahr der Entfremdung als Folge des Zum-Außenseiter-gemacht-Werdens und der Loslösung vom real existierenden sozialistischen Staat, mit dem sich viele identifiziert hatten. „Ich leugne nicht, daß ich diese Außenseitererfahrung kenne, dass Ausgliederung ein schwer zu verarbeitender Prozeß ist."[111], gesteht sie 1979 in einem Interview. Die DDR produzierte selbst durch ihre Repressalien und Ausgrenzungspolitik die Entfremdung zwischen Staat und Bürger.

Immer öfter beschäftigte sich Christa Wolf mit dem Thema „Sich-selber-fremd-Werden" und suchte nach Zeiten und Figuren, um sich selbst darin

---

konnten. Der unterschiedliche Ausgang der Parteiverfahren gegen Christa Wolf (strenge Rüge, Verbleiben in der Partei) und Gerhard Wolf (Ausschluß aus der Partei), unterstützt durch von inoffiziellen Quellen ausgesprochene gezielte Vermutungen über mögliche interne Zustimmungserklärungen Christa Wolfs zur Politik der Partei, brachten vor allem Christa Wolf bei einem Teil der übrigen Erstunterzeichner teilweise Mißtrauen ein." In: Hermann Vinke (Hg.): Akteneinsicht Christa Wolf. Eine Dokumentation. 2. Aufl. Hamburg: Luchterhand 1993, S. 287f.

109   Wolf, Schreiben im Zeitbezug. Gespräch mit Aafke Steenhuis, 11.12.1989. In: dies., Essays, Gespräche, Reden, Briefe 1987–2000. Werke Bd. 12, a. a. O., S. 216.

110   Wolf, Mittwoch, 27. September 1978, Meteln, a. a. O., S. 248. Bereits in den ersten Versen heißt es hier: „Fremd bin ich eingezogen, Fremd zieh' ich wieder aus."

111   Christa Wolf: Ich bin schon für eine gewisse Maßlosigkeit. Gespräch mit Wilfried F. Schoeller, März 1979. In: dies., Essays, Gespräche, Reden, Briefe 1975–1986. Werke Bd. 8, a. a. O., S. 157–170, hier S. 160.

wiederzufinden und die Ursachen dieser Entfremdung herauszustellen. *Kein Ort. Nirgends, Der Schatten eines Traumes. Karoline von Günderrode – ein Entwurf* und *Nun ja! Das nächste Leben geht aber heute an. Ein Brief über die Bettine* sind während dieser kulturpolitischen Zäsur entstanden. Die Hinwendung zu den Frühromantikern ist zugleich eine Auseinandersetzung mit ihrer eigenen politischen Wirkungslosigkeit: „In den siebziger Jahren, als ich keine Möglichkeit mehr sah, mich hier politisch zu betätigen, habe ich versucht, in der Geschichte zu finden, wie sich deutsche Intellektuelle in solchen ausweglosen Zeiten verhalten haben."[112]. Für sie war es eine Zuflucht in jene deutsche Literatur, in der die „Wurzel der Moderne, der Entfremdung, des Industriezeitalters."[113] liegt. Die Romantikrezeption gab ihr die Möglichkeit, eine Analogie zu ihren eigenen Lebensverhältnissen und Erfahrungen herzustellen. Aus diesem Grund dienten Kleist, Günderrode und Arnim als Entlastungszeugen. Als „Selbstverständigung" und „eine Art von Selbstrettung" hat sie ihren Rückgriff auf die Frühromantiker beschrieben, die ähnliche Erfahrungen gemacht hatten und in eine Außenseiterposition gedrängt worden waren:

> Es war eine Selbstverständigung, es war auch eine Art Selbstrettung, als mir der Boden unter den Füßen weggezogen war; [...]. Mein Hauptinteresse war, zu untersuchen: wo hat sie eigentlich angefangen, diese entsetzliche Gespaltenheit der Menschen und der Gesellschaft? [...] Dieses ins Extrem getriebene Zum-Außenseiter-gemacht-Werden, das, was ich an mir existentiell erfuhr: das wollte ich befragen, natürlich auch, um mich davon distanzieren zu können. Wo hat es angefangen? Wann?[114]

Mehrmals wird in diesen Texten die Entfremdung oder Selbstentfremdung von Heinrich von Kleist, Karoline von Günderrode oder Bettine von Arnim hervorgehoben: „[...] ich denke darüber nach, wie [...] unsere Selbstentfremdung miteinander zusammenhäng[t]. Wir müßten unser Leben ändern. Aber das tun wir nicht."[115] oder „Die Klage in den Hals zurückgestoßen. Trauer verbietet sich, denn

---

112 Wolf, Schreiben im Zeitbezug. Gespräch mit Aafke Steenhuis. In: dies., Essays, Gespräche, Reden, Briefe 1987–2000. Werke Bd. 12, a. a. O., S. 209.

113 Christa Wolf: Abschied von Phantomen. Zur Sache Deutschland (1994). In: dies., Essays, Gespräche, Reden, Briefe 1987–2000. Werke Bd. 12, a. a. O., S. 507–534, hier S. 521.

114 Christa Wolf: Projektionsraum Romantik. Gespräch mit Frauke Meyer-Gosau, Winter 1982. In: Wolf, Essays, Gespräche, Reden, Briefe 1975–1986. Werke Bd. 8, a. a. O., S. 236–255, hier S. 237f.

115 Christa Wolf: Nun ja! Das nächste Leben geht aber heute an. Ein Brief über die Bettine. In: dies., Kein Ort. Nirgends, Der Schatten eines Traumes Karoline von Günderrode – ein Entwurf, Nun ja! Das nächste Leben geht aber heute an. Ein Brief über die Bettine. Werke Bd. 6, a. a. O., S. 177–221, hier S. 209.

wo sind die Verluste? Ich bin nicht ich. Du bist nicht du. Wer ist wir?"[116]. Und in ihrem Günderrode-Essay, in dem besonders ausführlich das Thema Entfremdung aufgegriffen wird, bemerkt sie: „Fortleben könnte sie als Gestalt, die sich der Erfahrung von Vergeblichkeit und Entfremdung unbedingt zu stellen hatte. Der Riß der Zeit ging durch sie. Sie spaltet sich in mehreren Personen […]."[117] Diese Beispiele zeigen, wie intensiv sich Christa Wolf ihrer eigenen Entfremdung gestellt und sich mit ihr auseinandergesetzt hat, die durch die Ausgrenzung aus der Kulturpolitik, das Zurückgeworfensein auf die Literatur und die Zurückdrängung in die Außenseiterposition gekennzeichnet war. Das von Christa Wolf zitierte Gedicht Karoline von Günderrodes beleuchtet beeindruckend das Problem der Entfremdung und Selbstentfremdung unter verschiedenen Aspekten:

Die eine Klage[118]

Wer die tiefste aller Wunden
Hat in Geist und Sinn empfunden
Bittrer Trennung Schmerz;
Wer geliebt was er verlohren,
Lassen muß was er erkohren,

Das geliebte Herz,

Der versteht in Lust die Thränen
Und der Liebe ewig Sehnen
Eins in Zwei zu sein,
Eins im Andern sich zu finden,
Daß der Zweiheit Gränzen schwinden
Und des Daseins Pein.

Wer so ganz in Herz und Sinnen
Konnt' ein Wesen liebgewinnen
O! den tröstet's nicht
Daß für Freuden, die verlohren,
Neue werden neu gebohren:
Jene sind's doch nicht.

---

116 Wolf, Kein Ort. Nirgends. In: dies., Kein Ort. Nirgends, Der Schatten eines Traumes Karoline von Günderrode – ein Entwurf, Nun ja! Das nächste Leben geht aber heute an. Ein Brief über die Bettine. Werke Bd. 6, a. a. O., S. 97.
117 Christa Wolf: Der Schatten eines Traumes. Karoline von Günderrode. In: dies., Kein Ort. Nirgends, Der Schatten eines Traumes Karoline von Günderrode – ein Entwurf, Nun ja! Das nächste Leben geht aber heute an. Ein Brief über die Bettine. Werke Bd. 6, a. a. O., S. 107–175, hier S. 174.
118 Ebd., S. 160.

Das geliebte, süße Leben,
Dieses Nehmen und dies Geben,
Wort und Sinn und Blick,
Dieses Suchen und dies Finden,
Dieses Denken und Empfinden
Giebt kein Gott zurück.

Christa Wolf stellt dieses Gedicht in den Zusammenhang mit der eigenen Unstimmigkeit mit der Zeit, dem Verlust von Freunden und der Isolation, aber auch mit dem endgültigen Bruch mit der vorherrschenden Kulturpolitik der DDR. Aufgrund der für sie unerträglichen Handlungsunfähigkeit und Passivität, zu der sie verurteilt wurde, erwägt sie 1977, mit dem Schreiben aufzuhören und sogar die DDR zu verlassen:

> Ich denke, wie kostbar ein Heimatgefühl ist und wie schwer man es aufgeben würde. Diesen doppelten Boden haben seit ein paar Monaten alle meine Gedanken. Ich denke, nie mehr würde ich mich woanders heimisch fühlen können, wenn ich hier wegginge. Und ich frage mich, wie hoch der Preis unter Umständen wäre, den ich für dieses Heimatgefühl zu zahlen bereit wäre. Ich frage mich, welchen Preis ich täglich unbewußt zahle, einen Preis in der Münze: Wegsehen, weghören, oder zumindest schweigen. Ich denke oft, ob die Rechnung dafür uns noch zu unseren Lebzeiten präsentiert wird. Wenn nicht, muß ich sie mir selbst präsentieren. Ich weiß nicht, ob ich noch einmal die Kraft aufbringe zu der Schonungslosigkeit, die da gebraucht würde. Das ist, vielleicht, die Kernfrage für die Weiterarbeit, die ich manchmal aufgeben möchte.[119]

Für ihr Heimatgefühl wird sie einen hohen Preis bezahlen, wie später deutlich wird. Es ist jedoch auch der Glaube an die sozialistische Utopie, den Sozialismus mit menschlichem Antlitz, der Christa Wolf trotz großer Widersprüche zum Bleiben in der DDR bewegt hat und der nach ihrer Ansicht nur in der DDR verwirklicht werden konnte und nicht etwa in der BRD.

Ein anderer Aspekt, auf den Ende der 70er Jahre die Aufmerksamkeit gelenkt wird, ist die Beziehung zwischen Literatur und Entfremdung. Berücksichtigt man die Auffassungen von Christa Wolf über die Literatur, so zeigt sich, dass sie den Begriff Entfremdung auch im Zusammenhang mit der dargestellten Realität verwendet. Auf dem PEN-Kongress in Stockholm 1978 prägt sie für jene Art von literarischer Produktion, die in versteckter Form die Wirklichkeit verkleidet, den Begriff „,entfremdete' Realität". Literatur als Medium und dargestellte Realität wird somit in Frage gestellt:

---

119   Christa Wolf: Dienstag, 27. September 1977, Meteln-Berlin, Friedrichstraße. In: dies., Ein Tag im Jahr 1960–2000, a. a. O., S. 217–230, hier S. 224f.

Auch Literaten sind nicht immun gegen irgendeine Art von Wahn, ebensowenig wie gegen Mutlosigkeit, Angst oder Resignation. Vorausgesetzt aber, es gelänge uns immer wieder, selbst bei Verstand zu bleiben und den Mut aufzurichten – müßten wir nicht neu nachdenken, mit welcher Art von Schlüssel man Menschen heutzutage ihre tief-verschlüsselte – „entfremdete" – Realität aufschließen kann? Sollte Literatur der Selbst-maskerade so vieler Menschen ihrerseits zu begegnen suchen, indem sie immer weiter maskiert, unkenntlich macht, in Kostüme flüchtet, mit Bildern, Gleichnissen, Mythen arbeitet? Sich „in Verkleidung" einschleicht hinter die Abwehrpanzerung ihrer Leser? Oder sollte sie, im Gegenteil, der Codifizierung der Welt unverstellt entgegentreten, nackt und bloß, auf die Strukturen weisen und in dürren Worten sagen, was ist?[120]

Die entfremdende Wirkung der Literatur liege in der Verzerrung bzw. in der Verkleidung der Realität. Die Zweideutigkeit dieser Aussage liegt auf der Hand: Einerseits wird die Verwendung und Aneignung literarischer Mittel zur Un-kenntlichmachung der Realität beklagt, andererseits wird aber auch ihre Bedeu-tung für die Literatur hervorgehoben.

Sie spricht das Problem der Entfremdung nicht nur in Anspielungen an, son-dern später auch offen in Interviews und Gesprächen. In einem Gespräch mit Richard Zipser 1979 heißt es:

Die deutsche Literaturgeschichte ist voller Beispiele dafür, daß die Zeitgenossen die Angebote ihrer wichtigsten Schriftsteller zurückwiesen: Jacob Michael Reinhold Lenz, Friedrich Hölderlin, Heinrich von Kleist, Georg Büchner: Ihre Schicksale – Untergang in Armut, Wahnsinn, Selbstmord – deuten auf die von Marx so genannte „deutsche Mi-sere" hin, auf eine historische Entwicklung, die seit der Niederschlagung der Bauern-kriege im 16. Jahrhundert keine revolutionäre Bewegung zur Entfaltung kommen ließ und schließlich eine Bourgeoisie hervorbrachte, die nicht imstande war, einen National-staat zu schaffen. Diese Geschichte erzeugte besonders scharfe Formen der Entfrem-dung von Schriftstellern und ihrem potentiellen Publikum.

Sozialistische Literatur auf deutschem Boden hat, glaube ich, zur Auflösung dieser Ent-fremdung beizutragen, ohne daß sie sich der deutschen Geschichte und ihren Folgen entziehen kann.[121]

Zum ersten Mal wird hier in einem Interview auf das Problem der Entfremdung in der sozialistischen Literatur eingegangen. Für Christa Wolf ist die Entfremdung im Sozialismus und in der sozialistischen Literatur also nicht überwunden. Im

---

120 Christa Wolf: Beispiele ohne Nutzanwendung. Stockholmer Rede. Beitrag zum PEN-Kongress in Stockholm im Mai 1978. In: dies., Essays, Gespräche, Reden, Briefe 1975–1986. Werke Bd. 8, a. a. O., S. 146–153, hier S. 152.

121 Christa Wolf: Arbeitsbedingungen. Interview mit Richard Zipser. April 1978. In: dies., Essays, Gespräche, Reden, Briefe 1975–1986. Werke Bd. 8, a. a. O., S. 137–145, hier S. 137.

Gegensatz zu den Kulturfunktionären der DDR, die die Entfremdung im Sozialismus leugneten, wie auf dem 11. Plenum deutlich wurde, betont Christa Wolf die Wichtigkeit, sich mit der Entfremdung auseinanderzusetzen, die die deutsche Geschichte bei Schriftstellern und seinem Publikum verursacht hat. Die sozialistische Literatur habe die Aufgabe, bei der Aufhebung dieser Entfremdung mitzuwirken.

I.5 „Heute drückt mir dieses ganze Land auf meine Schultern"[122]: Die Ausschließung von neun Autoren aus dem Schriftstellerverband

Die Kluft zwischen den bereits nach der Biermann-Ausbürgerung deutlich in Erscheinung getretenen kritischen Künstlern und den ideologisch verblendeten Parteigängern tat sich drei Jahre später noch tiefer auf, als neun Autoren aus dem Deutschen Schriftstellerband in Berlin ausgeschlossen wurden. Auslöser für diesen Vorfall war ein an Erich Honecker gerichteter Brief mit kritischen Bemerkungen über das Strafverfahren gegen Stefan Heym wegen Verstoßes gegen das Devisengesetz und über den Versuch, durch Verknüpfung von Zensur und Strafgesetzen die Veröffentlichung von kritischen Werken zu verhindern. Heym wurde zu 9000 Mark Geldstrafe verurteilt, weil er seinen Roman *Collin* ohne Erlaubnis des Büros für Urheberrechte in einem westlichen Verlag erscheinen ließ. Unterzeichner des Protestbriefes waren Kurt Bartsch, Jurek Becker, Adolf Endler, Erich Loest, Klaus Poche, Klaus Schlesinger, Dieter Schubert und Martin Stade. Am 7. 6. 1979 fand schließlich die Mitgliederversammlung des Berliner Schriftstellerverbandes im Roten Rathaus statt, mit dem Ziel, Bartsch, Endler, Heym, Jakobs, Poche, Schlesinger, Schneider, Schubert und J. Seyppel aus dem Verband auszuschließen. Becker und Stade hatten bereits den Verband verlassen, und Loest war Mitglied im Leipziger Verband, daher konnte er nicht ausgeschlossen werden. Dem Wortprotokoll[123] dieser Versammlung, das mit Dokumenten und Briefen zum ersten Mal 1991 in einem Buch herausgegeben worden ist, ist deutlich zu entnehmen, wie aufgeheizt die Stimmung war und dass die Redner des Öfteren durch Tumult, Zwischenrufe und Einwände unterbrochen wurden. Besonders beeindruckend war Stefan Heyms warnender Appell an alle Mitglieder:

---

122 Christa Wolf: Donnerstag, 27. September 1979, Meteln. In: dies., Ein Tag im Jahr 1960–2000, a. a. O., S. 252.

123 Joachim Walther, Wolf Biermann, Günter de Bruyn, Jürgen Fuchs, Christoph Hein, Günter Kunert, Erich Loest, Hans-Joachim Schädlich, Christa Wolf (Hg.): Protokoll eines Tribunals. Die Ausschlüsse aus dem DDR-Schriftstellerverband 1979. Hamburg: Rowohlt 1991 (= rororo aktuell; 12992).

Man mag fragen: Was ist das schon, der Rausschmiß einiger Leute aus einer Organisation? Aber es gibt Momente in der Geschichte, wo auch etwas an sich Geringfügiges wichtig sein kann. Und es wäre ja möglich, dass eines Tages Ihre Söhne und Töchter sich bei Ihnen erkundigen werden, und nicht nur Ihre Söhne und Töchter, auch die Bürger der Republik: Wie habt ihr euch damals verhalten, Meister des Wortes, als es darauf ankam, sich zählen zu lassen?[124]

Wortmeldungen wurden nicht zugelassen, Gegenstimmen und Enthaltungen nicht gezählt. Auch Christa Wolf hatte wie Stephan Hermlin, Günter de Bruyn und Joachim Walther gegen die Ausschließung gestimmt, aber wie Manfred Jäger bemerkt, konnten diese „die längst beschlossene Sache nicht aufhalten"[125]. Aus diesem Grund ist dem Urteil von Günther Rüther, „Christa Wolf schwieg, wie so oft, wenn es darum ging, hic et nunc öffentlich Farbe zu bekennen"[126], in diesem Zusammenhang und unter Berücksichtigung der inszenierten Kontroverse nicht zuzustimmen. Auch die Tatsache, dass sie am 10. Juni einen Brief[127] an den Schriftstellerverband schrieb, in dem sie das Ausschlussverfahren heftig kritisierte und darum bat, die Ausschlüsse nicht zu bestätigen, ist ein Indiz dafür, dass sie sich kulturpolitischen Fehlentscheidungen widersetzte. In ihrer Rede vor dem Schriftstellerverband am 23. 11. 1989 wiederholte sie ihre Bitte, die sie schon 1987 und 1988 geäußert hatte, ihre Kollegen zu rehabilitieren und dadurch die in der Vergangenheit begangenen Fehler zu korrigieren.[128]

Am 23. 6. 1979, also ca. zwei Wochen nach dem Ausschluss, beginnt Christa Wolf an ihrer Erzählung *Was bleibt* zu arbeiten, die sie zehn Jahre später veröffentlichen wird.

Es ist zu früh, ich weiß es. Aber ist es nicht immer zu früh? Jene andere Sprache, die ich im Kopf, noch nicht auf der Zunge habe – werde ich sie je sprechen? Etwas in mir zieht

124 Ebd., S. 48.
125 Jäger, Kultur und Politik in der DDR 1945–1990, a. a. O., S. 169.
126 Günther Rüther: „Greif zur Feder Kumpel". Schriftsteller, Literatur und Politik in der DDR 1949 – 1990. 2. überarb. Aufl., Düsseldorf: Droste 1991 (= Droste-Taschenbücher Geschichte), S. 179f.
127 Christa Wolf: Brief vom 10. Juni 1979. In: Walther, Biermann, de Bruyn, Fuchs, Hein, Kunert, Loest, Schädlich, Wolf (Hg.), Protokoll eines Tribunals, a. a. O., S. 116f.
128 Vgl. Christa Wolf: Zwei Plädoyers: 1. Brief an den Kongreß des Schriftstellerverbandes der DDR in Berlin im November 1987. 2. Rede auf der Bezirksversammlung der Berliner Schriftsteller im März 1988 und vgl. hierzu ebenfalls Christa Wolf: Einspruch. Rede vor dem Schriftstellerverband am 23.11.1989. In: dies., Essays, Gespräche, Reden, Briefe 1987–2000. Werke Bd. 12, a. a. O., S. 111–119 und S. 185–187.

sich im Schreck zusammen, wie es sich glückhaft erweitern kann, wenn ich plötzlich froh werde. Wann war ich es zuletzt? Das will ich jetzt nicht wissen. Ich will wissen, was bleibt.[129]

Wie aus diesem Manuskript hervorgeht, wird die unerträgliche Handlungsunfähigkeit, das Verstummen und der Verlust der Freunde beklagt, die aufgrund kulturpolitischer Widersprüche die DDR verlassen haben.

Die Ausschließung von neun Autoren aus dem Schriftstellerverband in dieser Versammlung, über die Christa Wolf später einräumt, „Diese Versammlung war eine der schlimmsten meines Lebens"[130], bedeutete einen tiefen Einschnitt in die Kulturpolitik der DDR und bewirkte wiederum den Weggang vieler Intellektueller in den Westen, was Wolfgang Emmerich als „Künstlerexodus"[131] bezeichnet. Der Weggang hing gewiss mit der sich tiefer ausbreitenden Entfremdung zwischen Intellektuellen und dem Staat zusammen, die Joachim-Rüdiger Groth zu Recht hervorhebt:

> Das in den voraufgegangenen Jahren angehäufte Konfliktpotential zwischen einem Großteil der Autorenschaft und den offiziellen Repressionsorganen führte zu einer weiteren Entfremdung vieler Schriftsteller gegenüber Partei und Staat in den achtziger Jahren.[132]

Doch waren die ersten Anzeichen dieser Entfremdung bereits nach den kulturpolitischen Ereignissen auf dem 11. Plenum 1965 zu erkennen.

I.6 Selbstzensur und Selbstentfremdung

> Was sind das für Zeiten, wo
> Ein Gespräch über Bäume fast ein Verbrechen ist
> Weil es ein Schweigen über so viele Untaten einschließt![133]

---

129 Christa Wolf: *Was bleibt*, Meteln, 23. 6. 1979. Manuskript der ersten Fassung von *Was bleibt*. In: Peter Böthig (Hg.): Christa Wolf. Eine Biographie in Bildern und Texten, a. a. O., S. 122.

130 Christa Wolf: Einspruch. Rede vor dem Schriftstellerverband am 23. 11. 1989. In: dies., Essays, Gespräche, Reden, Briefe 1987–2000. Werke Bd. 12, a. a. O., S. 185.

131 Emmerich, Kleine Literaturgeschichte der DDR, a. a. O., S. 262.

132 Groth, Widersprüche, a. a. O., S. 166.

133 Bertolt Brecht: An die Nachgeborenen. In: ders.: Werke Bd. 12. Gedichte 2. Sammlungen 1938–1956. Hg. v. Werner Hecht u. a. Berlin, Weimar: Aufbau und Frankfurt am Main: Suhrkamp 1988, S. 85. In Anspielung auf Bertolt Brechts Gedicht hebt Christa Wolf in einer Rede 1980 hervor: „Auch in jenem Land jenseits des Glaubens, gerade dort, wird, wenn auch leise, gesprochen werden. Ein Gespräch über Bäume, über Wasser Erde Himmel Mensch – ein Versuch, der mir realistischer vorkommt als die

Kassandra und *Voraussetzungen einer Erzählung: Kassandra* wurden wegen der Weigerung, das Manuskript zu ändern, in der DDR erst im Dezember 1983 veröffentlicht, nach der Publikation im Westen (März). Besorgt um die Verzögerung der Druckgenehmigung äußerte Christa Wolf in einem Brief an Franz Fühmann: „[…] in einer der Vorlesungen werden 8 Stellen beanstandet; die soll ich ändern; da ich dies nicht tue, streichen. Sonst kommen die Vorlesungen nicht, nur die Erzählung."[134] Ihren Zensoren gegenüber konnte sie diesmal durchsetzen, die zensierten Stellen mit Auslassungspunkten kenntlich zu machen. Dadurch wurde aber das Interesse der Öffentlichkeit geweckt und eine Debatte um die Zensurpraxis in der DDR ausgelöst. Die Erzählung wurde zu ihrer Überraschung ungekürzt gedruckt[135], während *Voraussetzungen einer Erzählung: Kassandra* in gekürzter Fassung in der DDR erschien. „Schreiben entsteht aus Spannung"[136] hat Christa Wolf einmal gesagt, und so war die Zensurpraxis und der Konflikt mit den für die Druckgenehmigung der Manuskripte verantwortlichen Zensoren gleichzeitig Auslöser für tief greifende Spannungen, die sie zum Teil in ihre Werke verwoben hat. An einer Stelle in Kassandra heißt es über den troianischen Offizier Eumelos, der jedem verbietet, Menelaos als den Gastfreund zu nennen:

> Seit wann entschied ein Offizier über den Gebrauch von Wörtern. Seitdem die, die sich die ,Königspartei' nannten, in dem Spartaner Menelaos nicht den Gastfreund, sondern den Kundschafter oder Provokateur sah. Den künftigen Feind. Seitdem sie ihn mit einem Sicherheitsnetz umgeben hatten. Ein neues Wort. Dafür gab man das alte, Gastfreund, her. Was sind Wörter.[137]

strikt wahnwitzige Spekulation auf den Weltuntergang." (Christa Wolf: Von Büchner sprechen. Darmstädter Rede. In: dies., Essays, Gespräche, Reden, Briefe 1975–1986. Werke Bd. 8, a. a. O., S. 186–201, hier S. 201.)

134   Christa Wolf: Brief an Franz Fühmann aus Neu-Meteln, 7. April 1983. Zitiert nach Böthig (Hg.), Christa Wolf. Eine Biographie in Bildern und Texten, a. a. O., S. 138.

135   Christa Wolf: Brief an Günter Grass aus Santa Monica, 21. März 1993: „Ich habe dieses Land geliebt. Daß es am Ende war, wußte ich, weil es die besten Leute nicht mehr integrieren konnte, weil es Menschenopfer forderte. Ich habe das in Kassandra beschrieben, die Zensur stocherte in den Vorlesungen herum; ich wartete gespannt, ob sie es wagen würden, die Botschaft der Erzählung zu verstehen, nämlich, daß Troja untergehen muß. Sie haben es nicht gewagt und die Erzählung ungekürzt gedruckt." In: dies., Essays, Gespräche, Reden, Briefe 1987–2000. Werke Bd. 12, a. a. O., S. 474–479, hier S. 479.

136   Wolf, Schreiben im Zeitbezug. Gespräch mit Aafke Steenhuis. 11. Dezember 1989. In: dies., Essays, Gespräche, Reden, Briefe 1987–2000. Werke Bd. 12, a. a. O., S. 223f.

137   Wolf, Kassandra. In: dies., Kassandra, Voraussetzungen einer Erzählung. Werke Bd. 7, a. a. O., S. 288f.

Auch in ihren Essays über Bettine von Arnim (1979) und Karoline von Günderrode (1978) griff sie das Thema der Zensur und Selbstzensur auf. Sie erzählt, wie Bettine von Arnim mit einem raffinierten Trick, nämlich durch die Widmung an den König, ihr Buch veröffentlichen konnte. Dass es hier um die „Techniken zur Umgehung von Zensurbehörden"[138] geht, ist unübersehbar. Über die Rücknahme eines Manuskriptes von Karoline von Günderrode durch Friedrich Creuzer, der seiner Freundin versprochen hatte, es zu veröffentlichen, schreibt Christa Wolf: „Ein Sonderfall in der an merkwürdigen Exempeln und Verrücktheiten reichen Geschichte deutscher Zensur und Selbstzensur. Der Grund? Der allereinfachste: Eigennutz."[139]

Ab 1968 kommt der Begriff der ‚Zensur' in der Verfassung der DDR nicht vor[140], und Walter Ulbricht und Erich Honecker beteuerten, in der DDR gebe es keine Zensur[141]. Eine Zensurbehörde gab es in der DDR zwar nicht, aber der Hauptverwaltung Verlage und Buchhandel oblag die Lizenzvergabe von Verlagen, Kontrolle der Jahres- und Perspektivplanung und Erteilung der Druckgenehmigung der Manuskripte, was eigentlich der Zensur gleichkam, d. h. der Vorzensur. Aber auch Nachzensur gehörte zu den – wenn auch nicht oft – angewandten Praktiken zur Literaturlenkung, wie das bereits angeführte Beispiel von Christa Wolfs *Nachdenken über Christa T.* gezeigt hat. Dabei darf das Wechselspiel von Zensur und Selbstzensur nicht außer Acht gelassen werden. Manfred Jäger stellt diesbezüglich fest:

> Die Zensur verlangte [...] die Zustimmung des Autors zu ihren Eingriffen, also zu den geforderten Auslassungen, Streichungen und Umformulierungen. Am Ende lief alles auf Selbstzensur hinaus, denn der Urheber des Textes musste billigen oder billigend in Kauf nehmen, was ihm mit sanftem oder kräftigem Druck vorgeschlagen wurde.[142]

---

138 Werner Krogmann: Christa Wolf Konturen. Frankfurt am Main, Bern, New York, Paris: Lang 1989, S. 286.

139 Christa Wolf: Der Schatten eines Traumes Karoline von Günderrode – ein Entwurf. In: dies., Kein Ort. Nirgends, Der Schatten eines Traumes Karoline von Günderrode – ein Entwurf, Nun ja! Das nächste Leben geht aber heute an. Ein Brief über die Bettine. Werke Bd. 6, a. a. O., S. 171.

140 Vgl. Dieter Breuer: Zensur in der DDR: von Brecht zu Biermann. In: ders.: Geschichte der literarischen Zensur in Deutschland. Heidelberg: Quelle und Meyer 1982. (= Uni-Taschenbücher; 1208), S. 242–248.

141 Vgl. Manfred Jäger: Das Wechselspiel von Selbstzensur und Literaturlenkung in der DDR. In: Ernest Wichner, Herbert Wiesner (Hg.): „Literaturentwicklungsprozesse". Die Zensur der Literatur in der DDR. Frankfurt am Main: Suhrkamp 1993 (= edition suhrkamp; 1782) (= Neue Folge; 782), S. 18–49, hier S. 18.

142 Ebd., S. 26.

Richard Zipser verweist auf das Ziel der Zensurbehörden, Selbstzensur bei den Schriftstellern zu bewirken.[143] Ähnlich wie andere DDR-Autoren ließ auch Christa Wolf Eingriffe in ihre Werke zu. Offensichtlich störte sie das in den frühen 60er Jahren zunächst nicht besonders. Anfang 1965 bemerkt sie sogar bezüglich ihrer Arbeit als Schriftstellerin: „Ich wusste immer, dass ich ‚eigentlich' schreiben wollte, und ich schrieb auch. Heute bin ich froh, dass alle dieser Manuskripte der Selbstzensur zum Opfer fielen"[144]. Nach den bitteren Erfahrungen auf dem 11. Plenum, der Publikation von *Nachdenken über Christa T.*[145] und nach den Konflikten mit den Zensoren, der Vorzensur, Gutachten und der Verzögerung der Druckgenehmigung wuchs in ihr die Unzufriedenheit über die Zensurpraxis der sozialistischen Literaturpolitik.

1973 mahnt sie schließlich ausdrücklich vor den Gefahren der Selbstzensur als einer Folge von Zensur:

> Der Mechanismus der Selbstzensur, der dem der Zensur folgt, ist gefährlicher als dieser: Er verinnerlicht Forderungen, die das Entstehen von Literatur verhindern können, und verwickelt manchen Autor in ein unfruchtbares Gerangel mit einander ausschließenden Geboten: daß er realistisch schreiben soll zum Beispiel und zugleich auf Konflikte verzichten; daß er wahrheitsgetreu schreiben soll, aber sich selbst nicht glauben, was er sieht, weil es nicht „typisch" sei. Ein Autor, der sich dieses Vorgangs nicht schärfstens bewußt bleibt und sein eigener unerbittlichster Kontrolleur ist, wird nachgeben, ausweichen, anfangen zu „wischen": das kann er im Zeitroman so gut oder so schlecht wie in der Parabel oder der Utopie – die Gattung macht es nicht.[146]

Hier wird die entfremdende Wirkung der Selbstzensur, die zu inneren Konflikten führt und die Schriftsteller in eine unproduktive Phase ihres künstlerischen Schaffens versetzt, zur Sprache gebracht. Die vorsichtig geäußerte Kritik ist jedoch auch als Selbstkritik zu verstehen und wirft unter anderem die Frage auf, wie sich ein Schriftsteller vor den negativen Auswirkungen von Selbstzensur schützen kann, die die Verinnerlichung von bestimmten Forderungen an die Literatur herbeiführt. Ein Schutzmittel war die Anwendung von bestimmten literarischen Techniken oder die Bearbeitung von historischen und mythischen

---

143 Vgl. Richard Zipser (Hg.): Fragebogen: Zensur. Zur Literatur vor und nach dem Ende der DDR. Leipzig: Reclam 1995 (= Reclam-Bibliothek; 1541), S. 30.

144 Christa Wolf: Einiges über meine Arbeit als Schriftsteller. Anfang 1965. In: dies., Essays, Gespräche, Reden, Briefe 1959–1974. Werke Bd. 4, a. a. O., S. 87–93, hier S. 90.

145 Die bei der Druckgenehmigung entstandenen Konflikte mit den Zensoren führten damals dazu, dass sie das 19. Kapitel hinzufügte.

146 Wolf, Subjektive Authentizität. Gespräch mit Hans Kaufmann. In: dies., Essays, Gespräche, Reden, Briefe 1959–1974. Werke Bd. 4, a. a. O., S. 420.

Handlungen zur Verschleierung von Tatsachen und Überlistung des Zensors. In einer Rede verweist Christa Wolf auf die Beziehung zwischen Selbstzensur und Entfremdung und beschreibt die Literatur, die sich Täuschungsmanövern bedient, als ein „Komplize des Entfremdungs- und Entwicklungsprozesses"[147].

Es mag sein, dass Zensur bei einigen DDR-Autoren positive Effekte bewirkt und durch Anwendung von Metapher, Ironie, Satire, Verfremdung usw. wichtige Anregungen zur Literaturproduktion gegeben hat.[148] Trotzdem darf nicht vergessen werden, dass sie auch der Grund für Verstörungen, Drangsalierungen, Behinderungen und Demütigungen von vielen Autoren in der DDR war. Deshalb ist der Auffassung Richard Zipsers nicht zuzustimmen, der die Hoffnung äußert, die Zensur im vereinigten Deutschland möge weiterleben und gedeihen.[149] In welchem Maße die negativen Folgen von Selbstzensur fortgewirkt haben und sich bei Christa Wolf infolgedessen eine gewisse Logophobie[150] festgesetzt hat, lässt sich besonders folgenden Sätzen entnehmen, die sie auf einer Tagung vorgetragen hat:

> Immer, wenn mich ein besonders starker, besonders hartnäckiger und zugleich diffuser Widerstand daran hindert, zu einem bestimmten Thema „etwas zu Papier zu bringen" – immer dann ist Angst am Werke, meist die Angst vor zu weitgehenden Einsichten oder/ der Verletzung von Tabus.[151]

Ihre Angst vor Verletzung von Tabus während des Schreibaktes zeigt, dass Verdrängung und Verschleierung nicht immer klar unterscheidbar sind und die Grenzen zwischen ihnen manchmal verwischen, wie Heidi Gidion[152] zu Recht bemerkt. Selbstzensur verursacht nach Christa Wolf jedoch nicht nur den inneren Konflikt und die Angst vor dem Schreiben oder eine Schreibblockade, sondern verhindere auch Selbsterkenntnis. In diesem Zusammenhang kritisiert sie den Rüstungswahn

---

147 Wolf, Von Büchner sprechen. Darmstädter Rede. In: dies., Essays, Gespräche, Reden, Briefe 1975–1986. Werke Bd. 8, a. a. O., S. 189.

148 Vgl. Zipser (Hg.), Fragebogen: Zensur, a. a. O., S. 35.

149 Ebd., S. 36.

150 Logophobie: „die verinnerlichte Furcht vor tabuisierten Worten, Zeichen, Denken". In: Michael Kienzle, Dirk Mende (Hg.): Zensur in der BRD. Fakten und Analysen. Zitiert nach Dieter Breuer: Geschichte der literarischen Zensur in Deutschland, a. a. O., S. 13.

151 Christa Wolf: Krankheit und Liebesentzug. Fragen an die psychosomatische Medizin. Vortrag Christa Wolfs für eine Tagung der Arbeitsgruppe „Psychosomatische Gynäkologie" am 1./2. 11. 1984 in Magdeburg. In: dies., Essays, Gespräche, Reden, Briefe 1975–1986. Werke Bd. 8, a. a. O., S. 410–433, hier S. 410.

152 Vgl. Gidion, Christa Wolfs „Nachdenken über Christa T." Wiedergelesen nach fünfundzwanzig Jahren, a. a. O., S. 57.

der Europäer, der irrtümlich die Sicherheit der Gesellschaft durch die Herstellung von Waffen gewährleiste, indem er Widersprüche verschleiere:

> Jene Zensur und Selbstzensur, frage ich mich, die immer vor allem verhindern will, daß wir uns selbst sehen, wie wir sind; die das Bedürfnis der Selbsterkenntnis niederhält, an seiner Stelle ein tiefes Ohnmachtsgefühl erzeugt, und, da man sich selbst, unerkannt, nicht lieben kann, eine allgemeine Unfähigkeit zu lieben: wie hängen sie, Zensur und Selbstzensur und alle die anderen Beschränkungen vieler Lebensbedürfnisse, mit der Gewalttätigkeit unserer Zivilisation zusammen? Mit dem Irrglauben, mehr und entsetzlichere Waffen bedeuten mehr Sicherheit? Mit der Angst vor dem selbstgeschaffenen Mythos ‚Feind‘ – also mit der Gefahr, die Widersprüche des einen Systems, die verschleiert und mit den Widersprüchen des anderen Systems verdeckt werden, durch einen Gewaltakt zu lösen anstatt durch produktive Veränderungen?[153]

Der Wunsch nach Selbsterkenntnis und die Unterdrückung dieses Wunsches bewirken ein Gefühl der Ohnmacht, die das Gefühl der Entfremdung hervorruft.

Es wird deutlich, dass die DDR durch die Zensurmaßnahmen in einem bestimmten Rahmen ihr Ziel erreicht hat. Verheerend waren jedoch für viele DDR-Autoren die psychischen Folgen der Selbstzensur, die sogar nach dem Mauerfall spürbar waren und vielleicht noch sind. Aufschlussreich ist in diesem Zusammenhang Christa Wolfs ironisches Zitat von Heinrich Heine, der bekanntlich auch große Schwierigkeiten mit den Zensurbehörden hatte:

> Wie soll ein Mensch ohne Zensur schreiben, der immer unter Zensur gelebt hat? […] Aller Stil wird aufhören, die ganze Grammatik, die guten Sitten. Schrieb ich bisher etwas Dummes, so dachte ich: Nun die Zensur wird es streichen oder ändern, ich verließ mich auf die gute Zensur. – Aber jetzt – ich fühle mich so ratlos! Ich hoffe auch immer, es ist gar nicht wahr, und die Zensur dauert fort.[154]

---

153 Christa Wolf: Antwort an einen Leser. Dezember 1981. In: dies., Essays, Gespräche, Reden, Briefe 1975–1986. Werke Bd. 8, a. a. O., S. 226–235, hier S. 230f.

154 Zitiert nach Christa Wolf: Heine, die Zensur und wir. Rede auf dem Außerordentlichen Schriftstellerkongreß der DDR in Berlin am 3.3.1990. In: dies., Essays, Gespräche, Reden, Briefe 1987–2000. Werke Bd. 12, a. a. O., S. 245–251, hier S. 245. (Es handelt sich hier um einen Bericht der Schriftstellerin Fanny Lewald über Heinrich Heine, der in einem Gespräch geäußert haben soll: „ach! Ich kann nicht mehr schreiben, ich kann nicht, denn wir haben keine Censur! Wie soll ein Mensch ohne Censur schreiben, der immer unter Censur gelebt hat? Aller Styl wird aufhören, die ganze Grammatik, die guten Sitten. Schrieb ich bisher etwas Dummes, so dachte ich: nun, die Censur wird es streichen oder ändern, ich verließ mich auf die gute Censur. – Aber jetzt – ich fühle mich sehr unglücklich, sehr ratlos! Ich hoffe auch immer, es ist gar nicht wahr und die Censur dauert fort." In: Michael Werner (Hg.): Begegnungen mit Heine. Berichte der

I.7 Die Wiedervereinigung: „Entfremdung folgt auf Entfremdung"[155]

Knapp einen Monat nach dem Fall der Berliner Mauer kündigt Christa Wolf in einem Gespräch mit Aafke Steenhuis an, dass sie ihre Erzählung *Was bleibt*[156] überarbeitet:

> Verschiedene meiner Bücher zeichnen eigentlich einen Tag nach. *Störfall* ist die Beschreibung eines Tages, und auch die Erzählung, die ich jetzt überarbeite. Sie heißt *Was bleibt*, entstand 1979 und beschreibt die Zeit Ende der siebziger Jahre, in der Staatssicherheitsbeamte wochenlang bei uns vor dem Haus standen.[157]

Als das Buch dann im Frühjahr 1990, also kurz vor der Wiedervereinigung Deutschlands, erscheint, entfacht die Veröffentlichung der Erzählung einen heftigen Streit in Deutschland, der in die Literaturgeschichte als der „deutsch-deutsche Literaturstreit um Christa Wolf" eingegangen ist. Zwar stand anfangs ihre Erzählung im Mittelpunkt der Debatte, als aber die Stasi-Kontakte von einigen ostdeutschen Schriftstellern und auch von Christa Wolf in den 90er Jahren bekannt wurden, entwickelte sich dieser Streit zu einer Generalabrechnung mit der DDR-Literatur.[158] Die Werke der DDR-Autoren wurden als Gesinnungsästhetik desavouiert, und der zuvor als Nobelpreis-Kandidatin[159] gewürdigten Autorin wurde nun zur Last gelegt, eine ideologiegläubige und

---

Zeitgenossen. In Fortführung von H. H. Houbens „Gespräche mit Heine" 1847–1856, Bd. 2. Hamburg: Hoffmann und Campe 1973, S. 108f.)

155 Christa Wolf: Wo ist euer Lächeln geblieben? Brachland Berlin 1990. In: dies., Essays, Gespräche, Reden, Briefe 1987–2000. Werke Bd. 12, a. a. O., S. 293–313, hier S. 301.

156 Christa Wolf: Was bleibt. In: dies.: Sommerstück, Was bleibt. Werke Bd. 10. Hg. v. Sonja Hilzinger. München: Luchterhand 2001, S. 221–289. Der Text galt als ‚Schubladentext', weil Christa Wolf ihn 1979 geschrieben und erst 1990, ein Jahr nach Überarbeitung, veröffentlicht hatte. Erzählt wird hier von der Observation der Ich-Erzählerin durch die Geheimpolizei.

157 Wolf, Schreiben im Zeitbezug. Gespräch mit Aafke Steenhuis. 11. Dezember 1989. In: dies., Essays, Gespräche, Reden, Briefe 1987–2000. Werke Bd. 12, a. a. O., S. 208.

158 Am 21.01.1993 gibt Christa Wolf in der Berliner Zeitung öffentlich bekannt, dass sie von der Stasi angeworben wurde. Vgl. Eine Auskunft von Christa Wolf. In: Vinke (Hg.), Akteneinsicht Christa Wolf, a. a. O., S. 143–144.

159 Fritz J. Raddatz hatte Christa Wolf als Nobelpreis-Kandidatin vorgeschlagen, doch später attackierte er sie auf das Schärfste und konstatierte, „sie haben ihr Werk beschädigt. Sie haben uns verraten". (Vgl. Fritz J. Raddatz: „Von der Beschädigung der Literatur durch ihre Urheber. Bemerkungen zu Heiner Müller und Christa Wolf". In: Die Zeit, 28.01.1993)

linientreue ‚Staatsdichterin'[160] gewesen zu sein. Man wollte plötzlich eine definitive Erklärung dafür, ob die Schriftsteller der DDR „Bestandteil des Systems" oder „Teil der Opposition"[161] waren. Die Einsicht, dass Christa Wolf für die Staatssicherheit eine eher untaugliche Person war und dass diese sich deshalb von ihr abwandte, milderte damals nicht die Härte der hysterischen Angriffe auf sie.[162] Immerhin galt sie als eine für moralische Integrität und Loyalität plädierende Schriftstellerin und machte dies zu einem wichtigen Thema ihrer Literatur. Offensichtlich bot gerade dieses Engagement vielen Kritikern die Gelegenheit zur Herabwürdigung ihrer Person als repräsentative Autorin der DDR. Es ging also nicht nur um Literatur, sondern auch um „Politik und Ideologien, Geheimdienste, Intellektuelle, Geschichte und Moral"[163]. Warum gerade Christa Wolf und nicht etwa ein anderer DDR-Schriftsteller oder eine andere DDR-Schriftstellerin ins Zentrum der Angriffe der Medien gerückt war, begründet Thomas Anz treffend, indem er auf das Thema der Erzählung, den Zeitpunkt der Veröffentlichung und die Reaktionen der Verteidiger von Christa Wolf verweist:

---

160 Marcel Reich-Ranicki hatte Christa Wolf bereits 1987 vorgeworfen, eine Staatsdichterin zu sein und ihre Unterschrift aus der Biermann-Petition heimlich zurückgezogen zu haben. (Vgl. Marcel Reich-Ranicki: Macht Verfolgung kreativ?, a. a. O., S. 215). 1990 wiederholte Ulrich Greiner diesen Vorwurf. (Vgl. hierzu Ulrich Greiner: Mangel an Feingefühl. Die Zeit, 1. Juni 1990. In: Thomas Anz (Hg.): „Es geht nicht um Christa Wolf". Der Literaturstreit im vereinten Deutschland. Unter Mitarbeit von Christof Bolay, Kirsten Erwentraut, Yvonne Katzenberger, Thomas Kastura, Barbara Lilje, Christine Loy, Susanne Müller. München: edition spangenberg 1991, S. 66–70.

161 Klaus Welzel: „Was bleibt" von Christa Wolf? In: ders.: Utopieverlust – die Deutsche Einheit im Spiegel ostdeutscher Autoren. Würzburg: Königshausen & Neumann 1998 (= Epistemata: Reihe Literaturwissenschaft; Bd. 242) Zugl. Mannheim, Univ. Diss. 1997, S. 15–70, hier S. 16.

162 Von 1959 bis 1962 wurde Christa Wolf als GI (Geheimer Informant), später als IM (Informeller Mitarbeiter) unter dem Decknamen „Margarete"geführt. Die aus 42 Bänden bestehende Opfer-Akte mit dem Decknamen „Doppelzüngler" wurde von 1968 bis 1980 geführt. Christa Wolf ist 1959 zum ersten Mal auf eine Zusammenarbeit mit der Staatssicherheit eingegangen, aber wie in den Akten zu lesen ist, war diese nicht besonders interessiert an der Schriftstellerin. „Auffallend an der Zusammenarbeit war eine größere Zurückhaltung und eine überbetonte Vorsicht", so ein Sachbearbeiter 1959. Siehe hierzu: Einschätzung und Perspektivplan. In: Vinke (Hg.), Akteneinsicht Christa Wolf, a. a. O., S. 94.

163 Bernd Wittek: Der Literaturstreit im sich vereinigenden Deutschland. Eine Analyse des Streits um Christa Wolf und die deutsch-deutsche Gegenwartsliteratur in Zeitungen und Zeitschriften. Marburg: Tectum 1997, S. 13.

Christa Wolf war das falsche Objekt der Kritik an Intellektuellen aus der DDR, aber gerade sie eignete sich am besten zur Eröffnung eines fälligen Streites. Nur mit ihr als Ausgangspunkt konnte der Literaturstreit im (fast) vereinten Deutschland mit einer derartigen Vehemenz eskalieren. Es war das Thema ihrer Erzählung und zugleich der Zeitpunkt der Veröffentlichung, die sie und ihre Autorin zum geeigneten Anlaß dieses Streites machten. Und nur Angriffe auf Christa Wolf, nicht auf Heiner Müller, Stefan Heym, Stephan Hermlin oder gar Hermann Kant konnten derart heftige Gegenreaktionen provozieren. Keiner von ihnen hätte so engagierte Verteidiger gefunden. Denn in der Bundesrepublik war sie die bekannteste und beliebteste aller Schriftstellerinnen und Schriftsteller aus der DDR. Und zwar nicht etwa, weil sie den DDR-Staat repräsentierte, sondern weil sie in ständigem Konflikt mit ihm stand und daher auch in ihrer Kritik an der Bundesrepublik glaubwürdig erschien.[164]

Es gab auch Schriftsteller, die Partei für die Autorin ergriffen: Unter den Verteidigern befanden sich Lew Kopelew, Walter Janka, Günter Grass und Martin Ahrends, wie Kerstin Dietrich in ihrer ausführlichen Studie über den deutsch-deutschen Literaturstreit herausgearbeitet hat.[165] Romey Sabalius, die den schonungslosen Umgang in der Bundesrepublik Deutschland mit der DDR-Literatur kritisiert, konstatiert wiederum, dass dagegen die Reaktionen im Ausland im Allgemeinen eher positiv für Christa Wolf ausgefallen sind.[166]

In den Medien wurde ein so stark verzerrtes Bild ihrer Persönlichkeit vermittelt, dass in Christa Wolf ein tiefes Entfremdungsgefühl entstand: Sie empfand sich durch diese Demontage selbst als eine fremde Person. Die Einsicht in ihre Akten untermauerte dieses Entfremdungsgefühl: „Es ist ein schreckliches Entfremdungsgefühl, was mich überkommt, wenn ich das lese."[167], stellt sie verzweifelt fest. In einem Antwortbrief an Volker und Anne Braun vom 26. 03. 1993

164 Der Fall Christa Wolf und der Literaturstreit im vereinten Deutschland. In: Anz (Hg.), „Es geht nicht um Christa Wolf", a. a. O., S. 7–28, hier S. 25.
165 Vgl. Kerstin Dietrich: „DDR-Literatur" im Spiegel der deutsch-deutschen Literaturdebatte: „DDR-Autorinnen" neu bewertet. Frankfurt am Main u. a.: Lang 1998 (= Europäische Hochschulschriften: Reihe 1, Deutsche Sprache und Literatur; Bd. 1698) (= Zugl.: Hamburg, Univ. Diss., 1998), S. 68.
166 Vgl. Romey Sabalius: Literatur bleibt! Der „Fall" Christa Wolf. In: Ursula E. Beitter (Hg.): Schreiben im heutigen Deutschland. Die literarische Szene nach der Wende. New York u. a.: Lang 1997 (= Loyola College in Maryland Berlin Seminar: Contemporary German Literature and Society; Vol. 1) S. 35–39, hier S. 37f. Sabalius verweist auf die Preise, die Christa Wolf aus dem Ausland bekommen hat. (Aus Frankreich 1990 Officier des arts et des lettres und aus Italien 1990 Premio Mondello.)
167 Christa Wolf: Auf mir bestehen. Gespräch mit Günter Gaus. 25.02.1993. In: dies., Essays, Gespräche, Reden, Briefe 1987–2000. Werke Bd. 12, a. a. O., S. 442–470, hier S. 461.

bringt sie jene Entfremdung, die durch die Einsicht in ihre Akten entstanden war, sehr deutlich zum Ausdruck:

Entfremdung
      ist die Einsetzung des Fremden
            in dir selbst
Er soll dich ansehn
        wenn du in dich hineinblickst
das ist
      was die Christen teuflisch nennen.
[…]
Bin dachte ich
      den Fremden in mir
           es war eine männliche Person
allmählich losgeworden
        indem ich mir ein Herz gefaßt ihn zu betrachten
[…]
ihn nicht umbrachte
      sondern möglichst
          ihn mir anverwandelte
[…]
Der Fremde
      ist noch mal aufgestanden
          und will mich erdrücken
[…]
Der Fremde in anderer Gestalt
Grinsend holt er eine alte Schuld herauf
        und präsentiert die Rechnung
[…]
        ich habe schon bezahlt
[…]
Ein gezinktes Leben. Wir sind aus solchem Stoff wie Akten sind.
[…]
Mir schwant
      daß unrecht haben
         mir gut tun kann
daß ich kein fremdes Urteil
        akzeptieren muß
und auch diese Sprache
        der Behörden und Instanzen
          sich von mir lösen wird[168]

---

168   Christa Wolf: Rückäußerung. Auf den Brief eines Freundes. 26.03.1993. In: dies., Essays, Gespräche, Reden, Briefe 1987–2000. Werke Bd. 12, a. a. O., S. 480–496, hier 490–496.

Der Mauerfall, der Zusammenbruch der DDR und der schnelle Prozess der Wiedervereinigung war für einen Teil der Künstler und Schriftsteller der DDR, die sich für ein Leben in der DDR entschieden hatten, ein schockartiges Erlebnis. Trotz großer Unstimmigkeiten im real existierenden Sozialismus und essentieller Konflikte im kulturpolitischen Klima glaubten sie daran, Veränderungen und Reformen bewirken und einen Sozialismus mit menschlichem Antlitz errichten zu können. Dies war auch einer der Gründe ihrer Bindung an das Land. Als Christa Wolf am 4. November 1989 in ihrer Rede auf dem Alexanderplatz ruft: „Stell dir vor, es ist Sozialismus, und keiner geht weg!"[169], schien die Verwirklichung einer revolutionären Erneuerung des Sozialismus noch möglich. Auch als sie beauftragt war, die Präambel zur neuen Verfassung der DDR zu formulieren, hatte sie noch die große Erwartung, dass durch eine Konföderation die Eigenständigkeit der DDR erhalten bleiben könnte. Nachdem die DDR zusammengebrochen war, hat sie schließlich ihre Fehleinschätzungen, Selbsttäuschungen und Irrtümer in diesem Zusammenhang eingestanden.[170]

Der schnelle Umbruchsprozess brachte zunächst viele Unsicherheiten und eine gewisse Orientierungslosigkeit der in der DDR lebenden Menschen mit sich. „Entfremdung folgt auf Entfremdung"[171], bemerkt die Autorin, als sie den schnellen Privatisierungsprozess im Osten und die Veränderungen in der Stadt Berlin beobachtet; die hohen Arbeitslosenzahlen, die steigende Ausländerfeindlichkeit, die zuerst von den Regalen entsorgten, dann wieder eingeführten einheimischen Lebensmittel, die wachsende Nachfrage nach DDR-Fahnen oder die unter westdeutschen Zeitungskonzernen ungerecht aufgeteilten Verlage. All dies war für sie ein Ausverkauf materieller und ideeller Werte der DDR. Besonders bedrückend empfand sie die schwierigen zwischenmenschlichen Beziehungen und die gegenseitige Fremdheit, die zu Beginn des Einigungsprozesses zu spüren war:

Ich bin einseitig geblieben in dieser vereinten Stadt mit ihren zwei Gesellschaften. In der man einsehen mußte, daß wir einander nicht kennen, daß die gegenseitige Fremdheit jetzt tiefer einschneidet als vorher, als die Mauer stand, die uns auf Abstand hielt, so daß die einen die anderen bedauern, die anderen die einen beneiden konnten. Und als – eine bittere Einsicht für die Ostbewohner – die Westbewohner eigentlich keinen Grund

---

169 Christa Wolf: Sprache der Wende. Rede auf dem Alexanderplatz (4. November 1989). In: dies., Essays, Gespräche, Reden, Briefe 1987–2000. Werke Bd. 12, a. a. O., S. 182–184, hier S. 184.

170 Vgl. Christa Wolf: Nachtrag zu einem Herbst. In: dies., Essays, Gespräche, Reden, Briefe 1987–2000. Werke Bd. 12, a. a. O., S. 233–244.

171 Christa Wolf: Wo ist euer lächeln geblieben? Brachland Berlin 1990. In: dies., Essays, Gespräche, Reden, Briefe 1987–2000. Werke Bd. 12, a. a. O., S. 301.

hatten, die Einheit herbeizusehnen. Nun sollen sie aber zusammenleben, und es zeigt sich, daß sie sich wechselseitig voneinander bedroht fühlen.[172]

Sicherlich wird die Fremdheit, von der hier die Rede ist, heute – nach 20 Jahren deutscher Einheit – nicht mehr so intensiv empfunden wie damals. Wichtig ist aber, dass sich nach der Einigung im Vergleich zu der Zeit der DDR, nicht nur nach Meinung von Christa Wolf, eine neue Art von Entfremdung feststellen lässt.

Im nächsten Kapitel geht es um die Frage, wie Christa Wolf ihre Entfremdungserfahrungen anhand ihrer Mythos-Bearbeitung literarisch verarbeitet hat. Zunächst soll ihre Herangehensweise an ihre erste Mythos-Bearbeitung *Kassandra* und im nächsten Schritt ihre Medea-Bearbeitung untersucht werden, um die Ähnlichkeiten und Unterschiede in der Konzeption der Entfremdung sichtbar zu machen.

---

172   Ebd., S. 312.

II. Hinwendung zum Mythos als Projektion der Entfremdung

Ich kann nur über etwas schreiben,
was mich beunruhigt.[173]

Für Christa Wolf stellt der Mythos ein Modell dar,

> das offen genug ist, um eigene Erfahrung aus der Gegenwart aufzunehmen, das einen
> Abstand ermöglicht, den oft nur die Zeit bringt, dessen Erzählungen fast märchenhaft,
> sehr reizvoll und doch so wirklichkeitsgesättigt sind, daß wir Heutige uns in den Verhal-
> tensweisen seiner handelnden Person erkennen können – in diesem Sinne scheint mir
> der Mythos brauchbar zu sein für den heutigen Erzähler, die heutige Erzählerin. Er kann
> uns helfen, uns in unserer Zeit neu zu sehen, er hebt Züge hervor, die wir nicht bemer-
> ken wollen, und enthebt uns der Alltagstrivialität. Er erzwingt auf besondere Weise die
> Frage nach dem Humanum, um die es ja, glaube ich, bei allem Erzählen geht.[174]

In vieler Hinsicht erfüllt der Mythos eine sinnstiftende Funktion für die Auto-
rin; er führt zur Selbstreflexion im Hinblick auf eigene Erfahrungen, bewirkt
Selbsterkenntnis, befreit von der „Alltagstrivialität" und ermöglicht eine Auseinandersetzung über das Menschliche. Besonders verlockend erscheint Christa
Wolf dabei der Versuch, anhand einer Figur aus der Vergangenheit gegenwärtige
Erfahrungen zu verarbeiten. Schreiben ist für sie in erster Linie der Versuch zur
Bewältigung eigener Erfahrungen. Die gemeinsame Wurzel sowohl ihres erzäh-
lerischen Werkes als auch ihrer essayistischen Äußerungen ist die „Erfahrung,
die zu bewältigen ist"[175]. In einem Gespräch zitiert sie in diesem Zusammenhang Anna Seghers: „Was erzählbar geworden ist, ist überwunden"[176]. Ob dies
auch tatsächlich zutrifft, sei zunächst dahingestellt, doch auch Christa Wolfs Ziel
ist die „Überwindung" durch das Schreiben. Ängste und Schuldgefühle spielen dabei gewiss eine wichtige Rolle, wie Walter Schönau hervorhebt, wenn er
über Hemmungen des Schreibprozesses von Christa Wolf spricht.[177] Schließlich

---

173 Wolf, Subjektive Authentizität. Gespräch mit Hans Kaufmann. In: dies., Essays, Ge-
     spräche, Reden, Briefe 1959–1974. Werke Bd. 4, a. a. O., S. 402.
174 Wolf, Hierzulande Andernorts, a. a. O., S. 164.
175 Ebd.
176 Wolf, Subjektive Authentizität. Gespräch mit Hans Kaufmann. In: dies., Essays, Ge-
     spräche, Reden, Briefe 1959–1974. Werke Bd. 4, a. a. O., S. 406.
177 Vgl. Walter Schönau: Einführung in die psychoanalytische Literaturwissenschaft.
     Stuttgart: Metzler 1991 (= Sammlung Metzler; Bd. 259), S. 4f.

gesteht sie: „[...] man hat beim Schreiben natürlich auch Angst vor dem, was herauskommen wird. Niemand setzt freiwillig Angst frei"[178]. Ihre subjektive Herangehensweise an Stoff und Figur ist zu verstehen als Verschmelzung von fiktiven und autobiographischen Elementen. Aus diesem Grund hält sie an ihrer Methode der „Subjektiven Authentizität" fest, denn diese verschafft ihr die Möglichkeit, „wahrheitsgetreu [zu] erfinden auf Grund eigener Erfahrungen"[179]:

> Dies ist durchaus „eingreifende" Schreibweise, nicht „subjektivistische". Allerdings setzt sie ein hohes Maß an Subjektivität voraus, ein Subjekt, das bereit ist, sich seinem Stoff rückhaltlos (das sagt man so hin; jedenfalls so rückhaltlos wie möglich) zu stellen, das Spannungsverhältnis auf sich zu nehmen, das dann unvermeidlich wird, auf die Verwandlung neugierig sein, die Stoff und Autor dann erfahren: Man sieht eine andere Realität als zuvor. Plötzlich hängt alles mit allem zusammen und ist in Bewegung; [...] es wird viel schwerer „ich" zu sagen, und doch zugleich unerlässlich. Die Suche nach einer Methode, dieser Realität schreibend gerecht zu werden, möchte ich vorläufig „subjektive Authentizität" nennen [...].[180]

Hier geht es um die „Koordinate der Tiefe, der Zeitgenossenschaft, des unvermeidlichen Engagements"[181]. So projiziert sie bei der Konstruktion ihrer Figuren eigene Erfahrungen auf die Figur und versucht auf diese Weise, psychische Beweggründe menschlichen Handelns aufzuspüren. Auf diese Art erzeugt Christa Wolf Realismus. Sie lässt eine fiktive Figur sich erinnern, indem sie ihre eigene Gedankenwelt in sie hineintransportiert. Auch bei ihrer Mythos-Bearbeitung hält sie an dieser Schreibweise fest:

> Den Mythos lesen lernen ist ein Abenteuer eigener Art; eine allmähliche eigne Verwandlung setzt diese Kunst voraus, eine Bereitschaft, der scheinbar leichten Verknüpfung von phantastischen Tatsachen, von dem Bedürfnis der jeweiligen Gruppe angepaßten Überlieferungen, Wünschen und Hoffnungen, Erfahrungen und Techniken der Magie – kurz, einem anderen Inhalt des Begriffs „Wirklichkeit" sich hinzugeben.[182]

1981, während der Zeit intensiver Lektüre des Briefwechsels zwischen Thomas Mann und Karl Kerényi, stellt sie sich die Frage, ob es heute noch um die

---

178 Wolf, Unruhe und Betroffenheit. Gespräch mit Joachim Walther. In: dies., Essays, Gespräche, Reden, Briefe 1959–1974. Werke Bd. 4, a. a. O., S. 365f.

179 Christa Wolf: Lesen und Schreiben. In: dies., Essays, Gespräche, Reden, Briefe 1959–1974. Werke Bd. 4, a. a. O., S. 238–282, hier S. 258.

180 Wolf, Subjektive Authentizität. Gespräch mit Hans Kaufmann. In: dies., Essays, Gespräche, Reden, Briefe 1959–1974. Werke Bd. 4, a. a. O., S. 409.

181 Ebd., S. 265.

182 Christa Wolf: Frankfurter Poetik-Vorlesungen. In: dies., Kassandra, Voraussetzungen einer Erzählung. Werke Bd. 7, a. a. O., S. 7–223, hier S. 74f.

Psychologisierung des Mythos gehen könne, und notiert sich hierzu Thomas Manns Stichwort „Mythos plus Psychologie"[183], das auch in ihrer eigenen Mythos-Bearbeitung eine große Rolle spielen wird. Hingewiesen sei hier auf den Aufsatz von Rolf Günter Renner *Mythische Psychologie und psychologischer Mythos. Zu Christa Wolfs ‚Kassandra'*, der an einer Stelle Thomas Manns Joseph-Roman aufgreifend auf die Stabilisierung des Ichs verweist und diesen Roman mit Christa Wolfs Kassandra-Bearbeitung vergleicht. Nach Renner kann diese Stabilisierung durch die Psychologisierung des Mythos verwirklicht werden.[184] Ferner werde durch Formulierung von Erfahrungen und Wünschen die selbstheilende und selbstverwirklichende Funktion des Mythos erreicht, der deshalb als „mythe personnel"[185] bezeichnet wird. Dass der Rückgriff auf den Mythos, der in nationalen Umbruch- und Wendezeiten besonders geeignet ist, den Schriftstellern auch eine „Orientierungshilfe"[186] zu bieten, hat Inge Stephan zu Recht hervorgehoben. In dieser Hinsicht erweist sich der Mythos als ein für die Aufnahme eigener Erfahrung nützliches Modell. Denn er ermöglicht über eine individuelle Auseinandersetzung mit Erfahrungen einen Selbsterkennungsprozess. Christa Wolf folgt also bei ihrer Mythos-Bearbeitung einem individualpsychologischen Ansatz.

In allen ihren Werken geht es Christa Wolf um den „Versuch der Identifikation"[187]. Es können jedoch Schwierigkeiten auftreten, wenn man sich mit der Figur zu stark identifiziert. Bezüglich ihres Werkes *Kindheitsmuster* gesteht sie beispielsweise, dass sie hier eine psychologische Blockade erlebt habe. Es sei ihr schwer gefallen „dieses Kind ‚ich' zu nennen"[188], so fremd sei ihr diese Figur gewesen. Das Subjekt begreift sich demzufolge als einen Anderen und kann sich in ihm nicht mehr wiedererkennen, bzw. möchte sich in ihm nicht wiedererkennen, was als Verweigerung einer Identifikation mit dem eigenen Ich zu verstehen ist. Vorsicht ist aber auch geboten, weil eine zu starke Identifikation auch zur Idealisierung der Figur führen

---

183 Zitiert nach: Ebd., S. 133.

184 Rolf Günter Renner: Mythische Psychologie und psychologischer Mythos. Zu Christa Wolfs Kassandra. In: Wolfram Mauser (Hg.): Erinnerte Zukunft: 11 Studien zum Werk Christa Wolfs. Würzburg: Königshausen & Neumann 1985, S. 265–290, hier S. 277.

185 Charles Mauron: Des metaphores obsedantes au „mythe personnel". Introduction a la Psychocritique. Paris 1962. Zitiert nach Renner, Mythische Psychologie und psychologischer Mythos, a. a. O., S. 278.

186 Stephan, Die bösen Mütter, a. a. O., S. 178.

187 Wolf, Eine Diskussion über „Kindheitsmuster". In: dies., Essays, Gespräche, Reden, Briefe 1975–1986. Werke Bd. 8, a. a. O., S. 302.

188 Ebd., S. 304.

kann. Ihre subjektive Annäherung an die Figur setzt eine Anverwandlung voraus, die Stoff und Autor betreffen, wobei zu bemerken ist, dass ihr die Umdeutung einer festgelegten Figur aus der Mythologie verlockender erscheint, als eine frei erfundene. Nähe und Distanz zur Kassandra-Figur sind gleichzeitig gegenwärtig; einerseits gibt sie sich ihr hin, indem sie ihre eigenen Erfahrungen in sie reflektiert und dabei die psychischen und gesellschaftlichen Motivationen berücksichtigt, andererseits entfernt sie sich jedoch von ihr mit der Absicht, sie als mythologische Figur zu bewahren. Sie unterstreicht, dass es ihr von großer Bedeutung war,

> sie möglichst wirklich in ihre Zeit hineinzustellen, soweit ich sie mir vorstellen konnte. Ich wollte ihr keine Gewalt antun, wie auch nicht bei Kleist und Günderrode, sondern nur so viel davon lasse ich gelten, wie ich denke, daß auch heute noch gilt. Dann ist da auch viel Fremdes und Vergangenes und Archaisches, und das soll auch sein – das hat mich selbst ja auch sehr interessiert.[189]

Walter Schönau unterscheidet in Bezug auf die Identifikation des Lesers zwischen zentripetaler Identifikation, bei der „das Subjekt die eigene Person mit einer anderen gleichsetzt"[190], und zentrifugaler Identifikation, bei der „das Subjekt die andere Person weitgehend sich selbst angleicht". Zieht man eine Parallele zu Christa Wolfs Versuch einer Identifikation mit ihren literarischen Figuren, so lässt sich feststellen, dass bei ihr beide Faktoren von großer Bedeutung sind und sich durchdringen.

Voraussetzung für die Umdeutung und Identifikation ist die Arbeit an der kulturhistorischen Wirklichkeit von bestimmten Gesellschaften. Dabei richtet sie ihren Blick auf die Frühgeschichte und recherchiert frühgeschichtliche Quellen. Medea und Kassandra sind „keine Figuren aus der Antike, sondern aus der Vorgeschichte, aus der Mythologie"[191], bemerkt sie. In dieser Hinsicht geht sie der Frage nach, wer die Figur war, bevor jemand etwas über sie geschrieben hat. Sie entdeckt, dass bei beiden Figuren eine Umdeutung von einer guten in eine böse Frau stattgefunden hat, die sie auf den Übergang von der matriarchalen zur patriarchalen Gesellschaft zurückführt. Aus diesem Grund stelle die männliche Überlieferung nicht zwingend die Wirklichkeit dar. Christa Wolfs Mythos-Rezeption ist also als ‚Abkratzungsprozess' zu verstehen; ‚abgekratzt' bzw. eliminiert wird die männliche Stimme.

---

189   Wolf, Ein Gespräch mit Christa Wolf und Gerhard Wolf. In: dies., Essays, Gespräche, Reden, Briefe 1975–1986. Werke Bd. 8, a. a. O., S. 314.
190   Schönau, Einführung in die psychoanalytische Literaturwissenschaft, a. a. O., S. 57.
191   Christa Wolf: Warum Medea? Christa Wolf im Gespräch mit Petra Kammann am 25. 1. 1996. In: dies., Medea. Stimmen, Voraussetzungen zu einem Text. Werke Bd. 11. Hg. v. Sonja Hilzinger. München: Luchterhand 2001, S. 251–263, hier S. 251.

Gemeinsam ist beiden Mythos-Bearbeitungen auch, dass das Problem der Entfremdung aufgegriffen und zum Ausdruck gebracht wird. Ob dabei Ähnlichkeiten oder Unterschiede festzustellen sind, soll im Folgenden erläutert werden.

II.1 Kassandra – „Das unheimliche Wirken von Entfremdungserscheinungen"

Die im Jahre 1982 in Frankfurt gehaltenen Poetik-Vorlesungen, die ein Jahr später unter dem Titel *Voraussetzungen einer Erzählung: Kassandra* zuerst in Westdeutschland im Luchterhand Verlag veröffentlicht wurden, dokumentieren eindrucksvoll Christa Wolfs Annäherung an ihre erste Mythos-Bearbeitung *Kassandra*. Anhand von Reisebericht, Arbeitstagebuch, Brief und Erzählung gewährt sie hier Einblick in ihre Stoffbearbeitung. Schon vor ihrer Reise nach Griechenland 1980, die sie als ein „schockartiges Erlebnis"[192] bezeichnet und die eine gewisse „Verfremdung"[193] hervorgerufen hat, hatte sie bereits Recherchen über antike Literatur sowie archäologische und mythologische Untersuchungen durchgeführt. Erwähnt werden in diesem Band Autoren wie Johann Jakob Bachofen, Robert v. Ranke-Graves, Heide Göttner-Abendroth, Heinrich Schliemann, Karl Kerényi oder Hans Blumenberg. Anlass für diese Auseinandersetzung mit dem Kassandra-Stoff war der Auftrag, ein Nachwort zu Kleists *Penthesilea*[194] zu schreiben. Die Arbeit an diesem Nachwort wurde der Anfang zu ihrem Kassandra-Projekt und den „Vorgeschichtsrecherchen zu ‚Kassandra'"[195]. Christa Wolf beschreibt ihr Interesse an der Kassandra-Figur folgendermaßen:

> Mein Anliegen bei der Kassandra-Figur: Rückführung aus dem Mythos in die (gedachten) sozialen und historischen Koordinaten.[196]

Im Mittelpunkt ihres Interesses liegen die gesellschaftlichen und historischen Zusammenhänge, in denen eine Figur gelebt haben könnte. Infolgedessen wendet sie sich, wie bereits erwähnt, der Frühgeschichte zu und ist bestrebt, diese so unversehrt wie möglich in ihre eigene Zeit zu transportieren. Während ihrer

---

192 Wolf, Ursprünge des Erzählens. Gespräch mit Jaqueline Grenz. Herbst 1983. In: dies., Essays, Gespräche, Reden, Briefe 1975–1986. Werke Bd. 8, a. a. O., S. 364.

193 Ebd.

194 Christa Wolf: Kleists „Penthesilea". In: dies., Essays, Gespräche, Reden, Briefe 1975–1986. Werke Bd. 8, a. a. O., 261–278.

195 Wolf, Ein Gespräch mit Christa und Gerhard Wolf. In: dies., Essays, Gespräche, Reden, Briefe 1975–1986. Werke Bd. 8, a. a. O., S. 313.

196 Wolf, Frankfurter Poetik-Vorlesungen. In: dies., Kassandra, Voraussetzungen einer Erzählung. Werke Bd. 7, a. a. O., S. 142.

Forschungen über die Kassandra-Figur entdeckt sie, wie im Durchgang durch unterschiedliche Kulturschichten in Verbindung mit Kult und Ritualen eine andere Kassandra erscheint. Christa Wolf verweist auf die unterschiedlichen Bestattungsrituale, die Bedeutung der Biene im Matriarchat, Menschenopfer und ihren späteren Ersatz: das Tieropfer, die Doppelaxt und die Verrichtung des Holzfällens durch Frauen in primitiven Gesellschaften, auf weibliche Gottheiten, die assyrische Melitta als Aphrodite und ihre Symbole: die Myrte, Lilie und Taube.

Über Kassandra bemerkt sie, dass sie „von dieser Figur ergriffen"[197] sei, denn sie biete ihr sehr viel Projektionsfläche, auf der sie ihre eigenen Erfahrungen mit deren Geschichte verknüpfen könne. Ihre eigenen Erfahrungen auf die Figur projizierend und aktuelle Probleme wie die Gefahr, dass in den 80er Jahren durch die Rüstung in Mitteleuropa ein Atomkrieg vorprogrammiert sei, registrierend, nähert sie sich dem Mythos. Oft ist in diesem Zusammenhang die Rede von Entfremdungserscheinungen bzw. von den „Ursprünge[n] der Entfremdungserscheinungen unserer Zivilisation"[198]. Sabine Wilke bemerkt über den ‚Ursprung von Entfremdungserscheinungen':

> Dem Ursprung von Entfremdungserfahrungen nachspürend, geht es Wolf darum, produktive Alternativen zu beschreiben, die eben nicht tödlich sein müssen, in denen nicht das weibliche Element völlig an den Rand gedrängt ist, wo nicht eine strikte Arbeitsteilung herrscht und die Literatur eine bloße marginale Position innehat.[199]

Unter einigen Aspekten lassen sich die Entfremdungserscheinungen in der Kassandra-Bearbeitung Christa Wolfs näher erklären: Zum einen wird die steigende Produktion von Waffen und Bomben kritisiert, die im falschen Vertrauen auf die Naturwissenschaften die Selbstzerstörung unserer Zivilisation vorbereiten, was als Anzeichen der Entfremdung angesehen wird, die die Industriegesellschaften gerade durch ihre Produktion verursachen:

> Eine Zivilisation, die imstande ist, ihren eignen Untergang zu planen und sich unter ungeheuren Opfern die Mittel dafür zu beschaffen, erscheint mir wie krank. Die Rakete, die Bombe sind ja keine Zufallsprodukte dieser Kultur; sie sind folgerichtige Hervorbringungen expansionistischen Verhaltens über Jahrtausende; sie sind vermeidbare

---

197   Christa Wolf: Ein Gespräch über Kassandra. In: dies., Essays, Gespräche, Reden, Briefe 1975–1986. Werke Bd. 8, a. a. O., S. 324–344, hier S. 328.

198   Wolf, Ursprünge des Erzählens. Gespräch mit Jaqueline Grenz. Herbst 1983. In: dies., Essays, Gespräche, Reden, Briefe 1975–1986. Werke Bd. 8, a. a. O., S. 365.

199   Sabine Wilke: „Kreuz- und Wendepunkte unserer Zivilisation nach-denken": Christa Wolfs Stellung im Umfeld der zeitgenössischen Mythos-Diskussion. In: dies.: Poetische Strukturen der Moderne. Zeitgenössische Literatur zwischen alter und neuer Mythologie. Stuttgart: Metzler 1992, S. 81–118, hier S. 90.

Verkörperungen des Entfremdungssyndroms der Industriegesellschaften, die sich mit ihrem Mehr! Schneller! Genauer! Effektiver! alle anderen Werte untergeordnet, viele von ihnen, die auf menschliches Maß berechnet waren und nicht auf die Unmaße gigantischer Instrumente, einfach verschlungen haben.[200]

Diesen Entwicklungen und dem unaufhaltbaren technischen Fortschritt des Rüstungswahns gegenüber fühlt sich Christa Wolf ohnmächtig und empfindet ein tiefes Gefühl von „Gelähmt-sein"[201]. Die als „gigantische Instrumente" bezeichneten Erzeugnisse der Wissenschaft verursachen in diesem Sinne Entfremdung; das Individuum fühlt sich machtlos gegenüber einem Riesen, den es nicht zu bekämpfen vermag.

Der Identifizierung mit der mythologischen Figur und ihrer Entfremdungserfahrung steht Wolfs Arbeit der Entmythologisierung gegenüber. Ihren Entmythologisierungsprozess will sie als Auflösung von Entfremdungssyndromen verstehen, die im Zusammenhang mit der Unterdrückung und Verdinglichung der Frau stehen:

> Ich fragte mich, wie kann es wirklich gewesen sein unter den sozialen Bedingungen, unter denen eine solche Frau gelebt haben kann und sicherlich gelebt hat. Das war mein Prozeß der Entmythologisierung: die Entfremdungssyndrome aufzulösen, die das Patriarchat auf jede weibliche Stimme dieser Kultur gelegt hat. So konstituiere ich selbst wieder eine Frau aus meiner Erfahrung, daß in der heutigen Zivilisation jede Frau, wenn sie versucht, in den gegebenen Institutionen tätig zu werden, zum Objekt gemacht wird.[202]

Es kann also gesagt werden, dass es den Anschein hat, Christa Wolf spiegele ihre eigene subjektive Erfahrung der Entfremdung mit Hilfe der Kassandra-Figur wider. Während sie noch am Nachwort über Kleists *Penthesilea* arbeitet, beschäftigt sie sich zugleich mit der Kassandra-Figur. In jenem Nachwort heißt es aber über Kleists Entfremdung:

> Kleists Fall. Aus der Amazonenüberlieferung der Griechen, an sich schon ein Zeugnis für ein patriarchalisch beeinflußtes Verkehrtbild, macht Kleist ein weiteres Negativ, entsprechend einer neuen Stufe männlicher Entfremdung in der ökonomisch produktiver, das heißt: arbeitsteiliger werdenden männerzentrierten Gesellschaft. „Krank"? Mag sein. Doch war es die Zeitkrankheit, an der Kleist mehr litt als andere. Kleist, Er, im Zentrum seiner Lebenskraft von der Entfremdung betroffen, dem Schreiben verfallen als dem

---

200 Wolf, Antwort an einen Leser, Dezember 1981. In: dies., Essays, Gespräche, Reden, Briefe 1975–1986. Werke Bd. 8, a. a. O., S. 228f.
201 Ebd., S. 228.
202 Wolf, Ein Gespräch mit Christa und Gerhard Wolf. In: dies., Essays, Gespräche, Reden, Briefe 1975–1986. Werke Bd. 8, a. a. O., S. 314.

einzigen schmalen Rettungshorizont; äußerste Entfremdung darstellend, deren Opfer er gleich ist.[203]

Die Autorin schildert Heinrich von Kleists Zustand, der an der „Zeitkrankheit" und an einem starken Gefühl der Entfremdung gelitten habe und Opfer dieser Entfremdung gewesen sei. Wichtig ist jedoch hier die Feststellung, dass er seine Entfremdung durch das Schreiben zu überwinden versuchte. Ein Gedanke, der große Ähnlichkeiten zu den Erfahrungen Christa Wolfs in dieser Zeit aufweist. Wie oben gezeigt, hat auch sie daran geglaubt, Opfer der Entfremdung zu sein, und wollte sich von ihr durch die Kassandra-Bearbeitung loslösen. Auch Gerhard Neumann[204] zufolge veranschaulicht Christa Wolf in ihrer Mythos-Rezeption die Erfahrung der Selbstentfremdung, die sie anhand der Figuren verarbeitet. Oft kommt das Wort „Selbstfremdheit" in der Erzählung vor, die man als Darstellung des Prozesses der Selbstentfremdung verstehen kann. An einer Textstelle lässt sich dieses Problem besonders deutlich nachweisen. Als Kassandra zu Arisbe, der Mutter des Sehers Aisakos, geht, bemerkt sie:

> Demütigend war es mir, dorthin [zu Arisbe] um Auskünfte zu gehen, die der Palast mir verweigerte. „Verweigerte" habe ich lange gedacht, bis ich begriff, daß sie nicht verweigern konnten, was sie nicht hatten. Daß sie die Fragen nicht einmal verstanden, auf die ich Antwort suchte und die, mehr und mehr, meinen innigen Zusammenhang mit dem Palast, mit meinen Leuten zerstörten. Ich merkte es zu spät. Das fremde Wesen, das wissen wollte, hatte sich schon zu weit in mich hineingefressen, ich konnte es nicht mehr loswerden.[205]

In versteckter Anspielung wird auf den Bruch der Beziehung zum Palast und zu den Freunden hingewiesen, der eine tiefe Entfremdung ausgelöst hat, so dass die Figur nicht mehr in der Lage ist, sich davon zu befreien: ein Zustand, den Christa Wolf durch ihre Ausgrenzung selbst erfahren hatte.

Es zeigt sich also, dass das Problem der Entfremdung komplizierter Art ist. In ihrer Kassandra-Bearbeitung lenkt die Autorin die Aufmerksamkeit nicht nur auf die Entfremdungserscheinungen und -syndrome in unserer Zivilisation, wie z. B. die Selbstzerstörung durch die Entwicklung der Wissenschaft und die Verdinglichung der Frau, sondern auch auf die subjektive Erfahrung ihrer eigenen

---

203 Wolf, Kleists „Penthesilea". In: dies., Essays, Gespräche, Reden, Briefe 1975–1986. Werke Bd. 8, a. a. O., S. 275f.

204 Vgl. Gerhard Neumann: Christa Wolf: Kassandra. Die Archäologie der weiblichen Stimme. In: Mauser (Hg.), Erinnerte Zukunft: 11 Studien zum Werk Christa Wolfs, a. a. O., S. 233–264, hier S. 244.

205 Wolf, Kassandra. In: dies., Kassandra, Voraussetzungen einer Erzählung. Werke Bd. 7., a. a. O., S. 281.

Entfremdung. Aus diesem Grund ist die Mythos-Rezeption der Kassandra-Figur als Versuch zu verstehen, sich dem Problem der Entfremdung zunächst zu stellen, dann sich damit auseinanderzusetzen und der sich verbreitenden Entfremdung zuletzt zu widersetzen. Ihr subjektiver Widerstand gegen die Entfremdung wird zum Ausdruck gebracht, wenn die Autorin in ihrer Kassandra-Bearbeitung die Frage aufwirft:

> Meine übergreifende Frage richtet sich auf, genauer: gegen das unheimliche Wirken von Entfremdungserscheinungen auch in der Ästhetik, auch in der Kunst.[206]

II.2 Medea

Medea, deren Name „Die mit dem guten Rat"[207] bedeutet, ist durch den griechischen Dichter Euripides das erste Mal als Kindsmörderin in die Literatur eingegangen. Obwohl ihr Name eine positive Bedeutung hat, wird die Medea-Figur seit über 2500 Jahren im Theater, in der Literatur, Oper und Malerei und in heutiger Zeit auch im Film als Kindsmörderin dargestellt. Wie Margaret Atwood zu Recht betont, gibt es unter den Frauen-Figuren wohl „keine, die einen grausigeren Ruf hätte"[208]. Lütkehaus nimmt an, dass es ungefähr über 300 Medea-Bearbeitungen gibt.[209] Medea war und ist vermutlich deshalb eine beliebte zur Bearbeitung anregende Figur, weil sie den Inbegriff der Ambivalenz darstellt. Neben der Doppeldeutigkeit als Gebärerin und Zerstörerin kommen nach Lütkehaus weitere ambivalente Aspekte, Motive und Themen um den Medea-Mythos zum Vorschein, die er folgendermaßen zusammenfasst:

– die Göttin, Priesterin, Magierin, Zauberin, Hexe, die den lichten Helios und die dunkle Hekate zu ihren Ahnen hat, aber als Mensch unter Menschen leidet;
– die Brudermörderin und Vaterverräterin, die die Nemesis des Verrats am eigenen Leib erfährt;
– die der Etymologie ihres Namens gemäß „Rat wissende", indes nicht nur guten Rat wissende „weise Frau", Heilerin, Pharmakologin, Giftmischerin, die zu allem verhelfen, alle verjüngen, aber sich selber nicht helfen, sich und die Liebe des Mannes nicht verjüngen kann – Allmacht und Ohnmacht gehen bei ihr Hand in Hand;

206 Wolf, Frankfurter Poetik-Vorlesungen. In: dies., Kassandra, Voraussetzungen einer Erzählung. Werke Bd. 7, a. a. O., S. 13.
207 Karl Kerényi: Die Mythologie der Griechen. Die Heroen-Geschichten. Bd. II. München: dtv 1996, S. 209.
208 Atwood, Zu Christa Wolfs Medea, a. a. O., S. 105.
209 Vgl. Ludger Lütkehaus: Der Medea-Komplex. In: ders. (Hg.): Mythos Medea. Leipzig: Reclam 2001, S. 11–24, hier S. 11.

- die Gastfreundin, die den Fremden beisteht, um selber in der Fremde und als Fremde, Barbarin, Ausländerin, Asylantin allein gelassen zu werden;
- die bedingungslos Liebende, die ebenso bedingungslos Rache für die nur bedingte Liebe sucht;
- die Frau, die den Geschlechterkampf austrägt und sich in ihrem Triumph selber vernichtet;
- der schwarze Todesengel, die Führerin in den Tod, die zerstört und zerstört wird, ohne selber zu sterben.[210]

Die Medea-Figur wird von Christa Wolf bereits 1982 in *Voraussetzungen einer Erzählung: Kassandra* im Zusammenhang mit der Amazonen-Überlieferung erwähnt. Sie verweist hier auf die reflexhafte Angst vor den „Müttern", die in der Amazonen-Überlieferung, aber auch in den Mythen von Medea und Penthesilea vorzufinden sei.[211] Zu dieser Zeit kennt sie jedoch Medea nur in ihrer traditionellen Überlieferung als Kindsmörderin. Im Juli 1991, nach der Wiedervereinigung, überlegt sie, ob man diesen Stoff nicht mit verschiedenen Varianten erzählen könnte. Doch mit der Möglichkeit der Bearbeitung eines mythischen Stoffs nach fast zehn Jahren hat sie offensichtlich nicht gerechnet.[212] Ähnlich wie bei ihrer Kassandra-Bearbeitung recherchiert sie die Frühgeschichte, antike Literatur, die archäologischen und mythologische Untersuchungen zur Medea-Figur, denn nach Wolf „erfindet [es] sich leichter aufgrund von Kenntnissen"[213]. Sie führt einen Briefwechsel mit der Altertumswissenschaftlerin Margot Schmidt und der Mythologieforscherin Heide Göttner-Abendroth, die u. a. das Buch *Das Matriarchat* veröffentlicht hat. Auch während ihres neunmonatigen Aufenthalts an einem Wissenschaftszentrum in Kalifornien 1992/93 beschäftigt sie sich intensiv mit der Medea-Figur, recherchiert am Computer und sammelt viel Material. Als sie im November 1991 erfährt, dass in älteren Überlieferungen nicht Medea, sondern die Korinther die Kinder ermordet haben sollen und die Schuldzuweisung des Kindsmords zum ersten Mal durch Euripides in die Literatur eingegangen ist, sieht sie sich in ihren Vermutungen bestätigt. Enthusiastisch bemerkt sie in ihrem Tagebuch: „Ein Triumph"[214], was ihre Zweifel an der Schuld Medeas

---

210 Lütkehaus, Der Medea-Komplex, a. a. O., S. 13.
211 Vgl. Wolf, Frankfurter Poetik-Vorlesungen. In: dies., Kassandra, Voraussetzungen einer Erzählung. Werke Bd. 7, a. a. O., S. 176.
212 Vgl. Wolf, Warum Medea? Christa Wolf im Gespräch mit Petra Kammann am 25. 1. 1996. In: dies., Medea. Stimmen, Voraussetzungen zu einem Text. Werke Bd. 11, a. a. O., S. 252.
213 Ebd., S. 259.
214 Christa Wolf: Tagebuchnotizen. In: dies., Medea. Stimmen, Voraussetzungen zu einem Text. Werke Bd. 11, a. a. O., S. 219–223, hier S. 220.

zum Ausdruck bringt. Denn eine Medea, die aus einer Kultur mit matriarchalen Zügen stammt, kann nach ihrer Meinung ihre Kinder nicht umgebracht haben. Um die Bedeutung von Christa Wolfs Arbeit am Medea-Mythos einschätzen zu können, erscheint es sinnvoll, zunächst einen Blick auf die Medea-Bearbeitung von Euripides zu werfen, im nächsten Schritt auf die Medea-Darstellungen vor der Zeit von Euripides einzugehen und dann auf Medea-Bearbeitungen einiger neuerer Autoren zu betrachten.

II.2.1 Die euripideische Medea

Euripides schrieb die Tragödie *Medea*[215] ursprünglich für einen in Athen zu Ehren des Gottes Dionysos veranstalteten Wettbewerb und errang damit den dritten Preis. Hubert Ortkemper zufolge gab er den Tragödien, deren Stoffe er aus den Mythen der Griechen entnahm, einen neuen Sinn, indem er sich neue Handlungselemente ausdachte.[216] Er hatte sich jedoch schon vorher durch „schockierende Theaterszenen einen Namen gemacht".[217] In seiner 431 v. Chr. aufgeführten Tragödie wird Medea als eine Ausländerin dargestellt, die aus Eifersucht ihre eigenen Kinder ermordet. Medea ist die Tochter des Königs Aites aus Kolchis. Sie verliebt sich in Jason, der mit seinen Argonauten nach Kolchis gekommen ist, um das Goldene Vlies zu erbeuten. Jasons Onkel Pelias hatte ihm nämlich im Tausch für das Vlies, dessen Besitz Unsterblichkeit, Reichtum und Fruchtbarkeit verleihen soll, die Herrschaft über Jolkos zugesichert. Nach einer gefährlichen Reise voller Abenteuer erreichen die Argonauten Kolchis. Aber König Aites ist nicht bereit, ihm das Vlies zu geben. Jason überwindet die feuerschnaubenden Stiere und tötet auch den das Vlies bewachenden Drachen, jedoch nur mit Medeas Hilfe. Danach fliehen sie gemeinsam mit dem Schiff Argo nach Griechenland. Während der Flucht tötet Medea ihren Bruder und wirft ihn ins Meer, um ihren Vater von der Verfolgung abzulenken. Medeas schreckliche Taten nehmen kein Ende: In Jolkos angekommen, überredet sie die Peliaden, die Töchter des Pelias, ihren Vater zu ermorden.

---

215   Euripides: Medea. Tragödie. Deutsch von J. J. C. Donner. Stuttgart: Reclam 2006.
216   Vgl. Hubert Ortkemper: Medea in Athen. Die Uraufführung und ihre Zuschauer. Mit einer Neuübersetzung der „Medea" des Euripides. Frankfurt am Main, u. a.: Insel 2001 (= insel taschenbuch 2755), S. 118.
217   Ebd., S. 120. Ortkemper erwähnt hier unter anderem die Hippolytos-Tragödie von Euripides, die zu seiner Zeit einen Skandal ausgelöst habe. In dieser Tragödie geht es um die kretische Prinzessin Phädra, die mit Theseus verheiratet ist und sich in ihren Stiefsohn Hippolytos verliebt.

Medea und Jason fliehen danach nach Korinth, und hier setzt die Tragödie ein. Als Medea erfährt, dass Jason die Königstochter von Korinth heiraten wird, schmiedet sie voller Zorn einen grauenvollen Plan. Aus Angst vor ihren Zauberkünsten schickt König Kreon Medea und ihre Kinder in die Verbannung. Er gewährt ihr jedoch einen Tag und erlaubt den Kindern den Aufenthalt bei ihrem Vater. Dass Medea diese Zeit für die Verwirklichung ihrer grauenvollen Tat braucht, ahnt er nicht. Es kommt zum Streitgespräch zwischen Medea und Jason: Jason empfiehlt Medea, seiner Heirat zuzustimmen. Er wirft ihr Undankbarkeit vor, erinnert sie daran, dass sie aus einem Barbarenland gekommen ist und in Korinth, einem zivilisierten Land, Sitte und Recht kennen gelernt habe. Er räumt ein, dass er die Königstochter heiratet, damit ihre beiden Söhne im Königshaus eine gute Erziehung genießen. An dieser Stelle weist er Medeas Vorwurf zurück, dass er sich von ihr entfremdet habe:

> Nicht dir entfremdet war ich, wie du mir vorwirfst,
> Auch nicht von Sehnsucht nach der neuen Braut entbrannt
> Noch lüstern auch, zu mehren meiner Kinder Zahl;
> Denn die ich habe, sind genug, ich liebe sie;
> Nein, was das größte ist, ich wollte, daß wir hier
> Ohn' Mangel und in Ehren lebten; denn ich weiß,
> Daß jeder Freund dem Armen aus dem Wege geht.
>
> Die Söhne wollt' ich würdig meines Stammes erziehn
> Und Brüder deinen Kindern zugesellen, sie
> Gleichstellen beide und, den Stamm vereinigend,
> Des Glückes froh sein! [...] [218]

Medea erwidert jedoch, dass sie für ihn sehr viel geopfert habe, ihren eigenen Bruder getötet, die Mutter, den Vater und die Heimat verlassen habe und König Pelias für ihn habe töten lassen. Das Goldene Vlies hätte er ohne ihre Hilfe niemals erwerben können. Jason zufolge haben die Pfeile der Liebesgöttin ihn aus seiner Not gerettet und nicht Medea. Zutiefst enttäuscht bereut sie, was sie für Jason getan hat, mit den Worten „Wie sehr gedenk ich deiner jetzt, mein Vaterland!" und „Weh, Weh, dem Menschen ist Lieb' ein großer Fluch".[219] Sie schwört, sich an Jason zu rächen. Bevor sie aber ihren Plan verwirklicht, sichert sie ihren Zufluchtsort durch den König von Athen Ägeus, dem sie ihren Kummer offenbart. Ägeus gewährt ihr aber nur Asyl, weil Medea mit ihren Zaubermitteln seine Unfruchtbarkeit zu heilen verspricht. Zunächst schickt Medea der Königstochter ein vergiftetes Brautkleid,

---

218   Euripides, Medea, a. a. O., S. 23f.
219   Ebd., S. 16.

die daraufhin mit ihrem Vater stirbt und dann ermordet sie ihre eigenen Kinder. Am Ende verschwindet sie mit einem Drachenwagen und den Leichen in der Luft. Jason wird in der Tragödie von Euripides als Feigling, Redekünstler und als jemand, der nur auf seinen Vorteil bedacht ist, dargestellt, während Medea, die aus dem Osten kommt, als Fremde, Flüchtling, Barbarin, unzivilisiert, wild und aufsässig erscheint. Aber sie ist auch eine starke, kluge und intelligente Frau: Sie ergibt sich nicht in ihr Schicksal und lehnt sich gegen die Männer, auch gegen den Machtanspruch des Königs auf. Man muss allerdings hinzufügen, dass es Euripides gelungen ist, die menschliche Seite Medeas hervorzuheben. Einerseits ist sie aufgrund ihrer Verstoßung und Verbannung von Zorn erfüllt und rächt sich auf grausame Weise, andererseits ist sie eine enttäuschte Mutter, die in der Entscheidung, ihre Kinder umzubringen, hin und her gerissen ist. Durch Monologe gewährt Euripides eindrucksvoll Einblick in die zwiespältige Innenwelt Medeas, die zwischen mütterlichen Gefühlen und ihrem Racheplan schwankt:

> Wohlan, mein Herz, nun wappne dich! Was zögern wir
> Noch mit der Tat der grausen, der notwendigen?
> Ergreif ein Schwert du meine jammervolle Hand,
> Ergreif es, eile zu des Lebens düsterm Ziel,
> Sei nicht verzagt, bedenke nicht, wie teuer dir
> Die Kinder waren, daß du sie gebarst! Vergiß
> Nur dieses kurzen Tages Frist die Kinder und
> Dann weine! Tötest du sie auch, so waren sie
> Dir teuer doch. Ich bin, ach, ein unglücklich Weib![220]

Medea ist in Euripides Version eine tragische Figur und eine Fremde; heimatlos, ortlos, verstoßen und verbannt. Nicht nur Kindsmord wird ihr angelastet, sondern auch Brudermord und Verrat. Außerdem ist sie verantwortlich für den Mord an Pelias, König Kreon und seiner Tochter.

II.2.2 Medea vor der Zeit von Euripides

Man begegnet einer ganz anderen Medea, wenn man die Medea-Figur der voreuripideischen Zeit in Betracht zieht. Die archäologischen Funde belegen in dieser Hinsicht interessante Medea-Darstellungen.[221] Auf einer Abbildung, die auf ca. 630 v. Chr. datiert ist, ist Medea mit einem Stab in der Hand zu sehen. Sie trägt ein langes Obergewand, auf das der Name ‚Metaia' geritzt worden ist,

---

220 Ebd., S. 49.
221 Abbildungen zu diesem Abschnitt finden sich in: Lexicon Iconographicum Mythologiae Classicae. Bd. 6.2. Zürich, München: Artemis & Winkler 1992, S. 194–202.

während ein junger Mann aus einem Kessel steigt. Eine andere Abbildung auf einer Amphore, die höchstwahrscheinlich Medea darstellt und vermutlich bis auf die Jahre 660–640 v. Chr. zurückgeht, zeigt ebenfalls eine Frau in einem langen Kleid, die mit ihren Händen mit einer dreiköpfigen Schlange spielt. Auf einer anderen Vase mit der Beischrift ‚Medeia‘, auf ca. 530 v. Chr. datiert, ist ein Frauenprofil zwischen zwei Schlangen zu erkennen.[222] Ganz offensichtlich wurde Medea oft mit Schlangen oder Schlangenköpfen in Verbindung gebracht. Hält man sich vor Augen, dass die Schlange ein wichtiges Symbol in der Medizin ist, so kann gesagt werden, dass hier die heilende Funktion der Medea in Erscheinung tritt. Wie aus diesen Medea-Darstellungen hervorgeht, war Medea in der voreuripideischen Zeit nicht als Kindsmörderin bekannt, sondern als eine Priesterin, die die Fähigkeit besaß, Menschen zu heilen bzw. zu verjüngen, Tiere zu bändigen und die Natur zu beherrschen. In der Zeit nach Euripides wurde in den Medea-Darstellungen das Motiv der Kindsmörderin in den Vordergrund gestellt. Ältere Überlieferungen, wie die *Theogonie* von Hesiod[223], berichten über die göttliche Herkunft Medeas. Hier erscheint sie als Tochter von Aites, dem Sohn des Helios, dessen Schwester Kirke ist, während ihre Mutter als die Okeanide Idya vorkommt. In Homers *Odyssee* wird Medea im Zusammenhang mit der Argonauten-Sage dargestellt, ihren Namen lässt er jedoch unerwähnt.

Euripides hat, wie gesagt, die Stoffe seiner Tragödien, wie andere Dichter seiner Zeit auch, den Götter- und Heroensagen und -kulten entnommen. Auch bezüglich des Medea-Mythos hat sich der Dichter von einem in Korinth eingeführten Kult inspirieren lassen. In ihrer detaillierten Studie über Medea verweist Margot Schmidt auf einen Kult in Korinth, nach dem die Korinther jedes Jahr sieben Mädchen und Jungen in den Heratempel geschickt haben, um durch Opfergaben und Geschenke ihre Schuld zu sühnen.[224] Sie legt dar, dass es in der Zeit von Euripides den Brauch gab, Kinder in den Heratempel zu entsenden.

Was das Motiv des Kindsmords angeht, gibt es verschiedene Versionen. Nach einer Version sterben die Kinder, als Medea sie in den Heratempel bringt, um ihnen Unsterblichkeit zu verleihen. Nach einer anderen Version töten die Korinther die Kinder im Heratempel, während Medea aus Korinth flieht. Die

---

222 Margot Schmidt: Artikel „Medea". In: Lexicon Iconographicum Mythologiae Classicae. Bd. 6.1. Zürich, München: Artemis Verlag 1992, S. 386–398.

223 Hesiod: Theogonie. Theogonie. Griechisch/ Deutsch. Stuttgart: Reclam 2005 (= Reclams Universal-Bibliothek Nr. 9763), S. 75 ff.

224 Vgl. Schmidt, Artikel „Medea", a. a. O., S. 386, und K. Seeliger: Artikel „Medea". In: W. H. Roscher: Ausführliches Lexikon der griechischen und römischen Mythologie. Leipzig: B. G. Teubner 1894–1897, S. 2482–2515, hier S. 2494.

aufgebrachten Korinther töten die Kinder, weil Medea Kreon ermordet haben soll.[225] In einer anderen Quelle wird angenommen, dass Medea die Initiatorin der Gedenkfeier war, nachdem ihre Kinder getötet wurden.[226] Auf diesen Punkt macht auch Euripides in seiner Tragödie aufmerksam, gleichwohl mit einem bedeutenden Unterschied: Er stellt sie als die Täterin bzw. Mörderin der Kinder dar. Als Jason, erschüttert von Medeas Tat, sie am Ende der Tragödie anfleht, ihm die Leichen der Kinder zu geben, damit er sie bestatten kann, lehnt Medea dies ab:

> Mitnichten; ich bestatte sie mit eigner Hand
> Im Hain der Hera, welche hier die Burg bewohnt,
> Daß nicht ein Widersacher sie beschimpfe, nicht
> Ihr Grab verwüste. Hier, im Land des Sisyphos,
> Gedenk ich, Opferweihen und ein hohes Fest
> Fortan zu stiften, Sühne für den grausen Mord.[227]

Es handelt sich hier also nicht um eine Umformung oder Nacherzählung des Mythos, sondern um eine Neuerzählung durch Euripides, wie Hubert Ortkemper richtig feststellt.[228] Unter diesem Aspekt betrachtet, verändert Euripides den Mythos und konstruiert einen neuen, indem er die Ermordung der Kinder Medea anlastet.

II.2.3 Medea-Bearbeitungen im 20. Jahrhundert

Der Medea-Mythos wurde in fast allen Epochen und in vielen Ländern von Schriftstellern, Dichtern und Künstlern mit unterschiedlichen Akzentuierungen bearbeitet. Bei näherer Betrachtung lässt sich dabei feststellen, dass besondere Aufmerksamkeit darauf gelegt wurde, Medea als Kindsmörderin darzustellen. Im Folgenden sollen einige Bearbeitungen aus dem 20. Jahrhundert aus unterschiedlichen Ländern zusammenfassend vorgestellt werden, in denen Medea ebenfalls eine Kindsmörderin ist.

Medea ist in der gleichnamigen Tragödie[229] (1925) des deutschen Schriftstellers Hans Henny Jahnn eine rasende ,Negerin', Barbarin, eine der schwarzen Magie mächtige Tempeldienerin, deren göttliche Herkunft auf den ägyptischen

---

225 Vgl. Schmidt, Artikel „Medea", a. a. O., S. 386.
226 Vgl. Seeliger, Artikel „Medea", a. a. O., S. 2494.
227 Euripides, Medea, a. a. O., S. 55.
228 Vgl. Ortkemper, Medea in Athen, a. a. O., S. 21.
229 Hans Henny Jahnn: Medea. Tragödie. In: ders.: Werke und Tagebücher. In sieben Bänden. Mit einer Einleitung von Hans Mayer. Hg. v. T. Freeman und T. Scheuffelen. Bd. 4. Hamburg: Hoffmann und Campe Verlag 1974, S. 453–528.

Isis-Osiris-Kult zurückgeht. Jahnn geht in seiner Tragödie ausführlich auf die Beziehung der Söhne von Medea und Jason ein. Der jüngere Sohn ist klüger, hat jedoch eine körperliche Missbildung, während der ältere aufgrund seines kräftigen Körperbaus vom Vater bevorzugt wird. Der Konflikt und der Konkurrenzkampf zwischen den Söhnen werden zudem von Jason geschürt. Abweichend von der traditionellen Form verliebt sich der ältere Sohn in Kreons Tochter. Ganz unerwartet stellt sich aber heraus, dass Jason für sich statt für seinen Sohn um die Hand der Königstochter wirbt. Obwohl Medea Kreon darüber in Kenntnis setzt, meint dieser, dass er seine Tochter niemals „nem halben Neger"[230] geben würde, weil er Ausländer nicht möge. Wütend räumt er ein,

> Sie [die Söhne] fanden Asyl in meinem Land.
> Das gibt zwar Pflichten ihnen gegen mich;
> doch daß den Fremden ich verpflichtet wär,
> ist neu. Nennt Jason, Kolchrin, Nebenfrau dich
> und seine Kinder Bastardknaben, [...]²³¹

Medea wird von Kreon mit ihren Kindern verbannt, und Jason wendet sich von der gealterten ‚Negerin' ab und fordert die Trennung. Enttäuscht, vereinsamt, betrogen und verbannt ist Medea der Überzeugung, dass sie mit ihren Zauberkünsten durch Jason missbraucht wurde, dem sie immerhin zu Reichtum verholfen und fünf Mal vor dem Tod gerettet hat. Medea erwägt, sich an allen zu rächen. Sie tötet ihre Kinder, Kreon wird durch einen Zauberring in zwei Hälften geschnitten und seine Tochter in Kot verwandelt. Zum Schluss nimmt Medea ihre toten Kinder und flieht mit ihnen auf zwei weißen Pferden, um sie in Felsen zu begraben.

In seiner Medea Rezeption veranschaulicht Jahnn eindrucksvoll die Nichtachtung und Diskriminierung von Menschen aufgrund anderer Hautfarbe, körperlicher Behinderung und nationaler Zugehörigkeit. Dunkelhäutige Menschen, Neger und Barbaren seien wie Tiere, wie man von einem Boten des Königs erfährt, die man verbrennen, niederschlagen, jagen und töten solle.²³² Mit „Nacht den Augen", „Nacht den Ohren", „Nacht dem Mund" und „Nacht den Sinnen"²³³ verweist er auf „das große Schweigen"²³⁴ der Menschen gegenüber der Diskriminierung von Ausländern. Jahnns Wiederbelebung des Medea-Mythos ist als Zivilisationskritik der Europäer zu verstehen, die der Autor folgendermaßen formuliert:

---

230 Ebd., S. 492.
231 Ebd.
232 Ebd., S. 496.
233 Ebd., S. 527.
234 Ebd., S. 528.

Was für die Griechen die Barbaren, sind für uns heutige Europäer Neger, Malaien, Chinesen.- Einer der schamlosesten Gebräuche der europäischen Menschen ist die Nichtachtung vor den einzelnen Vertretern nicht weißhäutiger Rassen.[235]

Der amerikanische Schriftsteller John Robinson Jeffers stellt in seinem Drama *Medea*[236] (1946) die Titelfigur als wahnsinnige Barbarin dar, die umfassende Kenntnisse über Kräuter, Arzneien und Krankheiten besitzt und die Fähigkeit hat, Menschen zu heilen. In Anlehnung an Euripides hat Medea den Vater betrogen, den Bruder getötet und Priamos durch seine Töchter töten lassen. Dem durch seine überhebliche Haltung als machtbesessener Egozentriker dargestellte Jason hat sie zum Ruhm und Erfolg verholfen. Als Medea erfährt, dass sich Jason mit der Königstochter Kreusa vermählt, schickt Kreon Medea aus Angst vor ihren Zauberkünsten ins Exil. Vor Zorn über diese Ungerechtigkeit schwört sie Rache und bewirkt mit vergifteten Hochzeitsgeschenken, dass Kreusa und ihr Vater sterben. Zum Schluss ersticht Medea ihre Kinder und flieht mit den Leichen. Unterstützung findet sie bei Aegeus, der ihr aufgrund der Heilung seiner Unfruchtbarkeit Zuflucht in seinem Land gewährt. Jeffers veranschaulicht den Konflikt eines Ehepaars, der durch die kulturelle Differenz beider Figuren verstärkt hervortritt. Medea beteuert, ihre Zauberkünste für Jason verwendet zu haben, während Jason sie wissen lässt, dass er sie „aus dem Dreck und Aberglauben Asiens ins vernünftige Sonnenlicht der Griechen getragen"[237] habe. Außerdem sei Medea nur Werkzeug Aphrodites gewesen und habe ihm nicht aus eigenem Willen geholfen. Enttäuscht von Jason, beklagt Medea die Käuflichkeit „bei den Griechen, unter Zivilisierten, [...], gebildeten Hellenen"[238], die sogar Jasons Liebe erkauft hätten. Die korinthischen Frauen, die hier als Chor eingesetzt werden, scheinen auf Medeas Seite zu sein, denn sie beklagen, dass das Land von Kreon schlecht regiert werde, und beschuldigen Jason der Untreue, fordern aber trotzdem eine friedliche Lösung und Versöhnung. Jeffers verwendet den Mythos, um die Skrupellosigkeit und die Dekadenz der modernen Zivilisation deutlich zu machen, die er der primitiven Gesellschaft entgegensetzt. Sein Drama ist als

---

235 Zitiert nach Kindlers Neues Literaturlexikon. Hg. v. Walter Jens. Bd. 7. München: Kindler 1990, S. 556.

236 Robinson Jeffers: Medea. Frei nach Euripides. Aus dem Amerikanischen von Eva Hesse. In: Medea. Euripides, Seneca, Corneille, Cherubini, Grillparzer, Jahnn, Anouilh, Jeffers, Braun. Hg. v. Joachim Schondorff. Mit einem Vorwort von Karl Kerényi. München, Wien: Albert Langen, Georg Müller 1963 (= Theater der Jahrhunderte; Medea), S. 347–392.

237 Ebd., S. 365.

238 Ebd., S. 373.

Kritik der modernen Zivilisation zu betrachten, der er offensichtlich skeptisch gegenübersteht.

In seinem Drama *Medea*[239] (1946) zeigt der französische Dramatiker Jean Anouilh Medea als eine durch ihr Wesen bestimmte, hasserfüllte, wahnsinnige Barbarin, die Jason ins Chaos stürzt und Unfrieden stiftet. Die Verbindung Medeas mit Jason wird von beiden Seiten als Last empfunden. Sie erscheinen als absolute Antipoden: Während Medea das Negative („wild", „böse", „Kampf", „Tier" usw.) verkörpert, steht Jason für das Positive („zivilisiert", „gut", „Frieden", „Mensch"). Analog zu den anderen Bearbeitungen verbannt Kreon auch hier Medea aus Angst vor ihren Zauberkünsten; sie habe im „Himmel der Vernunft" nichts zu suchen. Medeas wilde und grobe Persönlichkeit wird von ihr selbst bestätigt: „Ich bin der Hochmut, die Selbstsucht, die Lumperei, das Laster, das Verbrechen. Ich stinke, Jason, ich stinke!"[240] Anouilh problematisiert und betont im Disput des Ehepaars die Geschlechterdifferenz. In Medeas Ablehnung der Weiblichkeit wegen physischer Schwäche lässt sich der Wunsch, ein Mann zu sein, erkennen. In Anspielung auf die Genesis bemerkt sie:

> O Sonne, wenn es wahr ist, dass ich von dir abstamme, warum hast du mich so unvollkommen geschaffen? Warum hast du aus mir ein Mädchen gemacht? Warum dieser Busen, diese Schwäche, diese offene Wunde in mir? Wäre es nicht ein schöner Knabe gewesen, Medea, wäre er nicht stark gewesen, die Muskeln hart wie Stein? Dazu geschaffen, zu nehmen und dann weiterzugeben. [...] Weib! Weib! Hündin! Fleisch aus wenig Erde und einer Mannesrippe. Stück eines Mannes! Dirne![241]

Jasons Zuwendung zur korinthischen Königstochter Kreusa wird mit den Worten, „ein Mensch zu sein", begründet. Die Unmöglichkeit einer Einigung liegt im Wesen Medeas, das hier das Tierische versinnbildlicht. Die Existenz des Einen gerät durch die Existenz des Anderen in Gefahr. Trennung bedeutet deswegen für beide Freiheit. Obwohl Jason bereit ist, einen Kompromiss mit Medea einzugehen und sich mit ihr zu versöhnen, lehnt Medea dies strikt ab. Anders als bei Euripides begeht Medea am Ende Selbstmord, nachdem sie ihren Wagen in Brand gesteckt hat, in dem sich ihre Kinder befinden. Medeas Untergang ist aufgrund ihres Wesens unvermeidlich, die Ordnung ist jedoch dadurch wiederhergestellt. Anouilh veranschaulicht in seinem pessimistisch-skeptischen Drama

---

239 Jean Anouilh: Medea. In: ders.: Dramen. Band 1. München: Albert Langen, Georg Müller 1960. S. 90–131.
240 Ebd., S. 115.
241 Ebd., S. 96f.

den bedingungslosen und radikalen Wunsch nach Selbstverwirklichung des Individuums, die ohne Rücksicht auch auf das eigene Leben angestrebt wird.

In der Türkei hat sich Munis Faik Ozansoy des Mythos angenommen. In seinem Drama[242] tritt Medea als wahnsinnige, wilde, monströse und schöne Zauberin hervor, die die Enkelin des Sonnengottes ist. Auch sie hat ihren Bruder ermordet, Pelias von seinen Töchtern umbringen lassen, den Drachen getötet und Jason geholfen, das Goldene Vlies zu erlangen. Als Medea von einem Boten des Königs erfährt, dass Jason die Königstochter heiraten wird und sie aus dem Land verbannt werden soll. Enttäuscht über Jason, schleudert sie diesem ein schallendes Gelächter entgegen mit der Bitte, dies König Kreon mitzuteilen. Diese Haltung Medeas, die als Verspottung der Obrigkeit verstanden werden kann, hat zur Folge, dass Kreon sie persönlich aufsucht. Verärgert über Medeas Hohn, gesteht Kreon, dass er alt geworden ist und Angst vor ihren Zauberkünsten hat. Er gibt ihr noch bis zum Morgen Zeit, dann muss sie sein Land verlassen. Medea ist verzweifelt über die Verbannung und Erniedrigung, „Was für ein Narr, der das Königtum wirklich als Macht versteht"[243], bemerkt sie über Kreon. Jason besessen von Ruhmsucht und rücksichtslos auf seinen Vorteil bedacht, aber zugleich ängstlich und sehr vorsichtig, versucht Medea zu überzeugen, dass diese Heirat für alle Vorteile mit sich bringt. Er streitet es ab, das Gerücht in der Stadt verbreitet zu haben, Medea sei eine Zauberin und habe ihren Bruder umgebracht. Schließlich zeigt sie sich einverstanden mit der Vermählung und schickt der Braut vergiftete Hochzeitsgeschenke. Als Kreon und seine Tochter am Gift sterben, wird Jason vom aufgebrachten Volk, das in ihm den einzigen Verantwortlichen für die Mordtaten sieht, durch die Stadt gehetzt. Jason flieht zu Medea, um die Kinder vor dem Pöbel zu retten. Fassungslos findet er jedoch nur noch die Leichen der Kinder. Am Ende wird er von den Wächtern des Königs festgenommen; Medea ist verschwunden. In seiner Bearbeitung akzentuiert Ozansoy die Verzweiflung und Ausweglosigkeit Medeas vor der Staatsmacht.

Christa Wolfs Medea-Bearbeitung unterscheidet sich deutlich von diesen Bearbeitungen. Medea erscheint bei Jahnn, Jeffers, Anouilh und Ozansoy als Exotin und Fremde, Magierin, Verräterin, Kindsmörderin, die Gesellschaft ins Chaos stürzende Unruhestifterin und als rachsüchtige Furie, die sich im Geschlechterkampf selbst zerstört. In *Medea. Stimmen* werden diese Fähigkeiten als Gerüchte entlarvt, denn die Medea-Figur wird nach Darstellungen der voreuripideischen

---

242 Munis Faik Ozansoy: Medea. Manzum Tragedya. Iki Perde. Ankara: Ankara Üniversitesi Basimevi, 1963.

243 Ebd., S. 25 (von mir übersetzt. Y. A.).

Zeit entsprechend konzipiert: Hier ist sie eine kräuterkundige Priesterin und Heilerin, die ihre Zauberkünste nicht zu zerstörerischen Zwecken, sondern zum Wohle der Menschheit einsetzt. Darüber hinaus legt die Autorin den Schwerpunkt in ihrer Medea-Bearbeitung nicht so sehr auf Medeas Fremdheit, sondern auf die subjektiven Entfremdungserfahrungen der Figur.

II.2.4 „Die Erfahrung der neuen Entfremdung": Medea

> Freud hat mal gesagt, in einer milden Depression könne man ganz gut schreiben, also scheint meine Depression milde zu sein, denn ich schreibe, um an diese Person von vor dreißig Jahren nochmal heranzukommen und diese Kälte, dieses Fremdheitsgefühl loszuwerden.[244]

Christa Wolf zweifelt zunächst an der Ursprünglichkeit des Kindermord-Motivs, und dieser Zweifel erscheint berechtigt, weil Medea in der voreuripideischen Zeit nicht als Kindsmörderin, sondern als Heilerin auftaucht.[245] Aus dem Band *Christa Wolfs Medea: Voraussetzungen zu einem Text*[246], in dem die Entstehungsgeschichte der Stoff-Bearbeitung durch Tagebuchaufzeichnungen, Briefe, Notate, Gespräche der Autorin nachgezeichnet ist, wird ersichtlich, dass Christa Wolf wie in der Kassandra-Bearbeitung historisch vorgeht. So wird auch hier zum Beispiel die Zerstückelung des Phallus im Demeter-Kult erwähnt, die in Kleinasien dem Tod des Heroskönigs gleichkam, oder die Stierhoden an der Artemisstatue, die bis in die 60er Jahre als Brüste gedeutet wurden, oder die verschiedenen Bestattungsrituale und der Glaube an die Wiedergeburt in unterschiedlichen Gesellschaften. Die Arbeit am Mythos wird somit zur Arbeit an der kulturgeschichtlichen Wirklichkeit, wie Margot Schmidt in einem Brief vom 8. November 1992 hervorhebt.[247]

---

244 Christa Wolf in einem Brief an Günter Grass am 21. März 1993 aus Santa Monica. Christa Wolf: Von schwachen und stärkeren Stunden. Briefwechsel mit Günter Grass. In: dies., Essays, Gespräche, Reden, Briefe 1987–2000. Werke Bd. 12, a. a. O., S. 471–479, hier S. 476.

245 Michael Scheffel: Vom Mythos gezeichnet?, a. a. O., S. 296.

246 Hochgeschurz (Hg.), Christa Wolfs Medea. Voraussetzungen zu einem Text, a. a. O.

247 Vgl. Margot Schmidt: Brief an Christa Wolf vom 8. November 1992. In: Hochgeschurz (Hg.), Christa Wolfs Medea. Voraussetzungen zu einem Text, a. a. O., S. 39. Margot Schmidt verweist auf Ada Neschke, die Hans Blumenbergs *Arbeit am Mythos* rezensiert und auf den Kulturzusammenhang aufmerksam gemacht habe.

Die Autorin begründet die Bearbeitung des Stoffes aus der Mythologie damit, dass sich anhand von „weit zurückliegenden Figuren die zeitgenössischen Probleme besonders deutlich herausfiltern"[248] lassen. Der Medea-Mythos wird verwendet, um Licht auf aktuelle Probleme zu werfen. Zunächst konzentriert sie sich auf die Themen: Kolonialisierung, Abwehr gegen Fremdes, das Aufeinanderstoßen verschiedener Wertesysteme und die Nicht-Akzeptanz der Werte der unterlegenen Gruppe durch die sogenannte siegreiche Gruppe.[249] Diese Themen werden dann erweitert, sodass beispielsweise das Problem des von René Girard entwickelten Opfer- und Sündenbockmechanismus auch als ein wichtiges Element in die Handlung eingebettet wird.[250]

Christa Wolf hebt hervor, dass sie keine bestimmte Medea-Darstellung zugrunde gelegt, sondern die Version von Euripides interpretiert und eine andere Version vorgeschlagen habe. Sie wolle eine Figur „aus ihrer Zeit herausheben, verstehen, herausschälen, einen kritischen Blick werfen"[251] und aus der Vielfalt alter Überlieferungen eine Medea nach ihren Vorstellungen konstruieren, in die sie ihre eigenen Erfahrungen projizieren könne. Deshalb ist es unverständlich, wenn man sieht, wie ignorant und abschätzig manche Kritiker Christa Wolfs Medea-Bearbeitung interpretieren. Volker Hage spricht von „ein[em] banale[n] Etikettenschwindel": „Christa Wolfs Heldin mag eine mutige und sympathische Fremde aus dem Osten sein, eine Asylantin, der vom Gatten und von den Gastgebern übel mitgespielt wird – eine Medea ist sie nicht."[252] Welche Medea Hage meint, bleibt unklar. Vermutlich meint er die tradierte Fassung des Medea-Mythos. Ein Schriftsteller

248 Wolf, Warum Medea? Christa Wolf im Gespräch mit Petra Kammann am 25. 1. 1996. In: dies., Medea. Stimmen, Voraussetzungen zu einem Text. Werke Bd. 11, a. a. O., S. 251.

249 Vgl. Christa Wolf: Brief an Heide Göttner-Abendroth vom 13. Oktober 1992. In: Hochgeschurz (Hg.): Christa Wolfs Medea. Voraussetzungen zu einem Text, a. a. O., S. 31 ff.

250 Über die Thematisierung des Sündenbock-Motivs hebt die Autorin hervor, dass dies die Kernlinie des Buches sei: „[...] wenn jemand in einer bestimmten Zeit ein Thema aufgreift, wenn ein Motiv ihn oder sie bedrängt, daß er oder sie es schreiben muss, wie mich eben dieses Problem, daß eine Frau zum Sündenbock gemacht wird, was ja die Kernlinie des Buches ist, dann kann man schon davon ausgehen, daß der Autor, die Autorin eben dieses Problem in dieser Zeit selbst stark empfunden hat." Christa Wolf im Gespräch. Nach der ‚Medea'-Lesung im FrauenMuseum in Bonn am 23. Februar 1997. In: Hochgeschurz (Hg.): Christa Wolfs Medea. Voraussetzungen zu einem Text, a. a. O., S. 90–98, hier S. 90f. In Medea. Stimmen zitiert sie zwei Mal Renè Girard; auf den Seiten 161, 185.

251 Ebd., S. 95.

252 Volker Hage: Kein Mord, nirgends. Ein Angriff auf die Macht und die Männer: Christa Wolfs Schlüsselroman „Medea". In: Der Spiegel, 26.02.1996, S. 202–206, hier S. 206.

jedoch besitzt die Freiheit, seine fiktiven Figuren so zu gestalten, wie er möchte, und lässt sich dabei sicherlich nichts vorschreiben. Auch Horst Albert Glaser geht mit seiner Kritik zu weit, wenn er behauptet, dass Christa Wolfs Darstellung der Medea als Opfer „an den Haaren herbeigezogen"[253] sei. Überdies meint Glaser, dass die Kindestötung durch Medea feststand, als Euripides sich mit dem Stoff beschäftigte[254], was von Seiten der Altertumskunde inzwischen widerlegt worden ist, wie oben gezeigt wurde.

Es steht außer Zweifel, dass die Autorin sich während der Medea-Bearbeitung in bestimmten Punkten mit der Figur identifiziert hat. Jedoch kann hier nicht die Rede von einer vollkommenen Identifikation[255] sein, wie manche Rezensenten behaupten. Die Übertragung von eigenen Erfahrungen auf die Figur führt dazu, an deren Verhaltensweisen sich selbst zu erkennen. Auf den Selbsterkennungsprozess bei der Mythos-Bearbeitung wurde bereits hingewiesen. Für Christa Wolf sind Zeit und Ort veränderlich, aber das Grundverhalten der Menschen ähnlich, aus diesem Grund eignen sich frühere Gesellschaften für sie nur als Modell. Bei der Analyse dieser Verhaltensweisen spielen jedoch die Wertesysteme der Gesellschaft für sie eine wichtige Rolle, weil die „Bewertung von Handlungen nur möglich ist, wenn man das Wertesystem, dem sie entspringen, mit bewertet"[256]. Sie geht kulturhistorisch vor und legt Gewicht auf die gesellschaftlichen und psychischen Beweggründe des Subjekts. Zugleich verfährt sie entmythisierend, indem sie einige Aspekte bzw. Mythologeme des Medea-Mythos verändert. So stirbt die an Epilepsie leidende Glauke nicht durch ein von Medea vergiftetes Kleid, sondern begeht Selbstmord. Auch Medeas Bruder Absyrtos stirbt nicht, weil seine Schwester ihn zerstückelt, um ihren Vater von der Verfolgung abzulenken, sondern weil der Vater seine Macht in Kolchis erhalten will. Nicht Medea ermordet ihre Kinder, um Rache an Jason zu üben, sondern die aufgebrachten Korinther. Nicht aus Liebe zu Jason flieht Medea aus Kolchis, sondern weil sie nicht in einem Land leben will, das auf Mord gegründet ist. Wie zu erkennen ist,

---

253 Horst Albert Glaser: Stimmenimitatorin (Christa Wolf). In: ders.: Medea oder Frauenehre, Kindsmord und Emanzipation. Zur Geschichte eines Mythos. Frankfurt am Main, Berlin u. a.: Lang 2001, S. 131–133, hier S. 133.

254 Horst Albert Glaser: Medea oder Frauenehre, Kindsmord und Emanzipation, a. a. O., S. 25.

255 Vgl. Sigrid Löffler zitiert nach Messerschmidt, Peters, Kein Freispruch für Euripides, a. a. O., S. 535.

256 Christa Wolf: Notate aus einem Manuskript ab 1. Februar 1993. In: dies., Medea. Stimmen, Voraussetzungen zu einem Text. Werke Bd. 11, a. a. O., S. 224–238, hier S. 233.

weist Christa Wolf die Schuldzuweisungen an Medea entschieden zurück und bettet einige neue Mythologeme in die Erzählung ein, wie z. B. die Entmannung Turons durch die kolchischen Frauen oder auch die Ermordung Iphinoes.

Mit Blick auf Christa Wolfs erzählerisches Werk fällt auf, dass unter ihren fiktiven Figuren mit Medea zum ersten Mal eine Ausländerin, eine Fremde als Heldin dargestellt wird. Mit der Bearbeitung des Medea-Mythos, der mythologischen Frauenfigur aus dem östlich gelegenen barbarischen Land Kolchis, kommt also eine neue thematische Komponente hinzu. Entfremdung hatte sie bisher zwar an ihren literarischen Figuren dargestellt, so an Rita Seidel, Christa T., Karoline von Günderrode oder Kassandra. Doch als Christa Wolf an dem Medea-Stoff arbeitete, ging es ihr nicht nur darum, sich von dem Gefühl, innerhalb der eigenen verkannten Gesellschaft fremd zu sein, loszulösen. Sie schrieb in einem Brief an Günter Grass, „ich schreibe, um an diese Person von vor dreißig Jahren noch mal heranzukommen und diese Kälte, dieses Fremdheitsgefühl loszuwerden."[257] Es liegt auf der Hand, dass diese Entfremdung durch bestimmte gesellschaftliche Veränderungen und politische Ereignisse stärker empfunden wurde. Zu erwähnen sind hier vor allem die Wiedervereinigung Deutschlands und der Untergang der DDR. Christa Wolf spricht diesbezüglich von der „Erfahrung der neuen Entfremdung"[258], mit der viele DDR-Bürger nach der Vereinigung konfrontiert seien, und in einer Rede aus Anlass der Verleihung der Ehrendoktorwürde der Universität Hildesheim bittet sie um Zuwendung „kritische[r] Sympathie [...], um alte Fremdheiten aufzulösen und keine neuen entstehen zu lassen"[259]. Die Häme nach der verspäteten Veröffentlichung von *Was bleibt* und die 1993 erfolgende Offenlegung der Stasi-Kontakte Christa Wolfs waren zweifelsohne einschneidende Erfahrungen im Leben der bis dahin hochangesehenen Autorin. Sie wurde in den Medien rücksichtslos angegriffen und musste sich mit einem verzerrten Bild ihrer Persönlichkeit auseinandersetzen. *Medea. Stimmen* kann deshalb auch als eine persönliche Auseinandersetzung mit dem Problem der Entfremdung der Autorin gelesen werden.

Die bisherigen Arbeiten zu *Medea. Stimmen* sahen zwar mit der Autorin, dass es in diesem Roman um Entfremdungserscheinungen geht, verblieben in der

---

257 Wolf, Von schwachen und stärkeren Stunden. Briefwechsel mit Günter Grass. In: dies., Essays, Gespräche, Reden, Briefe 1987–2000. Werke Bd. 12, a. a. O., S. 476.

258 Wolf, Abschied von Phantomen. Zur Sache: Deutschland. In: dies., Essays, Gespräche, Reden, Briefe 1987–2000. Werke Bd. 12, a. a. O., S. 530.

259 Christa Wolf: Zwischenrede. Rede zur Verleihung der Ehrendoktorwürde der Universität Hildesheim. In: dies., Essays, Gespräche, Reden, Briefe 1987–2000. Werke Bd. 12, a. a. O., S. 227–232, hier S. 232.

Analyse jedoch zu vage und pauschal. Demgegenüber will ich versuchen, gestützt auf die Theorie der Entfremdung des amerikanischen Soziologen Melvin Seeman, Christa Wolfs Darstellung von Entfremdungserscheinungen systematisch nach politischen und kulturellen Entfremdungserscheinungen zu unterscheiden und dabei, entsprechend der jeweiligen „Stimme", an der Christa Wolf subjektive Entfremdungserfahrung fest macht, zugleich der besonderen Struktur des Romans Rechnung zu tragen.

III. Die subjektive Erfahrung der Entfremdung

Christa Wolf orientiert sich in *Medea. Stimmen* nicht so sehr an objektiven Entfremdungserscheinungen, sondern an subjektiven Erfahrungen. Da die Autorin die subjektiven Erfahrungen an Figuren zum Ausdruck gebracht hat, bietet es sich an, diese mit Melvin Seemans Theorie der Entfremdung in Verbindung zu bringen. Mit den subjektiven Erfahrungen von Entfremdung hat sich Melvin Seeman 1958 in seinem Vortrag *On The Meaning of Alienation*[260] beschäftigt, den er auf einer Konferenz an der Universität von New Mexiko gehalten hat. Im Folgenden soll Seemans Theorie skizziert werden, um im nächsten Schritt herauszuarbeiten, ob nicht einige Teile seiner Theorie für eine literaturanalytische Untersuchung figurenperspektivischer Entfremdung genutzt werden können.

III.1 Melvin Seemans fünf Bedeutungen der Entfremdung

Wie bereits erwähnt, hat Karl Marx als Erster den Begriff der Entfremdung in den Bereich der Soziologie eingeführt. Im Vergleich zu Marx jedoch Melvin Seeman hebt diesen Begriff aus dem soziologischen Bereich heraus und richtet sein Augenmerk auf den sozialpsychologischen Aspekt. Sein Schema der fünfgliedrigen Dimension der Entfremdung wurde viel diskutiert.[261] Seeman, der auf Theorien von Marx zurückgreifend die unterschiedlichen Bedeutungen der Entfremdung analysiert, konzentriert sich auf subjektive Erfahrungen des Individuums und auf den persönlichen Standpunkt des Handelnden: „I propose, in what follows, to treat alienation from the personal standpoint of the actor – that is, alienation is here taken from the social-psychological point of view."[262] Er stützt sich dabei auf empirische Untersuchungen in der Soziologie und unternimmt den Versuch, seine Analyse für die Verhaltensforschung nutzbar zu machen. Seine Theorie der subjektiven Erfahrungen der Entfremdung liefert aber auch aufschlussreiche Anregungen für den Entwurf eines literaturanalytischen Interpretationsmodells der Entfremdung, die im nächsten Kapitel näher erläutert werden.

---

260 Seeman, On The Meaning of Alienation, a. a. O., S. 783–791.
261 Im Jahre 1982 stellt The Social Sciences Citation fest, dass Seemans Studie seit 1966 in über 350 Publikationen zitiert wurde. Vgl. This Week's Citation Classic. In: Current Contents 37 (1982) 13, S. 22.
262 Seeman, On The Meaning of Alienation, a. a. O., S. 784.

Um einen Überblick über die gebräuchlichen Anwendungen des Begriffs der Entfremdung zu bieten, stellt Seeman fest, dass es sich dabei um fünf grundlegend verschiedene Bedeutungen von Entfremdung handele: *powerlessness, meaninglessness, normlessness, isolation* und *self-estrangement*.

Powerlessness als eine Variante der Entfremdung entnimmt er aus der marxistischen Sicht; nach Marx war der Arbeiter seinem Produkt entfremdet, weil er kein Entscheidungsrecht darüber hat. Der Arbeiter hat somit keinen Einfluss auf die Produktionsverhältnisse und ist machtlos. Seeman überträgt Marx' Auffassung auf die Sozialpsychologie, indem er individuelle Erwartungen oder Empfindungen des Individuums in den Blick nimmt. Das Individuum könne keinen Einfluss auf die Folgen seiner Handlung nehmen und sei gegenüber einer größeren sozialen Ordnung machtlos:

> This variant of alienation can be conceived as the expantancy or probability held by the individual that his own behavior cannot determine the occurrance of the outcomes, or reinforcement, he seeks.[263]

Machtlosigkeit als eine Erfahrung von Entfremdung tritt dann hervor, wenn das Individuum keine Möglichkeit zur Verwirklichung seiner Wünsche durch sein eigenes Handeln sieht; es hat keinen Einfluss auf lebensbestimmende Faktoren, wie beispielsweise auf sozialpolitische Ereignisse. Wie Joachim Israel über diese Variante treffend erläutert, bedeute Machtlosigkeit für Seeman „die Empfindung einer Person, die merkt, daß die Wahrscheinlichkeit, durch eigenes Handeln Einfluss auf die Befriedigung ihrer Bedürfnisse nehmen zu können, sehr gering ist"[264].

Unter *meaninglessness* als eine subjektive Erfahrung von Entfremdung versteht Seeman die Unfähigkeit des Individuums, eine klare Wahl zwischen vielen unterschiedlichen Überzeugungen[265] treffen zu können, sodass sein Handeln bzw. die Folgen seines Handelns nicht mehr vorhersehbar ist:

> We may speak of high alienation, in the meaninglessness usage, when the individual is unclear as to what he ought to believe – when *the individual's minimal standards for clarity in decision-making are not met.*[266]

---

263   Ebd., S. 784.
264   Israel, Der Begriff der Entfremdung, a. a. O., S. 255.
265   Mit Überzeugungen meint Seeman, dass diese verschiedene Interpretationen oder z. B. moralische Normen sein könnten. Vgl. Seeman, On The Meaning of Alienation, a. a. O., S. 786.
266   Ebd., S. 786. Seeman verweist hier auf Adorno, der die Nachkriegssituation in Deutschland als sinnlos bezeichnet habe.

Wegen des fehlenden Einblicks in komplizierte Zusammenhänge könne der Mensch keine deutliche Voraussage über das eigene rationale Handeln machen, weil diese Zusammenhänge ihm als unklar und unverständlich erscheinen. Die Auffassung von Karl Mannheim über die „funktionale und substantielle Rationalität"[267] aufgreifend, bemerkt Seeman hierzu:

> This variant of alienation is involved in Mannheim's description of increase of „functional rationality" and concomitant decline of „substantial rationality". Mannheim argues that as society increasingly organizes its members with reference to the most efficient realization of ends (that is, as functional rationality increases), there is a parallel decline in the „capacity to act intelligently in a given situation on the basis of ones's own insight into the interrelations of events."[268]

Bei *meaninglessness* ist der Mensch nicht fähig, auf der Grundlage eigener Einsicht zu handeln, er versteht sein Handeln nicht. Diese Unfähigkeit impliziert den Mangel an Gefühl, zufriedenstellende Voraussagen über die Folgen des eigenen Verhaltens machen zu können.

Die dritte Dimension der Entfremdung ist nach Seeman *normlessness*, die er von Emile Durkheims Begriff der Anomie ableitet. Die traditionelle Verwendung des Begriffs „Anomie" beschreibt er als „a situation in which the social norms regulating individual conduct have broken down or are no longer effective as rules for behavior"[269]. Allerdings hebt er die Schwierigkeit hervor, die Begriffe Anomie und Entfremdung klar voneinander abzugrenzen, weil sie oft gleichbedeutend verwendet wurden. Joachim Israel unterscheidet hier, dass „in empirisch orientierter soziologischer Literatur der subjektive Zustand von Individuen als ‚Entfremdung' bezeichnet wird, die objektiven gesellschaftlichen Bedingungen und Prozesse dagegen als ‚Anomie'"[270]. Während also in der traditionellen Verwendung der Schwerpunkt in Bezug auf Anomie im Allgemeinen auf die Gesellschaft gelegt wird und die objektiven gesellschaftlichen Strukturen untersucht

---

267 Karl Mannheim beschreibt die „substantielle Rationalität" als einen „Denkakt, der in einer gegebenen Situation Einsicht in den Zusammenhang der Ereignisse vermittelt", während der Mensch in Bezug auf die „funktionale Rationalität" keine „Denk- und Erkenntnisakte vollzieht, sondern […] eine Reihe von Handlungen so organisiert […], daß sie zu einem vorgeschriebenen Ziel führt". Vgl. hierzu Karl Mannheim: Rationale und Irrationale Elemente in unserer Gesellschaft. In: ders.: Mensch und Gesellschaft im Zeitalter des Umbaus. Ins Deutsche übertragen von Ruprecht Paqué. Darmstadt: Wissenschaftliche Buchgesellschaft 1958, S. 43–87, hier S. 62f.
268 Seeman, On The Meaning of Alienation, a. a. O., S. 786.
269 Ebd., S. 787.
270 Israel, Der Begriff der Entfremdung, a. a. O., S. 19.

werden, wird unter dem Aspekt der Entfremdung von subjektiven Zuständen ausgegangen. Seeman distanziert sich von der traditionellen Verwendung der Anomie, indem er versucht, diesen Begriff aus der individuellen Perspektive zu betrachten und dem abweichenden Verhalten des Individuums Beachtung zu schenken statt den gesellschaftlichen objektiven Prozessen. Dabei verweist er auf Robert K. Merton:

> Following Merton's lead, the anomic situation, from the individual point of view, may be defined as one in which there is a *high expectancy that socially unapproved behaviors are required to achieve given goals.*[271]

Normlessness beinhaltet nach Seeman, wie Israel erläutert, „die Erfahrung der Unfähigkeit, gesellschaftlich akzeptierbare und wünschenswerte Ziele über Kanäle zu erreichen, die von der Gesellschaft oder von den sozialen Organisationen, denen das Individuum angehört, gebilligt werden."[272] Es handelt sich in dieser Version der Entfremdung um die Erfahrung des Individuums, wünschenswerte Ziele nur über gesellschaftlich missbilligte Verhaltensweisen erreichen zu können.

Die vierte Dimension der Entfremdung, die – so Seeman – besonders bei Intellektuellen vorzufinden sei, ist *isolation*. Zu dieser Erfahrung von Entfremdung kommt es, wenn das Individuum den von der Gesellschaft anerkannten Zielen einen geringen Wert beimisst bzw. sie nicht akzeptiert: „The alienated in the isolation sense are those who, like the intellectual, *assign low reward value to goals or beliefs that are typically highly valued in the give society.*"[273] Seeman versteht *isolation* nicht als Mangel an gesellschaftlicher Anpassung, sondern geht von individuellen Erwartungen des Individuums aus. Hierzu verweist er auf Gwynn Nettler[274], der anhand einer Skala den Grad der Entfremdung des Menschen von der Gesellschaft und der populären Kultur untersucht hat. *Isolation* spiegelt also die Trennung von vorherrschenden und weitverbreiteten Werten wider und somit auch die Trennung von der Gesellschaft. Allerdings bemerkt Seeman in einer Fußnote, dass er mit der Auffassung Dwight Deans über die soziale Isolierung des Individuums nicht konform geht, der die soziale Isolierung unter anderem als eine Beziehung des Individuums zu seinen Freunden beschrieben hat. Dean beschreibt die soziale Isolierung des Menschen folgendermaßen: „Ein sozial wenig isoliertes Individuum empfindet warme, freundliche, persönliche Beziehun-

---

271 Seeman, On The Meaning of Alienation, a. a. O., S. 788.
272 Israel, Der Begriff der Entfremdung, a. a. O., S. 258.
273 Seeman, On The Meaning of Alienation, a. a. O., S. 788f.
274 Vgl. Gwynn Nettler: A Measure of Alienation. In: American Sociological Review, 22 (1957), S. 670–677.

gen, besitzt Identität mit der Gemeinde und hat Vertrauen in der Verlässlichkeit seiner Bekannten, demgegenüber stehen Gefühle des Zurückgewiesenseins, der Einsamkeit und der Unpersönlichkeit"[275]. Für Seeman ist dieses Kriterium nicht angebracht, weil dann die soziale Isolierung mit dem Problem der gesellschaftlichen Anpassung und des Umgangs mit anderen Menschen in Zusammenhang gebracht werde, was er eigentlich ablehnt. Auf der anderen Seite versucht er diese Erfahrung zu präzisieren, indem er sie mit „Rebellion" in Verbindung bringt, die zu Robert K. Mertons fünfgliedrigen Typen individueller Anpassung gehört. Nach Merton ist „Rebellion" eine Anpassungsreaktion und

> führt die Individuen aus der sie umgebenden Sozialstruktur hinaus und läßt sie eine neue d.h. eine im wesentlichen modifizierte Sozialstruktur ins Auge fassen bzw. versuchen, sie zu verwirklichen. Sie hat Entfremdung von herrschenden Zielen und Normen zur Voraussetzung, die als rein willkürlich angesehen werden.[276]

Offenbar sieht Seeman in Rebellion als Anpassungsreaktion eine Analogie zur Isolierung im Sinne von Nicht-Akzeptanz herrschender gesellschaftlicher Ziele und der daraus entstehenden Reaktion. Die Widersprüchlichkeit von Seemans Auffassung liegt auf der Hand; einerseits will er diesen Begriff nicht als Mangel an Anpassung betrachten, andererseits erklärt er ihn mithilfe einer Anpassungsreaktion Mertons. Interessant ist der Hinweis Israels, der zwischen Normlosigkeit und Isolierung in Bezug auf Ziele differenziert und dadurch Licht auf die Theorie von Seeman wirft:

> Eine entfremdete Person, die Normenlosigkeit erfährt, akzeptiert die Ziele, kümmert sich jedoch nicht darum, ob legale oder legitime Mittel zur Erreichung dieser Ziele verfügbar sind. Eine Person, die Isoliertheit erfährt, ist noch einen Schritt weitergegangen. Sie akzeptiert die Ziele der Gesellschaft oder der sozialen Organisation, der sie angehört, nicht.[277]

Die letzte Erfahrung von Entfremdung nennt Seeman *self-estrangement*. Er gesteht die Schwierigkeit ein, diesen Begriff genau abzugrenzen, und verweist auf die meist verwendeten Auffassungen von Selbstentfremdung als Entfremdung.

---

275   Vgl. Dean Dwight: Entfremdung und politische Apathie. In: Arthur Fischer (Hg.): Die Entfremdung des Menschen in einer heilen Gesellschaft. Materialien zur Adaption und Denunziation eines Begriffs. München: Juventa 1970 (= Thomas Ellwein und Ralf Zoll [Hg.]: Politisches Verhalten, Untersuchungen und Materialien zu den Bedingungen und Formen politischer Teilnahme, Bd. 2), S. 275–283, hier S. 276.

276   Robert K. Merton: Sozialstruktur und Anomie. In: Heinz-Horst Schrey (Hg.): Entfremdung. Darmstadt: Wissenschaftliche Buchgesellschaft 1975, S. 339–359, hier S. 356f.

277   Israel, Der Begriff der Entfremdung, a. a. O., S. 259.

Zunächst zitiert er Erich Fromm: „Unter Entfremdung ist eine Art der Erfahrung zu verstehen, bei welcher der Betreffende sich selbst als einen Fremden erlebt. Er ist sozusagen sich selbst entfremdet."[278] Dann wirft er die Frage auf, was die Entfremdung vom Selbst denn bedeute. Seeman nimmt an: „Apparently, what is being postulated here is some ideal human condition from which the individual is estranged"[279]. Mit Selbstentfremdung als einer Erfahrung von Entfremdung steht ein menschliches Ideal im Mittelpunkt, von dem der Mensch entfremdet ist, mit anderen Worten geht es um das Gefühl, „etwas anderes zu sein als das Idealmodell dessen, was der Mensch sein könnte"[280]. Als ein besonderes Merkmal der Selbstentfremdung sieht er den Verlust der eigentlichen Bedeutung und des Stolzes auf die eigene Arbeit an. An diesem Punkt verbindet er diesen Gedanken mit Marx' Ansicht: „I refer to that aspect of self-alienation which is generally characterized as the loss of intrinsic meaning or pride in work, a loss which Marx and others have held to be an essential feature of modern alienation."[281] Es geht darum, dass die Arbeit keine selbstbefriedigende Tätigkeit darstellt und dass man sich selbst als wertlos betrachtet. Israel fasst Marx' Auffassung in Bezug auf Selbstentfremdung folgendermaßen zusammen:

> Wenn man, wie z. B. Marx in seinen Frühschriften, Aktivität als einen zentralen Aspekt der menschlichen Natur ansieht und die Auffassung vertritt, daß sich das Individuum durch kreative Arbeit selbstverwirklicht, dann ist der Mensch, der seine Arbeit nicht mehr als befriedigend empfindet, entfremdet von sich selbst. Dies gilt auch für andere Tätigkeiten, die für das Individuum von Bedeutung sind. Sie werden nur unter Zwang ausgeführt oder als Mittel, um andere etwa verfügbare Arten der Bedürfnisbefriedigung zu erreichen.[282]

Im Gegensatz zu Marx sind für Seeman die Aktivitäten nicht das Ziel, sondern Mittel für verschiedene Belohnungen[283], wie auch Israel hervorhebt.[284] Selbstentfremdung impliziert Seeman zufolge die Abhängigkeit von bestimmten Verhaltensweisen, die dem Individuum künftige Belohnungen versprechen:

> One way to state such a meaning is to see alienation as *the degree of dependence of the given behavior upon anticipated future rewards*, that is, upon rewards that lie outside the

---

278   Erich Fromm: Wege aus einer kranken Gesellschaft. Eine sozialpsychologische Untersuchung. Nach d. amerikan. Orig.-Ausg. übersetzt von Liselotte und Ernst Mickel, 10., überarb. Aufl. Frankfurt am Main: Europäische Verlagsanstalt 1980, S. 120.
279   Seeman, On The Meaning of Alienation, a. a. O., S. 790.
280   Adam Schaff: Entfremdung als soziales Phänomen. Wien: Europa 1977, S. 212.
281   Seeman, On The Meaning of Alienation, a. a. O., S. 790.
282   Israel, Der Begriff der Entfremdung, a. a. O., 260.
283   Unter Belohnung versteht Seeman die Befriedigung der Bedürfnisse.
284   Vgl. Israel, Der Begriff der Entfremdung, S. 260.

activity itself. In these terms, the worker who works merely for his salary, the housewife who cooks simply to get it over with, or the other-directed type who acts ,only for its effect on others' – all these (at different levels, again) are instances of self-estrangement."[285]

Gemeint ist hier die Unfähigkeit des Individuums, selbstlohnende, selbstvollendende und selbstverwirklichende Tätigkeiten zu vollbringen, die zur Bedürfnisbefriedigung führen.[286]

III.2 Seemans Theorie und die figurenperspektivische Entfremdungserfahrung

Bei näherer Betrachtung wird deutlich, dass Seeman die Bedeutungen von Entfremdung nicht überzeugend abgrenzt. Adam Schaff verweist auf die Unübersichtlichkeit von Seemans Auffassung der Entfremdung, die unterschiedliche Schwerpunkte auf die Folgen einer Handlung, den Verlust von Normen und Werten oder Erwartungen des Individuums lege.[287] Auch Joachim Israel stellt die Kriterien für die Auswahl der fünf Dimensionen der Entfremdung und ihre Beziehungen zueinander in Frage und behauptet, Seeman habe nur „eine vorläufige Klassifikation, keine systematische Typologie" dargelegt, weil die logischen Zusammenhänge zwischen den Entfremdungserfahrungen fehlen würden.[288] Gleichzeitig kritisiert er, dass die Bedingungen, unter denen das Individuum lebt und ein bestimmtes Entfremdungsgefühl empfindet, nicht hinreichend erläutert werden. Seeman selbst gesteht zwar die Schwierigkeiten mit den fünf Varianten der Entfremdung ein, aber er macht geltend, durch seine Analyse das Phänomen „Entfremdung" in seinen unterschiedlichen Bedeutungen aus der Perspektive des Handelnden genauer darlegen zu können.

Trotz dieser Problematik der Gliederung subjektiver Erfahrungen der Entfremdung bietet Seemans Analyse aufschlussreiche Anregungen für eine literaturanalytische Untersuchung figurenperspektivischer Entfremdung, die im Sinne Seemans als ,figurenperspektivische Erfahrung von Entfremdung' untersucht werden soll. Die von Seeman entwickelte Theorie erweist sich deshalb als ein hilfreiches literaturanalytisches Interpretationsmodell, weil er das Problem der Entfremdung vom objektiven in den subjektiven Bereich gebracht hat und der Begriff der Entfremdung aus sozialpsychologischer Sicht erläutert wird, welche die unterschiedlichen Schichten hinsichtlich der subjektiven Erfahrungen der

---

285 Seeman, On The Meaning of Alienation, a. a. O., S. 790.
286 Vgl. ebd., S. 780.
287 Vgl. Schaff, Entfremdung als soziales Phänomen, a. a. O., S. 212 ff.
288 Vgl. Israel, Der Begriff der Entfremdung, a. a. O., S. 261f.

Entfremdung deutlich macht. Sie kann ein besseres Verständnis in Bezug auf die Entfremdung der literarischen Figuren ermöglichen und somit einen wichtigen Beitrag zum Textverständnis leisten.

Wie oben dargelegt hat Christa Wolf selbst ein starkes Entfremdungsgefühl empfunden, das durch kulturpolitische Entwicklungen in der DDR, und kurz nach der Wende gekennzeichnet ist. Ihre beiden Mythos-Bearbeitungen hat sie benutzt, um sich mit diesem Problem auseinanderzusetzen, sich ihm zu stellen und es zu verarbeiten. In ihrer Medea-Bearbeitung legt die Autorin die subjektiven Entfremdungserfahrungen der literarischen Figuren und ihre psychischen Beweggründe dar. Aus diesem Grund eignet sich die Entfremdungstheorie von Melvin Seeman, die er aus der sozial-psychologischen Perspektive herausgearbeitet hat, besonders gut dafür, die unterschiedlichen Entfremdungserscheinungen der Figuren näher zu analysieren.

Im Gegensatz zu Seeman soll zwischen Entfremdung auslösenden subjektiven Erfahrungen und deren Folgen für das Handeln genauer unterschieden werden. Die subjektiven Empfindungen bzw. Erfahrungen der Entfremdung – *powerlessness, meaninglessness, normlessness, isolation* und *self-estrangement* – lassen sich aus der Sicht der literarischen Figuren zu einem politisch-sozialem Bezugssystem näher untersuchen. In *Medea. Stimmen* kann man in diesem Zusammenhang zwei wichtige ins Auge fallende Bereiche feststellen: die Entfremdung in der Politik und in der Kultur. Die fünf Erfahrungen der Entfremdung nach der Theorie von Melvin Seeman werden im folgenden Kapitel in diesen Bereichen näher erläutert.

Die Analyse der literarischen Figuren nach diesem Interpretationsmodell kann eine Übersicht über die Entfremdungserscheinungen verschaffen, die in der dargestellten Innenwelt der Figuren zu erkennen sind. Dabei werden die „Gedanken, Wahrnehmungen, Gefühle[ ] und Bewusstseinszustände[ ] der Charaktere"[289] berücksichtigt. Es zeigt sich, dass die von Christa Wolf verwendete Erzähltechnik, wie der innere Monolog, erlebte Rede oder Multiperspektivismus, einen umfassenden Einblick in die Gedankenwelt der Figuren gibt, was diese Untersuchung erleichtert. Da der Handlungsablauf des Romans aus der Sicht von sechs Figuren, „Stimmen": Medea, Jason, Agameda, Akamas, Glauke und Leukon, geschildert wird, werden unter dem Aspekt der politischen und kulturellen Entfremdung diese Erzählerfiguren näher untersucht.

---

289 Franz K. Stanzel: Theorie des Erzählens. 5. Aufl. Göttingen: Vandenhoeck und Ruprecht 1991, S. 170.

IV. Die figurenperspektivische Erfahrung von Entfremdung in *Medea. Stimmen*

IV.1 Politische Entfremdung

Im Folgenden geht es darum, die subjektiv erfahrenen Zustände der Figuren aufzuzeigen, die ein Gefühl von Entfremdung bewirken, wenn sie mit politischen Fragen in Berührung kommen. Adam Schaff definiert die politische Entfremdung folgendermaßen:

> Wenn wir „politische Entfremdung" sagen, haben wir Menschen im Sinne, die vom politischen Leben der Gesellschaft entfremdet sind: von der Arbeit der entsprechenden Institutionen, von den gängigen Ideologien usw. Wir sprechen also von Empfindungen, Einstellungen (im Sinne von Handlungsbereitschaft) und Handlungen der Individuen, denen die politischen Probleme (zum Beispiel der Wahlsieg einer Partei oder eines Politikers, die Verbreitung einer Ideologie, die Stabilität eines gesellschaftspolitischen Systems usw.) „fremd" sind; es geht somit um Menschen, die sich am Kampf um derartige Ziele nicht beteiligen, denen es gleichgültig ist, welchen Ausgang diese nehmen, die – im Extremfall – überhaupt jede Beschäftigung mit Politik als „schmutzige Angelegenheit" von sich weisen. Aber wir sprechen auch von Leuten, denen diese politischen Probleme fremd sind, jedoch nur deshalb, weil sie die Basis des Systems verneinen, seinen Sturz herbeiführen und auf diese Weise ganz andere politische Ziele erreichen wollen. Hier geht es also durchaus um politisch engagierte, aber gerade deshalb den herrschenden politischen Zielen entfremdete Menschen.[290]

Politische Entfremdung umfasst also die Entfremdung eines Menschen von der administrativen Arbeit des politischen Systems, der Ideologie und von den Problemen, die im Bereich der Politik auftauchen könnten.

In *Medea. Stimmen* werden die politischen Strukturen der Staaten und einige politische Ereignisse dargestellt: die politischen Machtkämpfe um die Herrschaftsfolge in Korinth und Kolchis, die Kindsmorde und ihre Verschleierung als wichtiges Staatsgeheimnis oder der Prozess gegen Medea. Durch die Gegenüberstellung der mythischen Länder „Korinth" und „Kolchis" und der Könige als deren Repräsentanten werden die Herrschaftsmechanismen dieser beiden Gesellschaften erkennbar, die in sehr vieler Hinsicht Ähnlichkeiten aufweisen. Der kolchische König und Vater von Medea, König Aites, lässt seinen Sohn Absyrtos ermorden, während König Kreon aus Korinth seine Tochter Iphinoe töten lässt. Beide Könige opfern ihre Kinder, weil diese ein Hindernis für ihre Machterhaltung darstellen.

---

290 Schaff, Entfremdung als soziales Phänomen, a. a. O., S. 227.

Die Kindstötungen vergegenwärtigen gleichzeitig das Ende der Bestrebungen zur Wiederbelebung des Matriarchats und die Festigung einer patriarchalen Ordnung. Es wird deutlich, dass in beiden Ländern die ältere Herrschaftsform eine auf einer mutterrechtlichen Linie basierende Herrschaftsform war und dass diese durch den Übergang zum Patriarchat beendet wurde. Allerdings ist dieser gesellschaftspolitische Umbruch in Korinth etwas älter als in Kolchis, weil, wie aus dem Text hervorgeht, der Tod der korinthischen Königstochter Iphinoe weiter zurückliegt als der des Absyrtos. In beiden Ländern werden diese Morde totgeschwiegen und gezielt Gerüchte verbreitet, um die üblen Machenschaften und geheimen Pläne der Könige zu verschleiern: Medea habe in Kolchis ihren Bruder Absyrtos getötet, und Iphinoe sei in Korinth von Seeleuten aufgrund der Heirat mit einem jungen König entführt worden. Die narzisstische, skrupellose und totalitäre Ausübung der Macht durch die Könige macht nicht halt vor der Ermordung ihrer eigenen Kinder. Ihnen ist jedes Mittel zur Beseitigung der Menschen recht, die für ihre Machterhaltung und ihr politisches Ziel eine Bedrohung darstellen. Als psychische Druckmittel scheint ihnen dabei Einschüchterung besonders wichtig zu sein, um ihre politischen Gegner mundtot zu machen. Diese werden mit Hilfe von Intrigen angeklagt und hingerichtet, vom politischen Leben ferngehalten oder zum Sündenbock gemacht. In ihrer vergleichenden Analyse über die Medea-Bearbeitungen von Hans Henny Jahnn, Jean Anouilh und Christa Wolf macht auch Göbel-Uotila[291] auf diesen Punkt aufmerksam und verweist auf den Machtmissbrauch, der Entfremdung produziere. Es kann gesagt werden, dass gerade die Art der skrupellosen Praktizierung von Macht Entfremdung verursacht. Die Könige, die zu verstehen geben, dass sie Quelle der Macht sind, erweisen sich dementsprechend als Quelle politisch motivierter Entfremdung. Christa Wolfs Medea-Bearbeitung ist in diesem Zusammenhang als Kritik an despotischer Machtausübung und ihren dunklen Machenschaften zu verstehen, die einen Nährboden für politische Entfremdung bilden und die sie zum Teil selbst erfahren hat. Ihre eigenen politischen Erfahrungen haben, wie oben dargelegt wurde, die verheerenden Folgen dieser politischen Entfremdung gezeigt: Handlungsunfähigkeit, Ohnmacht und Isolierung.

Es wird zu untersuchen sein, wie die literarischen Figuren bei einer Konfrontation mit den herrschenden Machtverhältnissen, der Machtausübung der Könige und den politischen Entwicklungen reagieren, welche Empfindungen und Einstellungen sie diesbezüglich zeigen, wie sie sich verhalten und wie sich die politische Entfremdung als Erfahrung von *powerlessness, meaninglessness,*

---

291 Vgl. Göbel-Uotila, Medea. Ikone des Fremden und des Anderen in der europäischen Literatur des 20. Jahrhunderts, a. a. O., S. 282.

normlessness, isolation und *self-estrangement* nach Seemans Theorie jeweils äußert und von der Autorin gewichtet wird.

IV.1.1 Medea: *powerlessness, normlessness, isolation*

Die kolchische Königstochter, oberste Priesterin der Hekate und Heilerin Medea genießt sowohl unter den Kolchern als auch unter den Korinthern Ansehen und Respekt. Nicht aus Liebe zu Jason flieht sie aus Kolchis, wie die traditionelle Überlieferung besagt, sondern weil sie im „verdorbenen Kolchis"[292] nicht leben kann, einem Land, in dem zur Machterhaltung Menschen geopfert werden. Erst als sie in Kolchis von Jason erfährt, dass es in Korinth keine Menschenopfer gibt, fasst sie den Entschluss, ihre Heimat zu verlassen und mit ihm nach Korinth zu fliehen. „Mir bleib nichts übrig als Verrat"[293], sinniert sie. Medea flieht also aus politischen Gründen, denn die von ihrem Vater forcierten und auf Erhalt der Macht basierten destruktiven Herrschaftsverhältnisse fordern den Tod ihres Bruders Absyrtos. Der Versuch einiger Frauenfiguren wie Idya und Medea, durch einen Machtwechsel das Matriarchat in Kolchis wiederzubeleben, scheitert. König Aites opfert seinen Sohn, als er an eine alte Tradition erinnert wird, wonach seine Regierungszeit nach höchstens zweimal sieben Jahren unwiderruflich endet. Auch wenn er sich anfangs damit einverstanden erklärt, überrascht er Idya mit einem listigen Plan, indem er an eine noch ältere Tradition erinnert, wonach ein König seinem Thronfolger für einen Tag die Herrschaft übergibt. Er erklärt sich bereit, dass Absyrtos und nicht Chalkiope – wie von den Frauen gewünscht – den Thron für einen Tag besteigt, und beruhigt die Frauen, man werde mit Sicherheit nicht nach altem Ritual erwartungsgemäß ihn oder seinen Thronfolger opfern. Er lässt dann jedoch seinen Sohn opfern und seine Gliedmaßen als Zeichen der Fruchtbarkeit auf die Äcker streuen.

Für Medea ist das Festhalten am Matriarchat nicht der einzige Grund für den Wunsch nach einem Machtwechsel, der zugleich einen Systemwechsel mit sich bringen würde, sondern auch die Überzeugung, dass ihr Vater Kolchis nicht richtig regiert. Aites verschwenderische Ausgaben für die Prachtentfaltung des Hofes löst bei Medea, einer Gruppe von Frauen und bei jüngeren Leuten, die sich eine Änderung in politischen Verhältnissen wünschen, Misstrauen und Unzufriedenheit aus. Die Ablehnung des herrschenden Systems hängt mit dem starken Mangel an Vertrauen in die politischen Ziele des Königs zusammen. Es geht also nicht primär um die Wiederaufnahme einer matrilinearen Ordnung, sondern um Unstimmigkeiten

---

292 MS, S. 104.
293 MS, S. 35.

über politische Ziele. Aus diesem Grund macht Medea nach Seemans Theorie die Erfahrung von *normlessness*, denn ihre politischen Ziele divergieren mit den Zielen des Königs und deshalb versucht sie, durch legitime Mittel einen Machtwechsel zu bewirken, was aus der Sicht des Königs und seinen Komplizen als zu missbilligende Verhaltensweisen betrachtet wird. Die Vorstellung einiger Kolcher und Medeas von einem idealen Staat und gerechten Königen oder Königinnen steht unter anderem im engen Zusammenhang mit der gleichmäßigen Verteilung des Besitzes, denn dies scheint eine wesentliche Voraussetzung für ein harmonisches Zusammenleben in der Gesellschaft zu sein:

> Wir in Kolchis waren beseelt von unseren uralten Legenden, in denen unser Land von gerechten Königinnen und Königen regiert wurde, bewohnt von Menschen, die in Eintracht miteinander lebten und unter denen der Besitz so gleichmäßig verteilt war, daß keiner den anderen beneidete oder ihm nach seinem Gut oder gar nach dem Leben trachtete. Wenn ich noch unbelehrt, in der ersten Zeit in Korinth von diesem Traum der Kolcher erzählte, erschien auf dem Gesicht meiner Zuhörer immer derselbe Ausdruck, Unglauben vermischt mit Mitleid, schließlich Überdruß und Abneigung, so daß ich es aufgab zu erklären, daß uns Kolchern dieses Wunschbild so greifbar vor Augen stand, daß wir unser Leben daran maßen. Wir sahen, wir entfernten uns davon von Jahr zu Jahr mehr, und unser alter verknöcherter König war das größte Hindernis. Die Idee war nahe liegend, dass ein neuer König einen Wandel schaffen könnte.[294]

Die Verwirklichung dieses Wunschbildes, d. h. einer auf Gleichberechtigung, Freiheit und humaneren Verhältnissen beruhenden Gesellschaft, hängt für Medea vor allem von einer Änderung in der Herrschaftsstruktur ab. Doch Aites' einziges politisches Ziel ist die Erhaltung seiner Macht, sodass er alle, die sich ihm in den Weg stellen, eliminiert. Ein gesellschaftspolitischer Wandel ist nicht realisierbar, weil die Herrschaftsverhältnisse, wie deutlich wird, nicht zu verändern sind. Diese führen dazu, dass „jegliche Hoffnung auf Lösung der politischen Probleme und damit Besserung der wirtschaftlichen und sozialen Verhältnisse des jeweiligen Landes zunichte gemacht"[295] und diejenigen, die sich für einen politischen Systemwechsel eingesetzt haben, handlungsunfähig gemacht werden. Die Unmöglichkeit, Einfluss auf politische Entwicklungen des eigenen Landes ausüben zu können, löst in Medea ein tiefes Entfremdungsgefühl aus. Medea steht den politischen Entwicklungen ihres eigenen Landes machtlos gegenüber, denn sie weiß, dass sie nichts bewirken kann. Zieht man an dieser Stelle Seemans Theorie heran, so kann man Ähnlichkeiten zu der subjektiven Erfahrung *powerlessness* feststellen, denn Seeman hebt hier die individuelle Erwartung des Individuums hervor, Kontrolle über oder Einfluss

---

294 MS, S. 99f.
295 Viergutz, Holweg, „Kassandra" und „Medea" von Christa Wolf, a. a. O., S. 73.

auf das politische System zu haben, de facto aber machtlos einer größeren sozialen Ordnung gegenüberzustehen.[296] Das Gefühl, durch eigenes Handeln keinen Einfluss auf politische Ereignisse nehmen zu können, macht die Figur unzufrieden und handlungsunfähig, wie dies an Medea exemplifiziert wird. Als Folge der Erfahrung von Machtlosigkeit und Ohnmacht unter dem Aspekt der politischen Entfremdung flüchtet Medea in ein anderes Land.

An diesem Punkt wird sichtbar, dass Medea auch die Erfahrung der *isolation* macht, denn ihre Wertauffassungen im Bereich des Politischen stimmen mit den Wertauffassungen der Machthaber nicht überein. Die politischen Unstimmigkeiten und die unveränderbaren politischen Verhältnisse führen zur Trennung von der Gesellschaft: Die entfremdete Figur schreibt den herrschenden politischen Überzeugungen und Denkweisen der Machthaber nur einen sehr geringen Wert zu, d. h., sie akzeptiert sie nicht. Eine Tendenz hin zum Verhaltensmuster „Rebellion" nach der Theorie von Robert K. Merton, in dem Seeman einen Zusammenhang mit *isolation* sieht, lässt sich hier ebenfalls feststellen, weil die Bedingung „Entfremdung von vorherrschenden Zielen und Normen"[297] zutrifft und die Realisierung einer neuen Sozialstruktur durch die Wiederbelebung des Matriarchats als neue Gesellschaftsordnung angestrebt wird. Ein wichtiger Unterschied zu Mertons These über „Rebellion" besteht aber darin, dass Medea zur Erreichung ihres politischen Zieles den Machthaber mit legitimen Mitteln zu stürzen versucht, statt illegitime Mittel anzuwenden. Adam Schaff unterscheidet zwei Arten von „Rebellion", eine radikale und eine gemäßigte. In der radikalen gehe es um eine soziale Revolution, während die gemäßigte „die Änderung der Herrschaftsform"[298] zum Ziel habe, nicht aber die Ersetzung oder Ablösung der herrschenden Gesellschaftsordnung. Berücksichtigt man Schaffs Äußerungen zur politischen Entfremdung, so fällt auf, dass in diesem Zusammenhang Ähnlichkeiten zu Medeas Absicht bestehen. Aufgrund des Wunsches nach

---

296 Vgl. Seeman, On The Meaning of Alienation, a. a. O., S. 785.

297 Merton, Sozialstruktur und Anomie, a. a. O., S. 357.

298 Schaff, Entfremdung als soziales Phänomen, a. a. O., S. 229. Für Adam Schaff existieren zwei Formen von politischer Entfremdung, die er als „Flucht" und „Auflehnung" bezeichnet. Die „Auflehnung" unterteilt er wiederum in radikale und gemäßigte Zerschlagung. Diese Klassifizierung kann hier nicht angewandt werden, weil sie die Folgen der politischen Entfremdung berücksichtigt und die Gefühle und Empfindungen des Individuums außer Acht lässt. Trotzdem scheint seine Feststellung über die gemäßigte oder radikale Form der „Auflehnung" von Bedeutung zu sein, denn es werden diesbezüglich einige signifikante Parallelen zu Medeas Entfremdungserfahrung sichtbar.

Veränderung der Herrschaftsform und der Gesellschaftsordnung sind in Medea diese beiden von Schaff erwähnten Formen der Auflehnung verschmolzen.

In Kolchis hatte Medea immerhin noch Einfluss auf politische Entscheidungen, denn sie war als kolchische Königstocher in das politische Leben integriert. Im Gegensatz dazu haben Frauen in Korinth keinen Einfluss auf Politik. Außerdem ist Medea in Korinth ein Flüchtling, eine aus politischen Gründen aus der Heimat geflohene Fremde und aus diesem Grund angewiesen auf Jason. Sich als Flüchtling in politischen Fragen zurückzuhalten, fällt ihr schwer, weil sie früher in Kolchis eine gewisse politische Freiheit genossen hat. Zunächst weigert sie sich, sich von der Politik fernzuhalten, und lässt Jason wissen: „[…] ich bin nicht von Kolchis weg, um mich zu ducken"[299]. Christa Wolf hat Euripides' Text verändert, sodass Jasons Betrug nicht die Folge des Ehestreits ist, sondern der politischen Meinungsverschiedenheiten zwischen ihnen. Medea bezeichnet die Heilkunst der korinthischen Astrologen und Ärzte „als faulen Zauber"[300], bemängelt die Vielzahl der Beamten in Korinth und fordert die Korinther auf, die als Staatsgeheimnis zurückgehaltene Wahrheit über Iphinoes Verschwinden endlich zu enthüllen. In diesem Sinne „stemmt [sie] sich dagegen"[301], wie Leukon betrübt hervorhebt, und der hinzufügt, dass gerade dies sie vernichten werde. Auch Jason warnt: „Die sind dir über"[302], während sie trotzig entgegnet, „Das werden wir sehen."[303] Am deutlichsten kommen die politischen Meinungsverschiedenheiten im Disput mit Akamas zum Vorschein. In einem inneren Monolog, den sie an ihre Mutter richtet, erinnert sich Medea an ein Gespräch mit Akamas, der sie über die Bedeutung des administrativen Apparats in Korinth aufklärt:

> Und was uns am meisten befremdete: Man mißt den Wert eines Bürgers von Korinth nach der Menge des Goldes, die er besitzt, und berechnet nach ihr die Abgaben, die er dem Palast zu leisten hat. Ganze Heerscharen von Beamten beschäftigen sich mit diesen Berechnungen, Korinth ist stolz auf diese Fachleute, und Akamas, der oberste Astronom des Königs, dem ich einmal mein Erstaunen über die Vielzahl dieser unnützen, aber arroganten Schreiber und Rechner offenbarte, belehrte mich über ihren eminenten Nutzen für die Einteilung der Korinther in verschieden Schichten, die ja ein Land erst regierbar mache.[304]

---

299 MS, S. 67.
300 MS, S. 68.
301 MS, S. 182.
302 MS, S. 68.
303 Ebd.
304 MS, S. 38.

Der über den Wert des Bürgers Auskunft gebende Besitz des Goldes, die Einteilung der Korinther in unterschiedliche Schichten und die Gier der Korinther nach Gold löst bei Medea Verwunderung aus. Nach Akamas lässt sich ein Land gerade durch die Vielzahl von Beamten regieren, während Medea diese Art von bürokratischer Organisation der Verwaltung und administrativer Arbeit kritisiert, die, wie es ihr scheint, der Verherrlichung des Goldes dient.

Der korinthische König hält Medea für „zu schlau", „zu vorlaut", „unheimlich" und „zu sehr Weib"[305]. König Kreons Ressentiment gegenüber Medea beruht auf ihren „Andersheiten"[306]. Ein wichtiger Punkt ist hier, dass sie durch ihr Wissen eine Bedrohung für die Machterhaltung und das herrschende gesellschaftspolitische System darstellt. Trotz Akamas' Ermahnung, sie solle die Grenzen der Kritik nicht überschreiten und mit der Suche nach der Leiche Iphinoes aufhören, ignoriert Medea diese Warnungen. Sie spricht mit Königin Merope, mit der Königstochter Glauke und mit Leukon, dem zweiten Astronom des Königs, über die Opferung Iphinoes, die Medea ihre jeweils unterschiedliche Erinnerung erzählen. Durch den Versuch, die verdrängten Erinnerungen an jene Opferung in den Menschen zu wecken und eine Auseinandersetzung mit der Vergangenheit zu bewirken, bringt sie sich selbst in eine heikle Lage. Sie wird von Akamas zur Zurückhaltung und Schweigsamkeit aufgefordert. Medeas rebellische Haltung und ihre kritischen Bemerkungen über die politischen Probleme sind für den König und sein Herrschaftssystem in Korinth ein Risikofaktor. Aus Angst vor der Aufdeckung der in der Vergangenheit begangenen Mordtat wird Medea ausgegrenzt und zum Sündenbock gemacht. Zunächst wird sie angeklagt, die Kolcherinnen zur Kastration Turons aufgehetzt zu haben, der im heiligen Hain der Kolcher einen Baum gefällt hat. Später wird sie zur Verbannung verurteilt:

> Jetzt, auf meiner Wartebank in dieser Kammer, die schon dem Verlies gleicht, in das sie sich schnell verwandeln kann, frage ich mich, ob dieses Ende unvermeidlich war. Ob wirklich eine Verkettung von Umständen, gegen die ich machtlos war, mich auf diese Bank getrieben hat, oder ob aus mir heraus etwas, das ich nicht in der Hand hatte, mich in diese Richtung drängte. Nutzlos, jetzt darüber nachzudenken. Aber meine Vernichtung durch äußere Mächte würde ich leichter ertragen, das ist wahr.[307]

---

305 MS, S. 123.

306 Vgl. Büch, Spiegelungen. Mythosrezeption bei Christa Wolf. „Kassandra" und „Medea. Stimmen", a. a. O., S. 80. Karin Birge Büsch spricht hier von drei Aspekten der Andersheiten: „Andersheiten als Frau, Fremde, Wissende".

307 MS, S. 195.

Zwei ihrer Landsleute, Agameda und Presbon, die sich für die politischen Ziele der Machthaber zur Verfügung stellen, bringen Medea durch ihre Aussagen in Misskredit. Sie sind es auch, die das Gerücht verbreiten, dass Medea ihren Bruder ermordet habe. Medea durchschaut zwar die politischen Absichten der Machthaber, ist aber nicht in der Lage, die politischen Entwicklungen zu verändern. „Alles lief nach einem Plan ab, auf den ich keinen Einfluß mehr hatte"[308], gibt sie in ihrer Verzweiflung zu, was erkennen lässt, dass sie in Anlehnung an Seeman die Erfahrung von *powerlessness* macht.

Zwei Personen kann Medea vertrauen: Oistros, der Bildhauer und Liebhaber Medeas, dessen Herkunft ungewiss ist und der in Korinth durch seine auffallende äußere Erscheinung eher als Außenseiter lebt, und die Steinschneiderin Arethusa, die wegen eines Seebebens auf Kreta nach Korinth eingewandert ist und später an der Pest stirbt. Oistros' Rat an Medea wirft Licht auf die politischen Verhältnisse in Korinth und auf die Korinther, die eine distanzierte Haltung gegenüber politischen Fragen zu erkennen geben:

> Wie diese ständige Gefahr die Bewohner der Stadt zwingt, Vorkehrungen dagegen zu treffen, einander in Masken zu begegnen, unter denen, wie sich gezeigt hat, eine dumpfe Wut sich anstaut. Oistros unterbrach mein Grübeln darüber, ob es an mir gewesen wäre, sie versöhnlicher zu stimmen. Weißt du, was als einziges dir geholfen hätte? Sagte er. Wenn du dich unsichtbar gemacht hättest wie wir, Arethusa und ich. Im Verborgenen leben, kein Wort sagen, keine Miene verziehen, dann dulden sie dich. Oder vergessen dich. Das Beste, was dir geschehen könnte. Aber das steht dir nicht frei.[309]

Jeder Versuch der Einmischung in das politische Leben wird in Korinth als Bedrohung für den Machterhalt angesehen. Wie Corinna Viergutz und Heiko Holweg auch herausgestellt haben, kann in Korinth „nur überleben, wer nicht offen genug gegen das System opponiert"[310]. Die unfreien Lebensbedingungen und die Angst der Menschen, die ihr wahres Gesicht zum Schutz vor eventuellen Gefahren verbergen, zeigen die negativen Auswirkungen des herrschenden destruktiven politischen Systems. Friederike Mayer, die in ihrer Analyse den „doppelten Ausschluss vom Diskurs der Macht als Wilde und als Frau"[311] als ,potenzierte Fremdheit' beschreibt, hebt hier zwar zu Recht die Bedeutung der Fremdheit Medeas in Bezug auf Macht hervor, übersieht aber dabei, dass nicht nur Fremde

---

308   MS, S. 210.
309   MS, S. 196.
310   Viergutz, Holweg, „Kassandra" und „Medea" von Christa Wolf, a. a. O., S. 78.
311   Mayer, Potenzierte Fremdheit Medea – die wilde Frau, a. a. O., S. 86.

vom Diskurs der Macht ausgeschlossen werden, sondern auch Einheimische wie zum Beispiel König Kreons Frau Merope oder sein zweiter Astronom Leukon.

Zusammenfassend kann gesagt werden, dass, sobald sich eine ablehnende Haltung gegenüber den politischen Zielen der Herrschenden bemerkbar macht, sowohl die Korinther als auch Fremde aus dem politischen Leben ausgeschlossen werden. In der Gegenüberstellung des politischen Lebens in Kolchis auf der einen und in Korinth auf der anderen Seite kommen die Erfahrungen politischer Entfremdung Medeas zum Vorschein. Es wurde festgestellt, dass die politische Entfremdung Medeas in Kolchis und Korinth anknüpfend an Melvin Seemans Theorie mit der Erfahrung von *normlessness*, *powerlessness* und *isolation* begründet werden kann. Ursache für die Erfahrung von *normlessness* sind die Unstimmigkeiten in den politischen Zielen und Entwicklungen und Medeas Verhaltensweisen, die sich nicht nur eine Veränderung in den politischen Verhältnissen wünscht, sondern auch vom Palast missbilligte Verhaltensweisen an den Tag legt. Die Ursache für die Erfahrung von *powerlessness* in Korinth ist Medeas gezielter Ausschluss aus der Politik durch den Vorwurf von nicht begangenen Verbrechen, in Kolchis dagegen durch die hinterlistige Gewaltanwendung des Herrschers. Der Zustand, keinen Einfluss auf politische Entwicklungen nehmen zu können, die das Land in ein verheerendes Unglück stürzen werden, und die Gewissheit der absoluten Handlungsunfähigkeit lassen die Figur ein Entfremdungsgefühl von Ohnmacht empfinden. Auf der anderen Seite wird sichtbar, dass die herrschenden politischen Ziele in Korinth und Kolchis nicht akzeptiert werden, da diese mit den eigenen subjektiven Wertauffassungen in Bezug auf Politik divergieren. Als Folge dieser Erfahrungen sieht sich Medea isoliert, aus Kolchis flüchtet sie, aus Korinth wird sie verbannt, und schließlich werden ihre Kinder ermordet.

In den folgenden Abschnitten soll kurz auf die Figuren Kirke und Merope eingegangen werden, obwohl sie wenig über ihre Innenwelt reflektieren und man dadurch nur wenig Einblick in ihre Gedanken und Gefühle erhält. Dennoch scheint die Analyse dieser beiden Frauenfiguren sinnvoll zu sein, weil die politische Entfremdungserfahrung Kirkes und Meropes große Parallelen zu Medeas Erfahrung aufweisen.

Medea und Kirke, die Schwester von Medeas Mutter Idya, beherrschen die Heilkunst. Doch was noch wichtiger ist: Ähnlich wie Medea musste Kirke das Land aufgrund politischer Diskrepanzen mit dem König verlassen. Nach der Flucht aus Kolchis besucht Medea Kirke zur Entsühnung des Mordes an Absyrtos. Die Argonauten hatten nämlich darauf bestanden, um dadurch den Zorn der Götter zu beschwichtigen. Auch wenn sich Medea anfangs dieser Forderung widersetzt, weil sie ein „Eingeständnis der Schuld"[312] an der Ermordung des Absyrtos beinhalte, stimmt sie schließlich zu.

---

312 MS, S. 106.

Kirke lebt als Exilantin auf einer Insel, deren Namen nicht genannt wird und mit der Medea Glückseligkeit, Harmonie und Wohlbefinden verbindet. Sie ist fasziniert von der Insel: „Einen Lidschlag lang lebte ich ein Leben an ihrer Seite, auf dieser Insel, unter diesem göttlichen Licht."[313] Sie äußert den dringenden Wunsch, mit Kirke und den Frauen dort zusammenleben zu dürfen. Sie betrachtet Kirke als ihre Vorläuferin und sich selbst als ihre Nachfolgerin:

> Die Zeit kam mir endlos vor, Kirke sagte mir so vieles, nachdem ich ihr erzählt hatte, warum ich Kolchis verlassen mußte, sie gab mir das Gefühl, daß sie meine Vorläuferin, ich ihre Nachfolgerin war, denn auch sie war vertrieben worden, als sie mit ihren Frauen ernsthaft gegen den König und seinen Hofstaat auftrat, sie hetzten die Leute gegen Kirke auf, lasteten ihr Verbrechen an, die sie selbst begangen hatten, und brachten es fertig, ihr den Ruf einer bösen Zauberin anzuhängen, ihr alles Vertrauen zu entziehen, so daß sie nichts, gar nichts mehr tun konnte.[314]

Verleumdung und Vertreibung sind die beiden entscheidenden Strategien zur Beseitigung der politischen Gegner des Königs. Analog zu Medea ist auch Kirke mit einer Gruppe von Frauen verbannt worden, weil sie sich gegen den König aufgelehnt hat. Widerspruch zur Politik der Machthaber, die Weigerung, sich zu fügen und anzupassen, werden mit Verbannung bestraft, um den politischen Gegner zum Verstummen zu bringen.

Wegen Auseinandersetzungen über politische Probleme in Korinth hat sich die Gemahlin Kreons, Königin Merope, wie Medea und Kirke ebenfalls dem König widersetzt. Sie lebt isoliert an einem entfernten Ort des Palastes einsam und mehr wie „eine Gefangene als eine Herrscherin"[315]. Die politischen Unstimmigkeiten beruhten auf der Art und Weise, wie Kreon das Land regiert, denn er hat das Land in politische und wirtschaftliche Abhängigkeit von der Großmacht der Hethiter gebracht. Es ging Merope um zwei wichtige Ziele: erstens Korinth von dieser Abhängigkeit zu befreien und zweitens das Matriarchat wiederzubeleben. Um einen Machtwechsel bewirken zu können, wird auch hier, analog zu Kolchis, an eine alte Tradition erinnert, in der sich allerdings diesmal der König die Krone von der Königin geliehen habe. Es entsteht darüber ein Konflikt zwischen Merope und Kreon, in dem Kreon die Oberhand gewinnt. Analog zu den politischen Gegnern in Kolchis strebt Merope einen Machtwechsel an. Die Möglichkeit eines Machtwechsels besteht für sie in der Wiederbelebung des Matriarchats. Sie wünscht, dass Kreon Verhandlungen mit anderen Ländern aufnimmt, damit

---

313 MS, S. 109.
314 MS, S. 108.
315 MS, S. 18.

Korinth unabhängig wird. Ihre politischen Interessen decken sich also nicht mit jenen Kreons. Die Befreiung Korinths aus der Abhängigkeit von der Großmacht sieht sie in der Vereinigung mit einer Nachbarstadt, die durch die Heirat Iphinoes mit deren jungem König verwirklicht werden könnte.

Analog zu Medea machen auch Kirke und Merope die Erfahrung von *normlessness*, *powerlessness* und *isolation* nach Seeman; denn aufgrund politischer Unstimmigkeiten widersetzen sie sich dem König, andererseits sind sie unfähig, politische Entwicklungen, an denen sie starke Zweifel haben, durch ihr Handeln zu beeinflussen. Die Erkenntnis ihrer eigenen Passivität führt schließlich zu einem Entfremdungsgefühl der Machtlosigkeit und Ohnmacht. Alle drei lehnen die herrschenden politischen Ziele ab, isolieren sich und machen die Erfahrung von *isolation*; Kirke zieht sich zurück auf eine Insel und zeigt dadurch eine Ähnlichkeit zu Medeas Verhalten, die auch aus Kolchis geflüchtet ist, und später nach ihrer Verbannung aus Korinth flieht. Merope dagegen lebt getrennt von der Gesellschaft und den Menschen im entferntesten Teil des Palastes. Es ist bei ihr eine stärkere Entfremdung zu erkennen, die durch ihr anomisches Verhalten, ihre absolute Absonderung von der Gesellschaft und ihre aggressive Haltung gegenüber Kreon durch Zerkratzen seines Gesichts an eine geisteskranke Person erinnert. Merope macht neben der Erfahrung von *normlessness*, *powerlessness* und *isolation* auch die Erfahrung von *self-estrangement*, denn sie ist unfähig, selbstlohnende oder selbstverwirklichende Tätigkeiten zu finden, und fühlt sich selbst als wertlos. Sie spiegelt ein Verhalten wider, das aus Zwang ausgeführt wird, was sicherlich mit den schmerzvollen Erfahrungen und dem Verlust ihrer Tochter zusammenhängt.

IV.1.2 Jason: *meaninglessness*

Jason erscheint als ein gut aussehender Mann, der die Fähigkeit besitzt, Menschen zu heilen, aber zugleich eine schwache Figur ist. Nach dem Erwerb des Goldenen Vlieses, dem Zweck seiner Reise nach Kolchis, stellt Medea bekümmert fest, dass er „ein anderer"[316] geworden sei. Die Veränderung in seiner Persönlichkeit ist auf den Besitz des Goldenen Vlieses zurückzuführen, das als „ein Symbol männlicher Fruchtbarkeit"[317] dargestellt wird und ihm die Herrschaft über Jolkos sichern soll. Allein seine Ankunft in Korinth verleiht ihm ein Gefühl von Stärke: „Mein Nachruhm war mir mit dem Augenblick sicher, da ich meinen Fuß als erster auf diese östlichste, fremdeste Küste gesetzt hatte, das stärkte

---

316 MS, S. 36.
317 MS, S. 51.

mich."[318] Er erhofft sich von seiner Reise Ansehen. König Kreon verheiratet ihn aufgrund des Mangels an einem männlichen Erben und zur Aufrechthaltung des Patriarchats mit seiner Tochter Glauke. Jason vermag Kreons machtpolitischen und tückischen Plan nicht zu begreifen, denn sein einziges Interesse gilt seiner durch die Heirat mit Glauke aufgewerteten Position, was als Zeichen seiner opportunistischen Einstellung gedeutet werden kann:

> Kreon zog mich näher an sich heran, alle möglichen Pflichten und Dienste wurden mir auferlegt, darunter glanzvolle, die die Person erhöhen. […] Meine Aussichten in Korinth sind nicht schlecht, ich mache mir da keine Gedanken.[319]

Er ahnt zwar, dass man Medea vernichten will, aber über die wahren Hintergründe ist er sich nicht sicher. „Zu hoch für mich, all diese schwierigen verborgenen Zusammenhänge"[320], bemerkt er und glaubt irrtümlich, Akamas sehe Medea als Bedrohung an, weil sie zur Bekämpfung der Hungersnot in Korinth die Menschen in Zeiten der Dürre dazu gebracht habe, Pferdefleisch zu essen. Auch den Grund der Austreibung Medeas aus dem Palast versteht er nicht:

> Nichts hat den König Kreon und seine Umgebung so gegen sie aufgebracht wie der Gleichmut, mit dem sie kürzlich ihre Austreibung aus dem Palast von Korinth zur Kenntnis nahm, angeblich, wie der Leibarzt des Königs bezeugte, weil ihre Mittelchen und Tränke der uralten Mutter des Königs geschadet hätten, aber das glaubte sowieso keiner. Jetzt bringen sie schon andere Ausreden vor. Ich habe mir den Kopf darüber zerbrochen, warum man sie aus dem Weg haben wollte. Leukon behauptete, der Palast habe ihr spöttisches Wesen nicht mehr ertragen, aber reicht das aus?[321]

Die unterschiedlichen Gerüchte über Medeas Austreibung aus dem Palast verwirren ihn, er weiß nicht, welchen Aussagen er Glauben schenken soll. Ein anderer wichtiger Punkt, der die Unsicherheit Jasons veranschaulicht, ist der Vorwurf des Brudermords gegen Medea. Jason und die Argonauten hatten zugesehen, wie Medea, während der Flucht aus Kolchis auf dem Schiff „Argo", die zerstückelten Gliedmaßen Absyrtos' ins Schwarze Meer warf. Es scheint, dass dieses Bild Medeas ihn zu der Annahme verleitet hat, Medea könnte ihren Bruder getötet haben. Dabei hatte sie die über das Feld gestreuten Glieder ihres Bruders eingesammelt, um sie in das von ihm geliebte Schwarze Meer zu werfen. Jason schwankt diesbezüglich in seiner Meinung:

---

318 MS, S. 46.
319 MS, S. 69.
320 MS, S. 49.
321 MS, S. 52.

[…] ich will nicht glauben, dass sie ihren Bruder getötet hat, warum denn bloß. Und eine leise Stimme in mir sagt, die glauben es selbst nicht, am wenigsten Akamas, aber ich bin misstrauisch geworden gegen meine inneren Stimmen, man hat mir dargelegt, dass sie von Medea beeinflusst waren […].[322]

Allerdings ist er, wie er selbst äußert und wobei er von Akamas auch ertappt wird, „zwischen [s]einer Anhänglichkeit an Medea und [s]einer Pflicht, auch Lust, dem König Kreon zu Diensten zu sein, hin und hergeworfen"[323]. Als Medea schließlich ohne ihre Kinder aus dem Palast verbannt wird, lässt Jason sie im Stich und verlangt von ihr inständig, in dieser desolaten Situation Verständnis für sein Handeln zu zeigen. Seine unterwürfige Haltung gegenüber dem König hat zum Ergebnis, dass er Medea im Rat nicht verteidigt. Nach seiner Sicht ist dies auch zwecklos, denn: „Es war ja alles abgesprochen. Sie redeten mit verteilten Rollen. Das Urteil stand fest."[324] Er bittet im Rat lediglich um Gnade, was als Eingeständnis ihrer Schuld verstanden wird. Jason kann auf der Grundlage seiner beschränkten Erkenntnisfähigkeit nicht rational handeln. Er soll eine wichtige Funktion in der Politik des Königs erfüllen und wird nur für dessen Zwecke benötigt:

> Kreon rechnet mit mir. Womit ich rechne, das weiß ich nicht, und sehe niemanden, den ich fragen könnte. […] Jetzt will man sie [die Argonauten] vernehmen, höre ich. Oder jedenfalls befragen. Ob sie über den Mord an Medeas Bruder Absyrtos aussagen können. Ich bitte dich, Akamas, habe ich dem Mann vorgehalten, was sollen die sagen, und insgeheim dachte ich, was natürlich auch Akamas weiß, für einen Krug Wein werden sie alles sagen, was man von ihnen hören will. Will man also etwas Bestimmtes hören?[325]

Es lässt sich somit feststellen, dass Jason aufgrund des Mangels an politischem Urteilsvermögen vom politischen Leben entfremdet ist. „Dieser Nebel, in dem sie mich hertappen lassen"[326], bemerkt er und durchschaut die komplizierten und latenten Zusammenhänge der Interessen des Königs zur Stabilisierung des politischen Systems und der Machterhaltung nicht.

Die figurenperspektivische Erfahrung von Entfremdung in Bezug auf Politik kann im Falle von Jason als Erfahrung von *meaninglessness* näher bestimmt werden, denn er ist sich im Unklaren darüber, welchen unterschiedlichen Überzeugungen in Bezug auf politische Ereignisse er Glauben schenken soll. Wie Seeman über diese Variante von Entfremdung ausführt, geht es hier um das Gefühl des

---

322   MS, S. 57f.
323   MS, S. 66.
324   MS, S. 215.
325   MS, S. 60.
326   MS, S. 64.

Individuums, keine zufriedenstellende Wahl unter den vielen Überzeugungen treffen zu können und auf der Grundlage eigener Einsicht die Konsequenzen für sein Handeln nicht voraussehen zu können.[327] Einerseits ist es die Unklarheit über die Situation, andererseits die Unfähigkeit, politische Entwicklungen zu begreifen, um daraus eine rationale Entscheidung für seine Zukunft zu treffen, die die Erfahrung von *meaninglessness* in Jason verstärken. Die eigentlichen politischen Absichten des Königs bezüglich der Verheiratung mit Glauke, der Beschuldigung des Brudermords oder die Verbannung Medeas erkennt er nicht, denn die Pläne des Königs sind für ihn undurchschaubar. Seeman, der hier die geringen „Vertrauensgrenzen" im Hinblick auf die Wahl des Individuums betont, bemerkt:

> [...] the individual's choice among alternative beliefs has low „confidence limits": he cannot predict with confidence the consequences of acting on a given belief. One might operationalize this aspect of alienation by focusing upon the fact that is characterized by a low expectancy that satisfactory predictions about future outcomes of behaviour can be made.[328]

Kennzeichnend für *meaninglessness* ist nach Seeman, dass das Individuum in einer gegebenen Situation nicht mit hinreichender Sicherheit die Folgen seines Handelns voraussehen kann. In Anlehnung an Karl Mannheim verweist er auf die Zunahme von „functional rationality"[329], die entstehen kann, wenn ein Mensch in einer Gesellschaft für bestimmte Ziele dermaßen instrumentalisiert wird, dass er nicht imstande ist, auf der Grundlage eigener Einsicht rational zu handeln. Vergleicht man Seemans Ausführungen über *meaninglessness* mit Jasons Entfremdungserfahrung, treten wesentliche Ähnlichkeiten in Deutlichkeit hervor; auch Jason ist nicht in der Lage die latenten und komplizierten politischen Zusammenhänge in Korinth zu verstehen, weil er als Instrument für politische Zwecke benutzt wird. Die Folgen seines Handelns sind für ihn nicht mit hinreichender Sicherheit vorhersehbar, und er kann auf der Basis eigener Einsicht nicht vernunftgemäß handeln. Ein Eingreifen in politische Angelegenheiten erscheint ihm sinnlos, weil er davon überzeugt ist, dass dies den Lauf der Ereignisse nicht verändern würde, sodass er sich in politischen Fragen zurückhält bzw. sich als ein Objekt für fremde Zwecke ausnutzen lässt.

---

327 Vgl. Seeman, On The Meaning of Alienation, a. a. O., S. 786.
328 Seeman, On The Meaning of Alienation, a. a. O., S. 786.
329 Ebd., (vgl. Mannheim, Rationale und Irrationale Elemente in unserer Gesellschaft, a. a. O., S. 61 ff.).

IV.1.3 Agameda: *normlessness*

Die zweite Kolcherin in Korinth, der neben Medea eine Stimme verliehen wird, ist Medeas ehemalige Schülerin Agameda. Medea hat sie in Kolchis als zehnjähriges Mädchen aufgenommen und sie ihre Heilkünste gelehrt, nachdem ihre Freundin, Agamedas Mutter, gestorben war. Agameda hat Medea nie verziehen, dass sie ihr damals keine Zuneigung entgegengebracht, sie sogar schlechter behandelt hat als andere, um einer ungerechten Behandlung gegenüber anderen Schülern vorzubeugen, die hätten annehmen können, sie bevorzuge diese aufgrund ihrer Freundschaft mit der Mutter. Zutiefst beleidigt über die strenge Behandlung in der Vergangenheit, empfindet sie ihr gegenüber Hass. Bereits ihre Beschreibung der eigenen äußeren Erscheinung, „meine große Nase, die ich möglichst nie im Profil zeige, die ungeschlachten Hände und Füße, die ich schon als Mädchen zu verstecken suchte"[330], lässt die Intention der Autorin erkennen, mit dieser literarischen Figur einen negativen Charakter zu konstruieren. Agameda findet sich nicht hübsch und ihre unproportionierten Körperteile – Nase, Hände und Füße – sind ihr sehr peinlich. Doch hat es die Kolcherin in Korinth ziemlich weit gebracht und ist Heilerin und Betreuerin der kranken Königstochter Glauke geworden.

Als Agameda entdeckt, dass Medea auf dem Fest im Königshaus die unglückliche Königin Merope verfolgt, bietet ihr dies die Gelegenheit, sich an ihr zu rächen. Gemeinsam mit dem Kolcher und Veranstalter korinthischer Feste, Presbon, erzählen sie Akamas, dem ersten Astronom des Königs, was sie gesehen haben. Die eigenen Landsleute also verraten Medea und bringen sie in eine bedrohliche Lage, deren Ausmaß sie anfangs nicht ermessen:

> Erst an der Schärfe und Inständigkeit des Verhörs, dem Akamas mich unterzog, begriff ich, wie ernst er die Mitteilung nahm, die ich ihm gemacht hatte. Begriff, in welche Gefahr Medea sich gebracht hatte. Das gefiel mir, nur durfte sie mich um keinen Preis in diese Gefahr mit hineinziehen. Ich brauchte all meine Überzeugungskraft, dem Akamas glaubhaft zu machen, dass ich den beiden Frauen keinen Schritt weit gefolgt war und nicht die mindeste Ahnung hatte, was sich hinter dem Fell im Seitengang verbarg.[331]

Dass hinter dem Fell die Knochen der Königstochter Iphinoe versteckt sind und welche machtpolitischen Intrigen mit dem Opfermord zusammenhängen, weiß Agameda nicht, und es scheint sie auch nicht zu interessieren, denn es geht ihr einzig um ihre persönlichen Interessen: Medea zu vernichten und eine höhere Stellung zu erreichen. Sie hat zwar den Wunsch, an dem herrschenden politischen

---

330 MS, S. 80.
331 MS, S. 82.

System und somit an der Macht teilzuhaben, sobald jedoch eine Gefahr auftaucht, hält sie sich geschickt vom politischen Leben Korinths fern. Auch wenn sie das herrschende politische System durch ihre intrigant angebotene Hilfe unterstützt und Medea ans Messer liefert, erregt sie bei Akamas aufgrund ihres Verrats nur Missfallen. Er würde sie am liebsten erschlagen lassen: „Welche Lust wäre es mir gewesen, sie mit ihrer gehässigen Denunziation nicht nur abzuweisen, sondern sie wegen übler Nachrede steinigen zu lassen.“[332] Doch benötigt er sie für seine manipulativen Absichten, weil er Medea für die begangene Tat nicht beschuldigen kann:

> Er braucht mich, und nicht nur im groben Sinn, der mir gleich einleuchtete: Natürlich brauchte er mich für das Zeugnis, das niemand glaubwürdiger abgeben konnte als ich. Er ließ mich dieses Spiel spielen, für das ich mich so gut eigne. Er brauchte mich für das Netz, in dem Medea sich verfangen hatte, noch ehe sie es ahnte. Da war ich Akamas zu Diensten, machte mich unentbehrlich.[333]

Von einem einflussreichen Beamten wie Akamas als unentbehrlich betrachtet zu werden, reizt sie und kommt ihr sehr gelegen. Die Bosheit Agamedas ist im Vergleich zu anderen Figuren kaum zu übertreffen. Wie deutlich wird, hat sie große Freude daran, zugunsten des Königs und natürlich zu ihrem eigenen Vorteil anderen Menschen etwas vorzutäuschen, was der Wahrheit nicht entspricht. Dabei ist ihr jedes Mittel recht, was ihr Fortkommen beschleunigen würde, selbst ihre sexuellen Beziehungen zu Presbon, Akamas und Turon basieren auf einem „Zweckbündnis“[334], wie sie bezüglich Turon einräumt. So schmiedet sie zusammen mit Presbon und Turon Pläne, um Medea ein anderes Verbrechen zur Last zu legen und sie vor Gericht anzuklagen:

> Turon hat mir den Weg ins Königshaus geöffnet, Presbon zeigt mir den Weg, mich an Medea zu rächen. Denn natürlich war er es, der den Vorschlag machte, den wir dann in einer langen Nacht gemeinsam bis ins kleinste entwickelten, in einer Nacht, an deren Ende wir lustvoll miteinander schliefen. Genial war der Plan, weil er alle Möglichkeiten offen hielt. Medea würde beschuldigt werden, ihren Bruder Absyrtos in Kolchis getötet zu haben.[335]

Agameda sorgt dafür, dass das Gerücht über den Brudermord umgehend verbreitet wird, und bereitet so Medeas Ende vor. Sie ist geblendet vom Hass auf Medea, die sie in ihrer Rachsucht für die entzogene Zuneigung bestrafen möchte, bedacht auf ihren eigenen Vorteil und so gewissenlos in ihrer Zielstrebigkeit, dass sie nichts

---

332 MS, S. 134.
333 MS, S. 83.
334 MS, S. 90f.
335 MS, S. 90.

anderes vor Augen hat als ihren eigenen Aufstieg: „[…] warum sich nicht anstrengen, in die höhere Existenzform zu steigen. Ich will nicht niemand sein.“[336] Um ihr Ziel zu erreichen, verwendet sie Mittel, die moralisch verwerflich sind, weil sie der Ansicht ist, dieses auf legitimem Wege nicht erreichen zu können. Somit begünstigt ihr Handeln die üblen Machenschaften des Königs. Dabei wird sie in das Staatsgeheimnis nicht eingeweiht und als Fremde in das gesellschaftspolitische System von Korinth nicht integriert, während Medea von Glauke, Leukon und Akamas einige Einzelheiten über die Ermordung Iphinoes erfährt:

> […] Medea gab nicht auf; vorsichtig zwar, doch beharrlich trieb sie ihre Nachforschungen weiter, verschaffte sich nach und nach Zugang zu allen Leuten in Korinth, von denen sie sich Auskunft über jenen verborgenen Fund versprach, den sie im unterirdischen Gang gemacht haben muss, dessen Beschaffenheit ich ahne. Doch hüte ich mich, mir ein Sterbenswörtchen darüber entschlüpfen zu lassen, nicht einmal in meinem innersten Innern erlaube ich mir, meiner Ahnung Worte zu geben.[337]

Zwar gibt sie zu erkennen, sie ahne die Beschaffenheit des verborgenen Fundes. Der Text legt nahe, dass sie möglicherweise von der Ermordung Iphinoes nichts weiß. Sie hat nur den Verdacht, dass es hierbei um ein wichtiges Staatsgeheimnis geht, das bei einer Enthüllung verheerende Folgen haben würde. Gerade davor hat sie große Angst; deshalb versichert sie Akamas, Medeas Vergehen für sich zu behalten. Sie mischt sich also bewusst nicht in politische Angelegenheiten von Korinth ein. Gleichwohl ist sie über die ähnlichen Verhältnisse Korinths und Kolchis' verwundert, „daß auch dieses wundervolle, reiche, seiner selbst so gewisse und hochmütige Korinth seine unterirdischen Gänge mit ihren tief verborgenen Geheimnissen hat“[338]. In der Gerichtsverhandlung macht sie erwartungsgemäß eine sehr überzeugende Aussage gegen Medea und wirft ein negatives Licht auf sie, sodass „am Ende eine Person […] erstand, die seit langem planmäßig den Untergang des Königshauses von Korinth betrieb“[339]. Unter anderen Zeugenaussagen führen schließlich auch die Aussagen von zwei Kolchern, Agameda und Presbon, zur Verbannung Medeas aus Korinth.

> Die Zeugen, unter ihnen der Oberpriester der Artemis, auch der unglückselige Presbon natürlich, in dessen Händen der reibungslose Ablauf des Festes gelegen hatte, den ich gestört haben soll. Und dann, als eine der wenigen Frauen, Agameda. Sie war die einzige, die einen Blick in mein Verließ warf, einen hochmütigen, triumphierenden,

---

336   MS, S. 79.
337   MS, S. 92.
338   MS, S. 91.
339   MS, S. 217.

hasserfüllten Blick. Sie könnten mich vor ihren Augen in Stücke schneiden, ihren Haß würde sie nicht loswerden.[340]

Von den Repräsentanten des Herrschaftssystems wird Agameda für politische Zwecke ausgenutzt, für die sie sich zwar gerne zur Verfügung stellt, aber letztlich von allen ausgegrenzt wird. Auch hier lässt sich ein Bezug zu Seemans Theorie über die Entfremdung herstellen: Agameda zeigt unter dem Aspekt der politischen Entfremdung charakteristische Merkmale von *normlessness*. Seeman, der das anomische bzw. normlose Verhalten des Individuums von dessen subjektivem Standpunkt aus betrachtet, legt auch hier Gewicht auf die subjektiven Erfahrungen bzw. Erwartungen und beschreibt diese Kategorie von Entfremdung als einen Zustand, in dem das Individuum glaubt, dass gesellschaftlich unerlaubte Verhaltensweisen notwendig sind, um gegebene Ziele zu erreichen.[341] Besonders treffend exemplifiziert Joachim Israel diese Form von Seemans Theorie über die Entfremdung:

> Nehmen wir an, eine Person habe bestimmte gesellschaftliche Wert- und Zielvorstellungen, beispielsweise vom sozialen Erfolg, vom Aufsteigen auf der gesellschaftlichen Leiter, von der eigenen Karriere. Bedenken wir weiterhin, daß die betreffende Person diese Ziele nicht auf legale Weise erreichen kann. Das kann an gewissen Mängeln in der eigenen Person liegen, es kann aber auch ein Merkmal der Gesellschaftsstruktur sein, die nur Personen einer bestimmten sozialen Klasse erlaubt, Erfolg zu haben, während Angehörige anderer sozialer Klassen keinen Zugang zu den Mitteln haben, die zum Erreichen des Karriereziels notwendig sind. Identifiziert sich eine solche Person mit den gesellschaftlichen Werten und Zielen, so kann sie versuchen, diese Ziele unter Verwendung illegaler Mittel zu erreichen. Ein großer Teil kriminellen Verhaltens, besonders organisiertes Verbrechen, ist für Merton der Ausdruck einer Situation, in der der einzelne die sozialen Ziele zwar akzeptiert hat, sie aber mit legalen Mitteln nicht erreichen kann. Normenlosigkeit ist daher für Seeman die Erfahrung der Unfähigkeit, gesellschaftlich akzeptierbare und wünschenswerte Ziele über Kanäle zu erreichen, die von der Gesellschaft oder von den sozialen Organisationen, denen das Individuum angehört, gebilligt werden.[342]

Auch Agameda erliegt der falschen Hoffnung, durch unmoralische Handlungen ihre erstrebenswerten Ziele wie Anerkennung, Ruhm, Aufstieg oder Erfolg erreichen zu können, weil diese auf legale Weise nicht zu erreichen sind. Die Identifikation mit den herrschenden destruktiven politischen Werten und Zielen der korinthischen Gesellschaft lässt sich in ihrem Fall unschwer erkennen. Sie ist sich bewusst, dass die Erreichung ihrer eigenen Ziele als Kolcherin in Korinth mit gewissen gesellschaftlichen Hindernissen verbunden ist. Ihr fehlen die

---

340 MS, S. 194.
341 Vgl. Seeman, On The Meaning of Alienation, a. a. O., S. 788.
342 Israel, Der Begriff der Entfremdung, a. a. O., S. 258.

Mittel, wie oben dargelegt, die zur Verwirklichung ihrer Ziele notwendig sind, und um sich jene Mittel zu verschaffen, begeht sie unerlaubte Handlungen. Es ist deshalb anzunehmen, dass diese Erwartung missbilligten Verhaltens in ihr ein Gefühl von Entfremdung auslöst. Die Identifikation mit den Werten und Zielen der politischen Machthaber in Korinth und die Verwendung von illegalen Mitteln, um jene Ziele zu erreichen, führen vor Augen, dass sie die Erfahrung von Entfremdung als *normlessness* macht: Sie lässt sich als Objekt für politische Zwecke ausnutzen, und begeht ein schweres Verbrechen, indem sie Medea des Mordes beschuldigt. Auch wenn es in dieser Hinsicht einige Ähnlichkeiten zu Jasons Entfremdungserfahrung als *meaninglessness* zu geben scheint, kann im Falle von Agamedas Erfahrung nicht die Rede von *meaninglessness* sein, denn es ist nicht die Unfähigkeit, aufgrund mangelnder Überzeugungen die Folgen ihres Handelns voraussehen zu können, die in ihr ein Gefühl von Entfremdung auslöst, sondern die Empfindung oder die individuelle Erwartung, missbilligte Handlungen seien notwendig, um ihre Ziele zu erreichen.

IV.1.4 Akamas: *normlessness*

Akamas ist der erste Astronom und der engste Ratgeber des Königs, und als erster Astronom besitzt er einen besonders großen Einfluss auf die politische Entwicklung Korinths. Er unterstützt Kreon in seinen politischen Entscheidungen bedingungslos und sorgt dafür, dass alle Personen, die ein Hindernis für seine politischen Ziele darstellen, beseitigt werden. Während er Medea erklärt, wie das politische System in Korinth funktioniert und wie er in diesem System seine Macht ausübt, fügt er raffiniert hinzu, es sei wichtig, dass diese Macht „unsichtbar bleibt und jedermann, besonders der König, fest überzeugt ist, er allein, Kreon, sei die Quelle der Macht in Korinth"[343]. Er täuscht dem König, den er eigentlich für regierungsunfähig und für nicht intelligent genug hält, seine Machtposition vor, denn insgeheim hält er durch Intrige und Manipulation die Kontrolle über Staat und Volk selbst in der Hand.

Zutiefst beeindruckt von der Schönheit und Intelligenz Medeas, zieht er sie einerseits ins Vertrauen, indem er ihr über die Machtstrukturen und das Leben in Korinth Auskunft gibt, andererseits bedauert er, dass er sie bald wird vernichten müssen, weil sie den als Staatsgeheimnis verheimlichten Mord an König Kreons Tochter Iphinoe entdeckt hat. Akamas berichtet, dass sich vor der Opferung im Rat über die Thronfolge in Korinth ein heftiger Streit erhob, der den Rat in zwei Gruppierungen gespalten habe: Die eine habe Königin Merope unterstützt, während

---

343 MS, S. 122.

sich die andere für König Kreon eingesetzt habe. Der König habe nämlich nach einer alten Sitte die Krone von der Königin geliehen bekommen und sollte sie seiner Tochter nach ihrer Heirat mit einem jungen König der Nachbarstadt wieder zurückgeben. Akamas habe damals für Kreon Partei ergriffen, weil er, wie Kreon, Meropes Absicht, eine matrilineare Herrschaftsfolge in Korinth zu stabilisieren, als zwecklos und für das Fortkommen Korinths als hinderlich betrachtet habe:

> Es hat doch keinen Sinn, sagte er [Kreon] mir in einer vertraulichen Stunde, nach der sehr schwierigen, langwierigen, viel List, Geduld und Beharrlichkeit fordernden Entfernung der Merope von Einfluss und Macht nun in der Tochter Iphinoe und den Frauen, die sich an sie halten, die Hoffnung auf eine Weiberherrschaft zu befestigen.[344]

Wie Akamas hervorhebt, sei die Opferung Iphinoes eine richtige Entscheidung gewesen und diejenigen, die sie vollstreckt hätten, verdienten gelobt zu werden. Auch wenn er später Medea gegenüber sein Bedauern über die Opferung Iphinoes äußert, war sie seiner Meinung nach für die Machtstabilisierung Kreons notwendig, um Korinth vor dem Niedergang zu retten. Die Enthüllung dieser Mordtat bedeutet eine Bedrohung für den Machterhalt Kreons und natürlich seiner eigenen Stellung als Astronom des Königs. Aus diesem Grund hat er großes Interesse daran, dass der Mord nicht enthüllt wird. Es zeigt sich, dass diese Pflicht mit der „Selbsterhaltung seiner Person" verbunden ist, wie Eleni Georgopoulou zu Recht hervorhebt:

> Akamas beruft sich in seinem Handeln auf eine obere Macht, auf eine ‚Pflicht', die es zu erfüllen gilt (M, 133). Untersucht man diese Pflicht ein wenig näher, wird offenbar, daß es sich dabei im Grunde um die Erhaltung der Macht des Königs und der damit zusammenhängenden Selbsterhaltung seiner Person geht.[345]

Als er durch die Denunziation Agamedas und Presbons von der heimlichen Ausspionierung und der Entdeckung Medeas erfährt, endet das Vertrauensverhältnis zwischen ihnen: Medea nähere sich mit ihren Fragen einem gefährlichen Bereich, der ein negatives Licht auf den Ruf der Stadt und das Ansehen des Königs werfe. Er droht ihr mit der Verleumdung, dass sie ihren Bruder ermordet habe, obwohl ihm Medea beteuert, die als Staatsgeheimnis angesehene Ermordung für sich zu behalten. Von der Wahrheit hält Akamas nicht viel, und die Korinther sind in seinen Augen nur Heuchler: Die Wahrheit über den Kindsmord würde sie „mutlos und bockig […] zügellos, unregierbar"[346] machen. Über die Ermordung Iphinoes bemerkt er:

---

344 MS, S. 127.
345 Georgopoulou, Antiker Mythos in Christa Wolfs *Medea. Stimmen* und Evjenia Fakinus *Das siebte Gewand*, a. a. O., S. 125.
346 MS, S. 129.

Ich lernte viel an diesem Fall. Ich lernte, daß keine Lüge zu plump ist, als dass die Leute sie nicht glauben würden, wenn sie ihrem geheimen Wunsch, sie zu glauben, entgegenkommt. Ich war überzeugt, um das Verschwinden der kleinen Iphinoe, die allein durch die Straßen von Korinth gehen konnte, umgeben und getragen und bewacht von der Liebe des Volkes, von der Rührung der Menschen über soviel Zartheit und Verletzbarkeit – um Iphinoes Verschwinden würden Unruhen ausbrechen, da doch die Täuschung, mit der man das Volk abgespeist hatte, derart plump war. Nichts dergleichen. Ja, wenn die Korinther geglaubt hätten, das Mädchen befinde sich noch in der Stadt, dann hätten sie jedes Gebäude gestürmt, in dem sie es vermutet hätten, auch den Palast. Der Selbstmord der Amme hat uns unschätzbare Dienste geleistet: Jedermann glaubte, daß Iphinoe weg war. Für ein Phantom setzen normale Leute ihr Leben nicht ein. Lieber stellen sie sich das Kind glücklich verheiratet vor, in einem blühenden Land, bei einem jungen König, als tot und verwesend in einem finsteren Gang ihrer eigenen Stadt.[347]

Seine stillschweigende Freude über den Selbstmord der Amme, die während der Opferung die Hand Iphinoes gehalten und sich später von den Klippen hinuntergestürzt hat, weil sie den Tod ihres Brustkindes nicht überwinden konnte, zeigt Akamas' rücksichtslose und kalt berechnende Haltung. Der Selbstmord der Amme erhält durch das erste verbreitete Gerücht, dass Iphinoe von einem jungen König entführt worden sei, neue Nahrung, „die Wahrheit also", so Akamas, „nur daß sie, wie so viele Wahrheiten, auf falschen Voraussetzungen beruhte."[348]

Akamas hat nur seine Macht im Auge, er ist gewissenlos, kalkulierend und herzlos. „Nicht immer gefällt einem, was notwendig ist, aber daß ich Pflicht meines Amtes nicht nach persönlichem Gefallen, sondern nach höheren Gesichtspunkten zu entscheiden habe, das hat sich mir unauslöschlich eingeprägt."[349], bemerkt er über das ausgestreute Gerücht, dass Medea ihren Bruder ermordet habe. Wie deutlich wird, klaffen Worte und Taten bei ihm auseinander. Aus vielen Textstellen ist die zwiespältige Persönlichkeit Akamas zu entnehmen, die auf die Widersprüchlichkeit seiner Gedanken und seines Verhaltens hinweisen. „Leider muß man manches tun, was einem selbst nicht gefällt"[350] oder „Man muss manches tun, was einem wenig behagt"[351], äußert er im Zusammenhang mit der Verbreitung des Gerüchts über den Brudermord. Akamas ist sich bewusst, dass Tabubrüche und sogar Verbrechen missbilligte Verhaltensweisen notwendig sind, um die Stabilität des gesellschaftspolitischen Systems des Königs zu sichern. Er strebt andere politische Ziele als Königin Merope oder Medea an, und um

---

347 MS, S. 132.
348 MS, S. 131.
349 MS, S. 133.
350 MS, S. 120.
351 MS, S. 121.

jene Ziele zu erreichen, verwendet er Mittel, die er sogar selbst nicht gutheißt. Er streut Gerüchte aus und macht Medea auf diese Weise zum Sündenbock. Seine Strategie ist Verleumdung: Brudermord, Glaukes Tod, Verbreitung von Pest, Erdbeben, Kindsmord und Anstiftung der Frauen zur Entmannung Turons werden Medea zur Last gelegt. Er hat auch ein persönliches Interesse, Medea als Sündenbock für die Katastrophen verantwortlich zu machen. Als Sterndeuter hatte er nämlich Wohlstand für Korinth vorausgesagt, stattdessen hat ein Erdbeben das Land erschüttert und das Volk in eine Krisenstimmung versetzt. Um die Aufmerksamkeit auf Medea zu lenken und so einen Grund für das Fehlschlagen seiner Prognose zu haben, verbreitet er das Gerücht, das Erdbeben sei eine Folge von Medeas böser Kunst. Den Gerüchtemechanismus benutzt er immer wieder als wichtiges Mittel zur Vernichtung seiner politischen Gegner:

> Daß ich durchschaue, wie das geht, das kann ich wohl sagen. Daß es mich noch immer reizt, das nicht. Wie es mich jetzt schon anödet, was mit Medea geschehen wird! Wie es mich langweilt, die einzelnen Stufen ihres unaufhaltsamen Niedergangs vorauszusehen. Sie hat von mir verlangt, ich solle öffentlich sagen, was ich wisse: daß sie nicht die Mörderin ihres Bruders sei. Sie hatte immer noch nicht verstanden, daß eine Gerölllawine in Gang gesetzt war, die jedermann unter sich begraben würde, der sie noch aufhalten wollte. Wollte ich es eigentlich. Merkwürdige Frage. Ich weiß die Antwort nicht. Ob ich die Lawine ausgelöst habe? Jedenfalls war ich einer der ersten, der sah, es war notwendig, sie auszulösen.[352]

Akamas verabscheut zwar seine Taten und seine Grausamkeiten, dennoch führt er sie aus. Dabei findet er Unterstützung bei Medeas eigenen Landsleuten wie Glaukes Betreuerin Agameda und Presbon, aber auch beim Pöbel, den er durch Bestechung gegen Medea aufhetzt. Doch trotz ihrer Unterstützung empfindet er gegen Agameda und Presbon eine tiefe Aversion, weil sie Medea denunzieren. „Wir haben ein starkes Interesse daran, dass Medeas Lage sich verschlechtert. Er verachtet sich und uns dafür, daß sein Interesse sich mit dem unseren deckt [...]"[353], gesteht Agameda über sich selbst und Akamas.

Die Erfahrung der Entfremdung in Bezug auf Politik äußert sich bei Akamas nach Seemans Theorie als *normlessness*, denn ähnlich wie bei Agameda ist er der Überzeugung und sieht es als erforderlich an, gegebene politische Ziele nur durch Verhaltensweisen zu erreichen, die gegen gesellschaftliche Regeln verstoßen, bzw. die gesellschaftlich nicht erlaubt sind.[354] Er ist unfähig, die Stabilität des politischen Systems in Korinth über Wege zu erreichen, die gesellschaftlich

---

352 MS, S. 133.
353 MS, S. 92.
354 Vgl. Seeman, On The Meaning of Alienation, a. a. O., S. 788.

gebilligt werden, was sich in seinen kriminellen Handlungen widerspiegelt. Im Gegensatz zu Agameda befindet er sich zwar auf der obersten Stufe seiner politischen Karriere, doch ist seine Karriere als erster Astronom des Königs im Falle eines politischen Umbruchs gefährdet; das Matriarchat würde ihm seine gegenwärtige Position sicherlich nicht weiter gewähren. Ein anderes wichtiges Merkmal ist das Gefühl eines tiefen Misstrauens gegen jeden, das zugleich in der Figur Agameda vorzufinden ist. Auf die Bedeutung des Misstrauens macht auch Seeman in *normlessness* aufmerksam und verweist dabei auf eine Untersuchung von Merton, der eine Beziehung zwischen der Entfremdung und dem Misstrauen in Gesellschaften mit zunehmender Konkurrenz herstellt.[355] So scheint auch Akamas Entfremdung in seinem Misstrauen gegenüber den Menschen begründet zu sein, welches ihn zur Ausschaltung seiner politischen Gegner veranlasst.

Es darf nicht außer Acht gelassen werden, dass er derjenige ist, der durch sein verbrecherisches Verhalten und seinen Druck politische Entfremdung bei anderen Figuren erzeugt: Von seinem zweiten Astronom, Leukon, fordert er Rechenschaft über dessen freundschaftlichen Beziehungen zu Medea, erinnert ihn an seine Pflichten und begrenzt seine politischen Rechte; Medea lässt er beschatten; die kranke Glauke lässt er von seinem Adlatus Turon bewachen und verhindert deren Behandlung durch die heilkundige Medea, weil er befürchtet, dass Glauke sich an die Ermordung ihrer Schwester erinnern könnte; Königin Merope versucht er, von der Politik fern zu halten. Auch Medea, die sich sonst als einzige Person auf heftige Auseinandersetzungen mit ihm einlässt, hält sich diesbezüglich zurück, wie in einem Monolog von Akamas deutlich wird:

> Wie sie mit Kolchis und mit ihrer Flucht zurechtkomme, das solle ich ruhig ihr überlassen; aber ich solle doch wissen, diese ganze Stimmungsmache gegen sie, auf einer wissentlich falschen Beschuldigung aufgebaut, sei überflüssig. Sie habe niemals vorgehabt, über das zu reden, was sie in der Höhle gefunden, und über das, was sie erfahren habe. Und sie könne schweigen, das solle ich wissen. Nur für sich selber habe sie Klarheit haben wollen.[356]

Jeder kennt die von Akamas ausgehende Gefahr, und in dieser Todesangst mischt sich auch keiner in dessen politische Angelegenheiten ein. Auf diese Weise verhindert er jegliche Intervention in die politischen Verhältnisse. Auch die Verschleierung der Tatsachen in Bezug auf Glaukes Suizid und die Drohung mit

355   Vgl. Robert K. Merton: Mass Persuasion. New York 1946, S. 143. Zitiert nach Seeman, On The Meaning of Alienation, a. a. O., S. 787.
356   MS, S. 128.

Gewalt bei Missachtung dieses Gebots zeigen deutlich, welche nicht legitimen Mittel er zur Erreichung des politischen Ziels anwendet:

> Er war es, der die Verlautbarung über den Tod der Glauke herausgab, an die sich jedermann halten muss, sonst ist er des Todes: Medea habe Glauke ein vergiftetes Kleid geschickt, ein grausiges Abschiedsgeschenk, das ihr, der armen Glauke, als sie es überzog, die Haut verbrannt habe, so daß sie sich, besinnungslos vor Schmerz, Kühlung suchend in den Brunnen gestürzt habe.[357]

An dieser Stelle findet eine entscheidende Änderung des traditionellen Gefüges statt, wonach Medea Glauke ein vergiftetes Hochzeitskleid schickt und sie somit ermordet. Christa Wolf entlarvt diese Handlung als ein von Akamas in Umlauf gesetztes Gerücht. Mit der Figur Akamas wird die Entfremdung eines Machtpolitikers vergegenwärtigt, der im Sinne von Seeman die Erfahrung von *normlessness* gemacht hat.

IV.1.5 Glauke: *meaninglessness*

Glauke ist die an Epilepsie erkrankte zweite Tochter des Königs Kreon und der Königin Merope. Sie wird als tragische Figur dargestellt; sie ist innerlich schwach, leicht beeinflussbar, ängstlich und besitzt ein mangelndes Selbstwertgefühl. Sie bezeichnet sich selbst als ein „Unglücksmensch" und „Unglückswurm"[358], ekelt sich vor ihrem Äußeren, findet sich nicht schön. Als ihre Schwester ermordet wurde, hat ihre Mutter jeglichen Kontakt zu Glauke abgebrochen. Seit diesem Ereignis leidet sie unter dem Liebesentzug der Mutter, aber auch unter dem starken Einfluss, den ihr Vater auf sie ausübt, denn Kreon plant ihr Leben, ohne auf sie Rücksicht zu nehmen, und beabsichtigt, sie aus Mangel an einem männlichen Erben mit Jason zu verheiraten.

Erst durch die Bekanntschaft mit Medea, die eine Vertrauensperson für sie wird, vollzieht sich sowohl ein äußerer als auch innerer Wandel in Glauke. Medea bringt sie dazu, ihre schwarzen Kleider auszuziehen, im Meer zu baden, ihr Herz zu öffnen, und, verdrängte Erinnerungen wieder in ihr wachzurufen. „[...] sogar mein Ungemach trat seltener auf"[359], stellt sie über ihre Krankheit fest. Als Medea entdeckt, dass die starken Angstzustände und der epileptischer Anfall Glaukes mit dem Brunnen auf dem Palasthof verknüpft sind, führt sie nach längeren Gesprächen diese zu dem Brunnen:

---

357 MS, S. 229.
358 MS, S. 141.
359 MS, S. 144.

[...] ich mußte also doch gelaufen sein, jene Stelle passiert haben, ohne in die Zustände zu verfallen, vor denen ich mich so fürchtete, fast war mir, als müsse ich sie nachholen, damit alles seine Richtigkeit hatte, aber sie sagte, das sei nun nicht mehr nötig, sie legte meinen Kopf in ihren Schoß, strich mir über die Stirn und redete leise von dem Kind, das ich einmal gewesen sei und das mit jener Stelle auf dem Hof eine unerträgliche Erinnerung verbinde, die ich hätte vergessen müssen, um weiterleben zu können, was ja auch in Ordnung gewesen sei, wenn nicht im Kopf des Kindes, während es heranwuchs, das Vergessene mitgewachsen wäre, ein dunkler Fleck, der größer wird [...] bis er sich des Kindes, des Mädchens bemächtigt habe [...].[360]

Eleni Georgopoulou, die das pathologische Bild Glaukes analysiert, hebt hervor, dass „das Iphinoe-Verbrechen auf Entfremdung der Herrschenden und der Ausführenden gründet und gleichsam zu Entfremdungserscheinungen in der Umgebung führt, die sich in einer Form der Gestörtheit der Personen äußert"[361], und auch Marketta Göbel-Uotila interpretiert die dargestellte Brunnenmetaphorik als Christa Wolfs Versuch, auf die „Archäologie der Entfremdung und Gewalt"[362] zu verweisen. Der Leser erfährt erst später, welche Erinnerungen Glauke mit jenem Ort verbindet; als Kind war sie Zeugin eines heftigen Streites ihrer Eltern, der mit dem Verschwinden ihrer Schwester zusammenhing und der zugleich der Grund dafür war, dass die Mutter ihr jegliche Liebe und Zuneigung entzog.

Glauke weiß von Anfang an von der Ermordung ihrer Schwester, trotzdem hat sie sich so verhalten, als glaube sie an das Gerücht über die Entführung der Schwester durch einen jungen König. Sie spielt also jedem ihre Ahnungslosigkeit über Iphinoes Verschwinden vor. Dies gesteht sie in einer vertrauten Stunde Medea, was gleichzeitig auf ihre innere Spaltung und ihr starkes Gefühl von Entfremdung hinweist:

[...] sie ist ja verschwunden, nie wieder aufgetaucht, niemals hat jemand sie wieder erwähnt, auch das Zimmer ist verschwunden, wahrscheinlich habe ich mir das alles nur ausgedacht, wahrscheinlich hat es sie gar nicht gegeben. Wen denn, [...].Die Schwester, schrie ich. Iphinoe. [...] Ich habe diesen Namen nie wieder gehört, ihn nie wieder ausgesprochen, auch nicht gedacht, [...] die schöne, die kluge, welche die Mutter mehr liebte als mich. Und die von einem Tag auf den anderen verschwand, mit diesem Schiff, sagt Turon [...] und mit diesem Jüngling [...] entführt im Morgengrauen, ohne sich von mir zu verabschieden. Ich tue so, als glaube ich ihm, aber alles weiß er nicht, der dumme Turon, denn sie hat sich ja doch von mir verabschiedet [...] Sie lächelte so, wie

360 MS, S. 148.
361 Georgopoulou, Antiker Mythos in Christa Wolfs *Medea. Stimmen* und Evjenia Fakinus *Das siebte Gewand*, a. a. O., S. 94.
362 Göbel-Uotila, Medea. Ikone des Fremden und des Anderen in der europäischen Literatur des 20. Jahrhunderts, a. a. O., S. 292.

ich mir immer gewünscht hatte, daß sie mich anlächeln möge, ich glaube, sagte ich, sie nahm mich zum ersten Mal wirklich wahr, ich wollte ihr nachlaufen, aber irgend etwas sagte mir, daß ich das nicht durfte [...] Dann den Schrei der Mutter. Wie ein Tier, das geschlachtet wird [...].[363]

Wenig erfreut über die Heilung Glaukes, verbietet ihr Kreon den Kontakt zu Medea, denn er befürchtet, dass sie sich durch Medeas Heilkünste an die Ermordung ihrer Schwester Iphinoe erinnern könnte, die sie bisher verdrängt hat. „Das Gerücht geht um, daß Medea ihre Fallsucht heimlich behandelt, und in der Tat scheint Glauke sich zu erholen, schade, daß ich das werde unterbinden müssen"[364], wägt Akamas ab und beauftragt seinen Gehilfen Turon, nicht mehr von der Seite Glaukes zu weichen. Ihre dunklen Kleider werden ihr zurückgegeben und die Tinkturen Medeas weggenommen. In der Folge beobachtet Turon Glauke und versorgt sie mit Gerüchten und Unwahrheiten, die ihr Selbstwertgefühl schwächen; dass Baden im Meer gesund mache sei eine Lüge, die Mutter sei wahnsinnig und die Schwester sei ja von einem jungen König entführt worden. Die durch längere Gespräche mit Medea in ihr Gedächtnis zurückgerufenen verdrängten Erinnerungen, die ihr erst die Möglichkeit gegeben haben, Erlebtes und die Vergangenheit zu verarbeiten, werden wieder in ihr Unterbewusstsein gedrängt. Sie wird deshalb von ihrer Krankheit befallen, die sie am Ende in den Tod stürzt. Eine zentrale Stelle nimmt hier das Vergessen im Zusammenhang mit den Entfremdungserscheinungen ein, denn Glauke wird gezwungen, ihre in der Kindheit mit der ermordeten Schwester verknüpften traumatischen Erlebnisse aus ihrem Gedächtnis zu löschen, was zeigt, dass sie „von klein auf sich selbst entfremdet wurde"[365], so Christa Wolf über diese Figur. Dies kann als ein Indiz dafür angesehen werden, dass sie psychischen Zwängen ausgesetzt ist und zu einer Verhaltensweise gedrängt wird, gegen die sie sich nur innerlich wehren kann, denn sie ist nicht in der Lage, sich offen gegen den Vater aufzulehnen. In einem desillusionierten Zustand reflektiert sie über den Vater, der ihre Freundschaft zu Medea unterbinden möchte: „Vergiß es, sagt Turon. Vergiß es, sagt der Vater, jetzt kommen bessere Zeiten für dich, wirst sehen, was ich mit dir vorhabe, es wird dir gefallen."[366] Unter dem starken Einfluss ihres Vaters wünscht sie sich später auch „vergessen, endlich wieder vergessen dürfen". Kreon

---

363 MS, S. 158f.

364 MS, S. 121.

365 Wolf, Warum Medea? Christa Wolf im Gespräch mit Petra Kammann am 25. 1. 1996, In: dies., Medea. Stimmen, Voraussetzungen zu einem Text. Werke Bd. 11, a. a. O., S. 253. Im Gegensatz zu anderen Figuren hebt Christa Wolf die Entfremdung Glaukes besonders deutlich hervor.

366 MS, S. 160.

hindert seine Tochter an einer Vergangenheitsverarbeitung und -bewältigung und löst in ihr ein Entfremdungsgefühl aus, das eine schwere seelische Erschütterung hinterlässt und für Glauke ein existentielles Problem darstellt. Es ist davon auszugehen, dass Glaukes Krankheit mit dieser Entfremdung zusammenhängt, wie auch Eleni Georgopoulou zu Recht hervorhebt.[367]

Kreon benutzt Glauke, um seine politischen Ziele zu erreichen, die sie nicht zu durchschauen vermag. So ist die bevorstehende Vermählung zwischen Glauke und Jason nur ein intriganter und machtkalkulatorischer Plan Kreons, der nicht primär dazu dient, seiner Tochter ein glückliches Leben zu sichern, sondern das patriarchale politische System aufrecht zu halten. Auch die gezielten Gerüchte und Anschuldigungen, dass Medea ihren Bruder umgebracht, die Pest in die Stadt gebracht und einen schlechten Einfluss auf sie ausgeübt habe, ist Teil des machtpolitischen Plans, Glaukes Vertrauen zu Medea zu zerstören, die inzwischen für den König ein Risikofaktor geworden ist:

> Da hat Turon schon recht. Sie, diese Person, hat mich in ihre Gewalt bringen wollen, wie Frauen ihres Schlages das an sich haben. Sie war es, die mir all diese Bilder, all diese Gefühle eingeflößt hat, das ist ihr ein leichtes mit ihren Tinkturen, die sie mir natürlich weggenommen haben. Sie hat allerlei abwegige Verdächtigungen in mir gestärkt, das klingt doch glaubhaft. Oder möchtest du lieber glauben, liebe Glauke, dass du in einer Mördergrube lebst? sagt Turon mit dieser Grimasse, die er für ein Lächeln hält. Daß unser schönes Korinth, das diese Fremden niemals verstehen können, eine Art Schlachthaus ist? Nein. Das will ich nicht glauben.[368]

Die von den Machthabern und ihren Komplizen ausgehende Manipulation und ihre Wirkung werden hier besonders deutlich. Glaukes Ahnungslosigkeit über politische Ereignisse und ihre Unfähigkeit sich über die herrschenden politischen Ziele Klarheit zu verschaffen, sind die negativen Folgen dieser Manipulation. Allerdings muss auch betont werden, dass sie vermutlich noch nicht in einem Alter ist, dass sie ein politisches Bewusstsein hätte entwickeln können.

Für Jason ist Glauke nur Mittel zum Zweck, weil er sich durch die Heirat mit ihr die Thronfolge in Korinth erhofft. Er liebt sie nicht, ihre Anfälle empfindet er als abstoßend, und als sie im Gerichtssaal die Stimme für Medea erhebt, man möge nicht so grausam sein und ihr die Kinder in ihre Verbannung mitgeben, ist ihm das peinlich:

---

367 Vgl. Georgopoulou, Antiker Mythos in Christa Wolfs *Medea. Stimmen* und Evjenia Fakinus *Das siebte Gewand*, a. a. O., S. 93.
368 MS, S. 160.

[…] daß sie überhaupt sprach in dieser Männerversammlung, war unerhört. Man solle der Mutter die Kinder mitgeben, sagte sie. Man solle nicht unnötig grausam sein. Das war ihre Meinung, da bin ich sicher. Nur daß hinter dieser Meinung auch die Ungewißheit stand, ob sie selbst fähig sein werde, Korinth einen Erben zu schenken, und daß erst diese Unsicherheit ihr Mut machte, gegen die Grausamkeit zu sprechen. Ich begann zu ahnen, daß diese Glauke vielleicht doch keine so bequeme Frau für mich werden würde, wie ich es mir erhofft hatte […].[369]

Dabei ist sie in Jason verliebt, obwohl sie weiß, dass er mit Medea Kinder gezeugt und gleichzeitig ein Verhältnis zu Arinna hat. Glauke ist für Kreon und Jason nur Objekt ihrer politischen Absichten, während sie selbst vom politischen Leben fern gehalten wird. Ihre Liebe zu Jason wird nicht erwidert, die Möglichkeit zu einer freien Entfaltung und Subjektwerdung wird ihr verwehrt, und ohne mütterliche Zuneigung lebt sie in einem starken Zustand der Entfremdung.

Glauke versteht den Machtkampf ihrer Eltern nicht bzw. demonstriert eine Gleichgültigkeit darüber, „welchen Ausgang diese Kämpfe nehmen"[370], wie Adam Schaff über die politische Entfremdung hervorhebt. Auch den Versuch ihrer Mutter, bessere Lebensverhältnisse und ein stabileres Land durch einen politischen Wechsel zu schaffen, begreift sie nicht. Ihr fehlt die Einsicht in das gesellschaftspolitische System. Auch wenn sie insgeheim die Wahrheit über das Verschwinden Iphinoes weiß, kennt sie die Hintergründe nicht. Die politischen Absichten des Königs, Medea aus dem Weg zu räumen, versteht sie auch nicht. Sie weiß nicht, welchen Erklärungen in Bezug auf die Gerüchte und Anschuldigungen über Medea sie glauben soll, denn die unterschiedlichen Gerüchte über Medea verwirren sie. Es zeigt sich also, dass Glauke typische Merkmale der Entfremdung aufweist, die Seeman unter *meaninglessness* erörtert hat. Die Zunahme der „funktionalen Rationalität" und die Schwächung der „substantiellen Rationalität"[371], die nach Seeman für die Entstehung der Entfremdung als eine Variante von *meaninglessness* eine zentrale Rolle einnimmt, lässt sich auch hier veranschaulichen. Die starke Manipulation durch den Vater, Verhinderung der freien Entfaltung und Subjektwerdung führen dazu, dass Glauke die Einsicht in die politischen Zusammenhänge verliert und die Folgen ihres Handelns nicht mit hinreichender Sicherheit vorhersehen kann. In dieser Hinsicht sind Ähnlichkeiten zu Jasons Entfremdungserfahrung zu erkennen, der ebenfalls die Erfahrung von *meaninglessness* macht, mit dem Unterschied jedoch, dass man ihm am Ende einen politischen Erfolg verspricht.

---

369 MS, S. 219.
370 Schaff, Entfremdung als soziales Phänomen, a. a. O., S. 227.
371 Vgl. Seeman, On The Meaning of Alienation, a. a. O., S. 786.

So wie sich ihre Schwester in einem weißen Kleid von ihr verabschiedet hat, verabschiedet sich auch Glauke in einem weißen Kleid, indem sie Selbstmord begeht und sich in den Brunnen des Palasthofes hinunterstürzt.

IV.1.6 Leukon: *powerlessness, isolation, self-estrangement*

Leukon hat wie Jason eine bestimmte Funktion bei der Stabilisierung des herrschenden politischen Systems. Die Aufgabe Leukons als zweiter Astronom König Kreons besteht in der Vermittlung seiner Beobachtungen der Gestirne an den ersten Astronom Akamas, der anschließend anhand dieser Beobachtungen günstige Voraussagen für den König macht. Leukon ist jedoch zur strengsten Zurückhaltung von jeder Art von Deutung seiner Berechnungen verurteilt:

> Leukon wurde jenem Kreis von Astronomen zugeteilt, die ihr Leben mit der Beobachtung der Gestirne verbringen, die unsere Sternkarten vervollständigen und sich jeder Deutung, wie der Politik überhaupt, zu enthalten haben.[372]

Wie aus Akamas' Bemerkungen hervorgeht, ist es Leukon untersagt, seine Meinung oder eine Kritik in politischen Fragen zu äußern, was seinen gezielten Ausschluss aus der Politik impliziert. Er darf sich in politische Angelegenheiten nicht einmischen. Da er weiß, dass er machtlos ist und eine Veränderung der Zustände nicht bewirken kann, befolgt er die ihm gegebenen Vorschriften und führt diese so aus, wie es von ihm verlangt wird:

> Ich sorge dafür, dass Akamas davon überzeugt sein kann, er, niemand anders als er habe diese Voraussagen gemacht, sie seien ihm im Traum erschienen, ich muß mein Licht unter den Scheffel stellen, damit sein Stern um so heller strahlen kann.[373]

Leukon ist auch einer der wenigen Korinther, die Akamas nach dem Verschwinden Iphinoes immer wieder befragt, obwohl er die wahre Geschichte über die Opferung erst später erfahren hat. Aufgrund seiner Auseinandersetzung mit der Vergangenheit und der Frage nach der Schuld an der Ermordung Iphinoes wird er von Akamas als „das Gewissen von Korinth"[374] verspottet. Als Außenstehender beschreibt er Medea die Ereignisse in der Vergangenheit und gesteht ihr, dass er damals nicht in die Details der Ermordung eingeweiht gewesen sei, und als er heimlich den hinterlistigen Plan erlauscht habe, sei es schon zu spät gewesen:

> [...] ich bekannte ihr, daß meine Kühnheit verflog, daß ein Gefühl von Vergeblichkeit mich lähmte, daß ich Akamas stehen ließ und bald nicht mehr wußte, ob Klugheit oder

---

372 MS, S. 135.
373 MS, S. 168.
374 MS, S. 135.

Feigheit die Zügel in der Hand hatte, als ich den Mund hielt und statt dessen loslief, um sie zu suchen. Das weiß man oft nicht, Leukon, sagte sie, in solchen Verhältnissen.[375]

Mit den politischen Entscheidungen des Königs und Akamas' geht er nicht immer konform, denn den aus machtpolitischem Kalkül begangenen Mord an Iphinoe sieht er als eine verhängnisvolle Fehlentscheidung an. Trotz dieser Ablehnung ist er jedoch nicht in der Lage, diese in irgendeiner Form zu beeinflussen. Leukon durchschaut auch Akamas' skrupellose Absichten, Medea, die er zu seiner Vertrauten gemacht hat, als Sündenbock für politische Krisen, tragische Naturkatastrophen oder Ausbreitung der Epidemie verantwortlich zu machen, und besitzt auch die Erkenntnis über die Verführbarkeit der Menschen, aber er ist nicht fähig, weder Akamas noch die Korinther aufzuhalten, und bekennt schließlich, als Medea vom Pöbel gehetzt wird: „Auch ich habe nichts getan, um sie zu retten."[376] Doch hatte er sie vor den Ausschreitungen der Korinther gewarnt. Er setzt sich nicht nur mit der Vergangenheit auseinander, er ist auch selbstkritisch.

Sogar auf ein Streitgespräch mit Akamas lässt sich Leukon ein, als er erfährt, dass dieser den Pöbel bestochen hat, der Medea durch die Stadt hetzen soll. Der aussichtslose Versuch, Akamas für sein unmoralisches Verhalten zur Rechenschaft zu ziehen, scheitert jedoch:

> Er, schrie ich, er selbst habe den Pöbel angestiftet, und womöglich habe er ihn auch bezahlt. Dann erschrak ich. Natürlich hatte ich recht, das wußten wir beide, aber ich war zu weit gegangen. Das spürte auch Akamas, er straffte sich, kam langsam auf mich zu und sagte kühl: Das wirst du mir beweisen müssen, mein Freund. Er hatte gewonnen. Niemals würde ich einen Zeugen dafür finden, daß der große Akamas den Pöbel bestach, damit der sich über eine Frau hermachte. Und falls doch jemand toll genug wäre, das zu bezeugen, er wäre ein toter Mann.[377]

Hier durchbricht er sein Schweigen und zeigt eine Reaktion gegenüber einem schweren Verbrechen, es wird ihm aber bewusst, dass er diese Umstände nicht verändern kann und diesbezüglich keine Unterstützung finden wird. Die Gewissheit über die manipulativen Absichten und die Gewaltanwendung der Machthaber sowie seine Handlungsunfähigkeit als Einzelner in der korinthischen Gesellschaft machen deutlich, dass er „als Erkennender, aber nicht als Handelnder"[378] unter den gegebenen politischen Verhältnissen leidet. Leukon kann in politische Ereignisse

---

375   MS, S. 176.
376   MS, S. 225.
377   MS, S. 174f.
378   Erhardt, Christa Wolfs Medea – eine Gestalt auf der Zeitengrenze, a. a. O., S. 27.

nicht eingreifen. Äußerungen wie „als hätte ich keine Hände"[379] oder „Ich denke, da ist ein Räderwerk in Gang gesetzt, das niemand mehr aufhalten kann. Meine Arme sind erlahmt."[380] weisen auf politisch motivierte Entfremdung hin, die aus der ihm versagten Möglichkeit resultiert, als verfehlt erkannte politische Entscheidungen zu verhindern.

Es lässt sich somit feststellen, dass Leukon unter dem Aspekt der Politik aufgrund der Unmöglichkeit, sozial-politische Ereignisse zu beeinflussen, die Entfremdungserfahrung als *powerlessness* nach Seeman macht.[381] Die Verhinderung einer Partizipation, die dazu führt, dass man sich nicht als Individuum aktiv am politischen Leben beteiligen und wichtige Entscheidungsprozesse nicht beeinflussen kann, vermittelt ein Gefühl von Ohnmacht und Machtlosigkeit. Adam Schaff stellt diesbezüglich fest:

> Sind für jemanden die Äußerungen des politischen Lebens, der Gesellschaft, „fremd", hat er das Gefühl verloren, an ihnen zu partizipieren, so kann man selbstverständlich die Ursache dafür in der Motivation dieses Menschen finden, der es als bedeutungslos für sich und für die Allgemeinheit ansieht, ob die Dinge so oder anders entschieden werden (jene meaninglessness in der fünfgliedrigen Skala Seemans), weil der einzelne sich machtlos fühlt (powerlessness) gegenüber dem Gang der Ereignis, die unabhängig von seinem Tun und Lassen abrollen („wer auch immer gewählt wird, sie werden ohnehin machen, was sie wollen", „es lohnt sich nicht, sich an der Arbeit der Parteien oder anderer politischer Institutionen zu beteiligen, man kann den Lauf der Ereignisse sowieso nicht beeinflussen", usw.).[382]

Schaff interpretiert die politische Entfremdung nach Seemans Kategorien der Entfremdung und hebt hier *meaninglessness* und *powerlessness* hervor. Auch Leukon hat das Gefühl verloren, am politischen Leben Korinths zu partizipieren, aber für ihn kommt *meaninglessness* als Entfremdungserfahrung unter dem Aspekt der Politik nicht infrage, weil er die politischen Ziele der Machthaber erkannt hat. Es ist deshalb nicht die Unklarheit über die Situation, sondern im Gegenteil gerade die Erkenntnis der politischen Intrigen und die Gewissheit über seine eigene Handlungsunfähigkeit, die in ihm ein Entfremdungsgefühl von Ohnmacht und Machtlosigkeit auslösen. In diesem Sinne trifft die Beschreibung Adam Schaffs über *meaninglessness* nur zum Teil zu, wenn er diese als eine Motivation des Menschen ansieht, „der es als bedeutungslos für sich und für

---

379   MS, S. 163.
380   MS, S. 182.
381   Seeman, On The Meaning of Alienation, a. a. O., S. 785.
382   Schaff, Entfremdung als soziales Phänomen, a. a. O., S. 230.

die Allgemeinheit ansieht, ob die Dinge so oder anders entschieden werden"[383]. Denn dieses Gefühl hat Leukon genau wie Jason, jedoch unterscheiden sich die subjektiven Entfremdungserfahrungen beider Figuren erheblich, denn Leukon verwirren die politischen Zusammenhänge nicht, er durchschaut sie, aber er weiß auch, dass er sie nicht verändern kann. Gerade diese Erkenntnis und die Gewissheit seiner Handlungsunfähigkeit lösen in ihm ein Gefühl von *powerlessness* aus.

Auf das Problem der Handlungsunfähigkeit des Menschen macht auch Erich Fromm in seiner Studie über *Verschiedene Formen der Gewalttätigkeit* aufmerksam, in der er auf die Handlungsunfähigkeit des Menschen hinweist, die er entweder durch Identifikation oder durch Gewaltanwendung wiederherstellt.[384] Leukon bedient sich zwar nicht der Gewaltanwendung bzw. der Zerstörung, aber auch er ist aus Angst nicht fähig zu handeln und versucht, seine Handlungsunfähigkeit durch die Identifikation mit den Machthabern oder mit den Korinthern zu kompensieren, was eine symbolische Partizipation im Sinne Fromms anzeigt:

> Jedermann kann nun sehen, daß wir den Willen der Götter richtig gedeutet haben, als wir die Zauberin aus der Stadt trieben. „Wir" sage ich, und erschrecke kaum. Wir Korinther.[385]

Auch wenn diese ironisch anmutende Äußerung Leukons nicht seine wahren Gefühle zeigt, fühlt er sich mitschuldig an den Verbrechen und entscheidet sich letztlich für ein Leben in Korinth und mit den Korinthern als zweiter Astronom des Königs.

Es ist aber auch ein Zeichen von passivem oder schwachem Protest erkennbar. Nachdem das Urteil über Medeas Verbannung und den Entzug ihrer Kinder verkündet wird, verlässt er einfach den Rat ohne Erlaubnis des Königs, was Jason wiederum als „Missachtung des Königs und aller Regeln"[386] bemängelt.

Die Erfahrung politischer Entfremdung, die ihm das Gefühl von Vergeblichkeit, Ohnmacht und Lähmung vermittelt, führt zugleich zur politischen Apathie; Politik weist er als „schmutzige Angelegenheit"[387] von sich: „Verachtung für alles, was mit diesem Königshaus zu tun hatte, war in mir"[388]. Das Königshaus ist

---

383 Ebd.
384 Erich Fromm: Die Seele des Menschen. Ihre Fähigkeit zum Guten und zum Bösen. Aus dem Englischen von Liselotte Mickel und Ernst Mickel. München: dtv 2000, S. 27.
385 MS, S. 225.
386 MS, S. 219.
387 Schaff, Entfremdung als soziales Phänomen, a. a. O., S. 227.
388 MS, S. 228.

für ihn „ein Ort mit hundert Ohren und hundert Mündern"[389], in dem gezielt Gerüchte verbreitet werden, die auf Unwahrheiten beruhen, und sein Misstrauen gegenüber dem König begründen. Wie Edward L. McDill und Jeanne Clare Ridley in ihrer Studie hervorheben, besteht ein Zusammenhang zwischen Machtlosigkeit und politischer Apathie einerseits und Misstrauen andererseits; Leukon ist ein Beispiel für dieses Verhalten:

> Politische Entfremdung umfasst nicht nur Apathie als eine Reaktion auf Machtlosigkeit, sondern auch ein allgemeines Mißtrauen gegenüber politischen Führern, die diese Macht in ihren Händen haben.[390]

Ein weiterer Aspekt in Bezug auf politische Apathie und Machtlosigkeit ist der Fatalismus, auf den Morris Rosenberg hinweist, und der als eine Folge wachsender Wirtschafts- und Machtblöcke verstanden wird, denen sich das Individuum nicht zu widersetzen vermag:

> Other factors in the world view of the individual which discourage political action are powerlessness and fatalism. In our complex urban, mass society, individuals devote themselves to minute specialized tasks woven into the complex fabric of the economy. The great economic and power blocs, typifies by giant corporations and unions, thrust the individual about with pressures too powerful to resist. As a consequence the individual is likely to feel overwhelmed and powerlessness. Given this feeling, the idea that is puny strength can match the giants is absurd and he feels that a only individual can do nothing to change the way society is run. Raising his weak voice against the massive roar of the mass media and the political giants is futile. For this reason many people with political conviction do nothing but vote, convinced that they can have no substantial effect in any event.[391]

Rosenbergs These über die Machtlosigkeit und Fatalismus als eine Entfremdungserscheinung in der Politik kann mit Seemans Theorie in Verbindung gebracht werden, weil auch er in *powerlessness* die Ohnmacht des Menschen gegenüber einer größeren sozialen Ordnung hervorhebt, „the depiction of man's relation to the larger social order"[392], eines Menschen, der unfähig ist, sein eigenes Schicksal zu beeinflussen. Macht und Politik bilden auch für Leukon eine größere soziale Ordnung, und die Machthaber sind in seinen Augen politische Riesen, gegen die jeder Widerstand sinnlos ist. Als Folge seines Entfremdungsgefühls zieht er

---

389 MS, S. 229.
390 Zitiert nach Arthur Fischer: Politische Entfremdung. In: ders. (Hg.), Die Entfremdung des Menschen in einer heilen Gesellschaft, a. a. O., S. 65–82, hier S. 73.
391 Morris Rosenberg: The Meaning of Politics in Mass Society. In: Public Opinion Quarterly, XV (1951), S. 5–15, hier S. 9.
392 Seeman, On The Meaning of Alienation, a. a. O., S. 785.

sich auf die Terrasse seines Turms zurück und lebt in Isolation, die sich in Form von Fatalismus und Gleichgültigkeit widerspiegelt. Hoffnungslos und verzweifelt äußert er:

> Wer irgend Zeuge vom Wirken des Akamas gewesen ist, muß um sein Leben fürchten. Auch ich. An dem Tag, als die arme Glauke zu Tode kam, hat er es mich wissen lassen. An ihrer Bahre standen wir uns gegenüber. Irgend etwas in meinem Blick machte ihn schaudern. Dieser Schauder ist es, der mich schützt, und meine Gleichgültigkeit um mein Schicksal. Mich schützt, daß ich die Menschen, auch ihn, bis auf den Grund durchschaue und eben deshalb, so merkwürdig es klingen mag, ungefährlich bin. Da ich nicht glaube, daß ich oder irgend jemand sie ändern kann, werde ich in das mörderische Getriebe, das sie in Gang halten, nicht eingreifen.[393]

An diesem Punkt ist eine Verschmelzung mit der Variante *isolation* als eine Entfremdungserfahrung neben *powerlessness* zu verzeichnen, die Seeman zufolge die Entfremdung von herrschenden Zielen und Normen beinhaltet: „It presupposes alienation from reigning goals and standards"[394]. Leukon ist auch im Sinne von *isolation* entfremdet, was in seiner völligen Absonderung und in seiner Geringschätzung herrschender politischer Denkweisen und politischer Ziele in Korinth zum Ausdruck kommt.[395] Zwar sieht Seeman in diesem Punkt einen Zusammenhang mit Robert K. Mertons Theorie über die Anpassungsmuster, indem er *isolation* dem Anpassungsmuster „Rebellion"[396] annähert, das sich durch ein abweichendes Verhalten des Individuums im Sinne von Ersetzung alter Werte durch neue oder durch das Anstreben einer neuen Sozialstruktur kennzeichnet, aber diese Form abweichenden Verhaltens kann nicht an Leukon exemplifiziert werden, weil er keine neue Sozialstruktur anstrebt, bzw. weil er nicht die alten Werte durch neue zu ersetzen versucht. Die Verbindung der beiden Varianten von Entfremdungserfahrungen bewirkt eine potenzierte Form der Entfremdung in der Figur. Dabei ist zu bemerken, dass hier eine Entwicklung, d. h. eine Steigerung des Entfremdungsgrades von *powerlessness* als einer Variante von Entfremdung hin zu *isolation* erkennbar wird.

Trotz der Selbstreflexion, seiner Erkenntnis über den Machtmissbrauch und all seiner Kritik an politischen Fehlentscheidungen und insbesondere am Fehlverhalten von Akamas, der in Bezug auf die Opferung Iphinoes für Kreon Partei ergriffen und sich durch diese Wahl für die Macht entschieden hat, um „im

---

393 MS, S. 231.
394 Seeman, On The Meaning of Alienation, a. a. O., S. 789.
395 Ebd., S. 788f.
396 Merton, Sozialstruktur und Anomie, a. a. O., S. 356.

Dunstkreis dieser Macht [zu] bleiben"[397], stellt sich heraus, dass Leukon ebenfalls in jenem Dunstkreis bleibt und durch seine Haltung den Machtmissbrauch begünstigt. Auch wenn sein Verhalten im politischen Bereich nur zu einer funktionserfüllenden Tätigkeit wird und er getrennt von allen lebt, ist er doch ein Teil eines politischen Systems, das auf Gewalt beruht. Leukon empfindet seine eigene Tätigkeit nicht als befriedigend, weil sie aus Zwang ausgeübt wird:

> Da springen sie wieder hervor, meine Sternbilder. Wie ich sie hasse, diese öden Wiederholungen. Wie mir das alles zuwider ist. Ich kann es niemandem sagen, aber es ist auch niemand mehr da, der es hören wollte. Einsam dasitzen und Wein trinken und dem Lauf der Sterne zusehen. Und die Bilder wieder und wieder sehen müssen, ob ich es will oder nicht, die Stimmen hören müssen, die mich heimsuchen. Ich habe nicht gewußt, was ein Mensch erträgt. Nun sitze ich da und muß mir sagen, auf dieser Fähigkeit, Unerträgliches zu ertragen und weiterzuleben, beruht der Bestand des Menschengeschlechts. Wenn ich das früher sagte, waren das Worte eines Zuschauenden, denn man ist Zuschauer, solange kein Mensch einem so nahe ist, daß sein Unglück einem das Herz zerreißt.[398]

Mit anderen Worten: Er ist unfähig, seine Tätigkeit unter dem Aspekt der Politik in eine selbstlohnende und selbstverwirklichende Arbeit umzuwandeln. Somit zeigt Leukon typische Merkmale von *self estrangement* nach Seemans Theorie, denn er empfindet sich selbst als einen Fremden. Es ist der Zustand, sich selbst immer mehr von dem Menschen zu entfernen, der man eigentlich gern sein würde; nach Seeman ist es die Empfindung, sich von dem menschlichen Ideal in seiner Vorstellung zu entfernen[399], welche zur Selbstentfremdung führt. Aus der Sicht von Leukon scheint es, als komme Medea seinem menschlichen Ideal etwas näher als alle anderen Figuren. Im Gegensatz zu Medea, die aufgrund politischer Unstimmigkeiten mit den Machthabern die Heimat verlässt, leidet Leukon unter seiner Handlungsunfähigkeit und seiner aus Zwang ausgeübten Tätigkeit im Bereich der Politik. Medea wiederum bewundert und beneidet er:

> Und ich, wer würde mir das glauben, ich spürte etwas wie Neid auf diese Frau, die beschmutzt, besudelt, erschöpft mit einem Stoß der Wachen und einem Fluch des Oberpriesters aus der Stadt verbannt wurde. Neid, weil sie, das unschuldige Opfer, frei war von innerem Zwiespalt. Weil der Riß nicht durch sie ging, sondern zwischen ihr und jenen klaffte, die sie verleumdet, verurteilt hatten, die sie durch die Stadt trieben, beschimpften und bespuckten. So, daß sie sich aus diesem Schmutz aufrichten konnte,

---

397 MS, S. 167.
398 MS, S. 223.
399 Vgl. Seeman, On The Meaning of Alienation, a. a. O., S. 790.

ihre Arme gegen Korinth erheben und mit ihrer letzten Stimmkraft verkünden konnte, Korinth werde untergehen.[400]

Medea durchbricht das Schweigen, handelt und widersetzt sich den Machthabern, deren menschenverachtende Machtausübung sie kritisiert und ablehnt, weswegen sie auch schon aus ihrer Heimat geflüchtet ist. Auch wenn Leukon Medea vor den Machthabern in Korinth warnt, um sie zu schützen, ist es gerade seine „Fähigkeit zu schweigen und wegzuducken"[401], die er an sich selbst verachtet.

IV.2 Kulturelle Entfremdung

In *Medea. Stimmen* werden zwei unterschiedliche Kulturen, d. h. die „typischen Lebensformen einer Bevölkerung, einschließlich der sie tragenden Geistesverfassung, insbesondere der Wert-Einstellungen"[402] dargelegt; Christa Wolf hat sie akribisch herausgearbeitet. „Es geht ja immer um die Werte, um den Wertewandel in der Gesellschaft."[403], hebt sie an ihrer Medea-Bearbeitung hervor, in der der Übergang von matriarchalen zu patriarchalen Werten in beiden Ländern eine große Bedeutung gewinnt. Die Analyse kultureller Differenzen und des Umgangs mit Fremden und deren unterschiedlichen Kulturen ist zwar nicht Ziel der vorliegenden Arbeit, trotzdem darf sie nicht außer Acht gelassen werden, weil die Figuren gerade durch die Konfrontation mit einer anderen Kultur über ihre eigene reflektieren und weil ihre kulturelle Entfremdung dadurch näher bestimmt werden kann. Letzten Endes sind es „Fremde in entfremdeten Umständen"[404], so Inge Stephan über die Medea-Figur Christa Wolfs.

Unter kultureller Entfremdung versteht Adam Schaff eine Form der Entfremdung, in der das Individuum „das gesamte bestehende System der normativen Werte in Frage stell[t]"[405], wobei er die Schwierigkeit im Hinblick auf die Ablehnung des „gesamten" normativen Systems einräumt, denn

Niemand ist imstande, möge sein moralischer Protest gegen bestehende soziale Übelstände noch so scharf sein, sich restlos vom Zwang jener politischen Leitbilder, Stereotypen und Werte zu befreien, welche die Gesellschaft schon dem Kind durch die

---

400 MS, S. 224.
401 MS, S. 168.
402 Stichwort: Kultur. In: Wilhelm Bernsdorf (Hg.): Wörterbuch der Soziologie. Stuttgart: Ferdinand Enke 1969, S. 598–602.
403 Christa Wolf im Gespräch. Nach der ‚Medea'-Lesung im FrauenMuseum in Bonn am 23. Februar 1997, a. a. O., S. 96.
404 Stephan, Die bösen Mütter, a. a. O., S. 175.
405 Schaff, Entfremdung als soziales Phänomen, a. a. O., S. 234.

Erziehung in einem gegebenen Milieu und durch die Sprache einprägt, mit der nicht nur Begriffe, nicht nur eine spezifische Artikulierung der Welt verbunden sind, sondern auch entsprechende Werturteile und emotionale Stereotypen.[406]

Weiterhin bemerkt Schaff, dass Symptome kultureller Entfremdung insbesondere in Zeiten des gesellschaftlichen Umbruchs und Zerfalls vermehrt auftauchen, also in Zeiten des Übergangs von einer Gesellschaftsform in die andere: während die eine vom Niedergang betroffen ist und die andere sich neu bildet. Tabuverletzungen oder Ausschweifungen im Sexualleben seien gerade deshalb in dieser Periode Zeichen einer starken kulturellen Entfremdung.[407] Als eine weitere Erscheinung im Zusammenhang mit kultureller Entfremdung greift Schaff das Problem der Kriminalität und Jugendkriminalität auf. Hier verweist er auf den Verbrecher, der einen Konflikt zwischen den gesellschaftlichen Normen und Werten erlebt und eine kulturelle Entfremdung erfährt, weil er die gesellschaftlichen Normen verletzt.[408]

Betrachtet man Adam Schaffs Überlegungen in Bezug auf kulturelle Entfremdung, fallen einige Ähnlichkeiten zu *Medea. Stimmen* ins Auge. Beide dargestellten Länder befinden sich in einem Übergangsstadium; Kolchis ist ein Land, das sich noch im Übergang vom Matriarchat zum Patriarchat befindet, während dieser Übergang in Korinth etwas weiter zurückliegt und schon stattgefunden hat. Dass dieser Prozess auch gleichzeitig einen tief greifenden kulturellen Wandel und einen Wertewandel in der Gesellschaft herbeiführt, ist offensichtlich. In ihrer vergleichenden Studie über die Mythosbearbeitungen von Christa Wolf und Botho Strauß spricht Ortrud Gutjahr diesbezüglich von „einen Zeitenumbruch als einer Krisen- und Bewährungsphase kultureller Entwicklung"[409]. Sie stellt eine Verbindung zwischen dem Opfer und dem Kulturprozess her und verweist auf die Bedeutung von Riten, die einerseits die Umbruchserfahrungen regeln und andererseits einen symbolischen Charakter aufweisen, der die Übergangserfahrungen widerspiegelt. Ausgehend von Arnold van Genneps Theorie der dreistufigen Übergangsriten interpretiert Gutjahr Christa Wolfs *Medea. Stimmen* nach der Trennungs-, Schwellen- und Angliederungsphase. Sie kommt zum Schluss, dass sowohl Christa Wolf als auch Botho Strauß Schwellenerfahrungen durch ihre Protagonisten darstellen. Eleni Georgopoulou schließt sich Gutjahr an und macht auf die Umbruchserfahrung in *Medea. Stimmen* aufmerksam, die durch

---

406   Ebd.
407   Ebd., S. 235.
408   Vgl. ebd., S. 237–240.
409   Gutjahr, Zu Christa Wolfs *Medea Stimmen* und Botho Strauß' *Ithaka*, a. a. O., S. 356.

„das Kulturmodell Ost und das Kulturmodell West"[410] vergegenwärtigt werde, und betont Christa Wolfs gezielte Kritik an der „Entwicklung der Verwestlichung"[411]. Sie versteht die dargestellte Umbruchserfahrung als eine Reaktion der Autorin, die mit der „Veränderung der eigenen Kultur"[412] zusammenhängt. Georgopoulou zufolge entwirft Christa Wolf ein reales und ein ideelles Bild von Kolchis, was sie als „Doppel-Kolchis"[413] bezeichnet.

Ein anderer wichtiger Aspekt, auf den Adam Schaff für die Analyse von Entfremdungserscheinungen in der Gesellschaft aufmerksam macht und der auch im Werk von Christa Wolf zum Vorschein kommt, ist die Verletzung eines Tabus während einer Übergangsphase. So fällt der Korinther Turon im kolchischen heiligen Hain einen Baum und verletzt damit ein Tabu der Kolcher, während Medea ein korinthisches Tabu verletzt, indem sie die Korinther in der Zeit der Hungersnot dazu bringt, Pferdefleisch zu essen. Auch andere Tabuverletzungen werden vergegenwärtigt. Es wird auf eine Fülle von anderen Normen und Wertvorstellungen verwiesen, wie z. B. die Rollenverteilung der Geschlechter, die Totenbestattung und der Glaube an die Wiedergeburt, die Verehrung der Leitbilder, Kleidungs- und Speisesitten, die Bedeutung von Gold oder die Vorstellung von dem, was „gut" ist u. a., die bei den literarischen Figuren eine Erfahrung der kulturellen Entfremdung auslösen. Gleichzeitig sind auch Ausschweifungen im Sexualleben festzustellen, die besonders durch die Figur Agameda verkörpert werden.

Christa Wolf weist also auf den kulturellen Wandel und den Verlust von Werten hin, die durch den gesellschaftlichen Umbruch entstehen. Gerade diese Umbruchserfahrung ruft die Entfremdungserfahrung in den Figuren hervor.

Im nächsten Schritt soll untersucht werden, wie die Figuren zu ihren eigenen kulturellen Normen und Wertmaßstäben stehen, ob und wie sie diese in Frage stellen und welche subjektiven Empfindungen, Einstellungen oder Erwartungen sie haben, wenn sie mit einer anderen Kultur konfrontiert werden. Ihre kulturelle Entfremdungserfahrung soll sodann nach den fünf Kriterien *powerlessness, meaninglessness, normlessness, isolation* und *self-estrangement* näher erläutert werden.

---

410 Georgopoulou, Antiker Mythos in Christa Wolfs *Medea. Stimmen* und Evjenia Fakinus *Das siebte Gewand*, a. a. O., S. 288.
411 Ebd., S. 289.
412 Ebd., S. 288.
413 Ebd.

IV.2.1 Medea: *powerlessness, normlessness, isolation, self-estrangement*

Mit ihren Attributen einer Heilerin, dem Holzkästchen und ihrer weißen Binde um die Stirn, demonstriert Medea ihre Verbundenheit mit den kolchischen Sitten, die sie in Korinth fortsetzt. Aber nicht nur an ihrer kolchischen Kleidung, auch an vielen kolchischen Bräuchen, Wertmaßstäben und Lebensformen hält sie fest und verteidigt ihre eigene Kultur gegenüber der korinthischen, deren Vertreter die Kolcher als aus einer niedrigeren und primitiven Zivilisation stammend betrachten.

Die unterschiedlichen Wertvorstellungen zwischen den Kolchern und Korinthern kommen besonders in der Auseinandersetzung Medeas mit Akamas zum Ausdruck; die beiden führen einen heftigen Disput über die unterschiedlichen Betrachtungsweisen darüber, was z. B. „gut" ist. Akamas erinnert sich an die frühe Zeit in Korinth, als man mit Fremden nicht so streng umgegangen war, und an eine Diskussion mit Medea:

> Das war die Zeit, da wir uns solche Spiele mit Fremden noch leisten konnten. Wir waren unserer selbst und unserer Stadt sicher, der oberste Astronom des Königs konnte sich den Luxus erlauben, einer Zugewanderten, die uns niemals und unter keinen Umständen gefährlich werden konnte, zu erläutern, worauf der Glanz und der Reichtum seiner Stadt beruhen. Denn alles kommt ja darauf an, was man wirklich will und was man für nützlich, also für gut und richtig hält. Diesen Satz bestritt Medea nicht ganz und gar, nur das wichtige „also" in seiner Mitte lehnte sie ab. Was nützlich sei, müsse nicht unbedingt gut sein, Götter! Wie hat sie mich und vor allem sich selbst mit diesem Wörtchen gut gequält! Sie gab sich Mühe, mir zu erklären, was sie in Kolchis angeblich unter gut verstanden. Gut sei gewesen, was die Entfaltung alles Lebendigen befördert habe. Also Fruchtbarkeit, sagte ich. Auch, sagte Medea [...]. [414]

Interessant ist die Hilflosigkeit Akamas', der nicht in der Lage ist, sich gegenüber Medea durchzusetzen und sie von seiner Meinung zu überzeugen. Medea widersetzt sich dem korinthischen zweckorientierten und materialistischen Denken, das „gut" mit Nützlichkeit in Verbindung bringt und den Reichtum eines Landes darauf gründet. In Kolchis habe man eine andere Vorstellung von „gut"; gut ist, was sich lebendig entfaltet und was fruchtbar ist. Sie ist in diesem Streitgespräch eindeutig die Überlegene. Medea unternimmt den Versuch, dem Korinther die Wertmaßstäbe ihrer eigenen Kultur näher zu bringen, stößt aber dabei auf Ablehnung.

---

414 MS, S. 122f.

Ein anderes wichtiges Thema, das zum Anlass einer Polemik wird, ist die unterschiedliche Ansicht darüber, wovon ‚das Denken' beeinflusst werde. Medea hebt den Zusammenhang zwischen den Gefühlen und Gedanken hervor, denn „die Gedanken hätten sich aus den Gefühlen heraus entwickelt"[415], wie sich Akamas zurückblickend an Medeas Worte erinnert. Er findet diese Denkart unzeitgemäß und hält ihr „[k]reatürliche Dumpfheit"[416] vor, während Medea ihre Anschauung vom Primat der Gefühle mit der Bemerkung, sie seien die „Schöpferische Quelle"[417], bekräftigt. Auch die unterschiedlichen Ansichten über Astronomie, die in Kolchis von Frauen und in Korinth von Männern betrieben wird und in Kolchis auf dem Betrachten der Mondphasen beruht, in Korinth aber auf dem Sterndeuten, führt zu einer angeregten Diskussion. Als Akamas Medea erklärt, wie man in Korinth den Gang der Sterne deutet und wie er zu seinen Voraussagen kommt, erwähnt er, wie wichtig die Überlieferung der Namen seiner Vorgänger sei, damit diese in der Erinnerung seiner Landsleute fortleben können. Medea treibt ihn in die Enge, indem sie nach dem Grund seines Wunsches nach Fortleben in der Erinnerung der Menschen fragt, woraufhin er keine stichhaltigen Argumente anführen kann. Im Gegensatz zu Akamas ist dieser Gedanke für Medea unbedeutend. Sie konstatiert: „Bei uns werden alle Ahnen geehrt."[418]

Ein weiterer Anlass eines Disputs ist die unterschiedliche Einstellung zum „Gold" und der Umgang der Gesellschaft mit diesem Edelmetall. Medea ist über den hohen Stellenwert des Goldes in Korinth erstaunt, sie versteht die Herstellung von Gegenständen aus diesem Material und den Handel damit nicht. Besonders befremdlich findet sie, dass sich durch ein Objekt wie Gold der Wert der Bürger messen lässt:

> Du solltest doch wissen, sagte Akamas, dass es unsere Wünsche und Begierden sind, die einem Stoff Wert, dem anderen Unwert verleihen. Der Vater unseres Königs Kreon war ein kluger Mann. Mit einem einzigen Verbot hat er das Gold in Korinth zum begehrten Objekt gemacht: mit dem Gesetz, das Korinther, deren Abgaben an den Palast nicht eine bestimmte Höhe erreichten, keinen Goldschmuck tragen durften.[419]

Diese Art von Klugheit ist neu für Medea; sie habe es in Kolchis nicht gegeben. Da es Gold in Kolchis in großen Mengen gibt, ist es kein begehrtes Objekt wie

---

415   MS, S. 123.
416   Ebd.
417   Ebd.
418   MS, S. 125.
419   MS, S. 38.

in Korinth. Die demonstrative und offene Zurschaustellung des Goldes weist auf die materialistische Einstellung der Korinther hin, die Medea nicht akzeptiert. Gegen die Hochschätzung des Goldes in Korinth hat Medea schon deshalb eine Abneigung, weil es die Diskrepanz zwischen wohlhabenden und armen Menschen sichtbar machen soll.

Medea ist ihrerseits bemüht, die Korinther mit kolchischen Wertmaßstäben und Bräuchen vertraut zu machen. Dabei wird sie gelegentlich provokativ und unbequem. Gedemütigt durch die Anweisung ihres Sitzplatzes zwischen den Dienstleuten am korinthischen Hof spioniert sie der Königin Merope nach:

> Ich bin ihr doch nachgegangen, der Frau, vielleicht wollte ich auch Jason eine Lehre erteilen, der geduldet hatte, daß man mich an das Ende der Tafel zwischen die Dienstleute setzte, richtig, das habe ich nicht geträumt, das war gestern. Jedenfalls sind es höhere Dienstleute, hat er kläglich gesagt, mach keinen Skandal [...].[420]

Sie wird in Korinth nicht als kolchische Königstochter behandelt, sondern den Dienstleuten gleichgestellt. Dies wird von ihr als Geringschätzung interpretiert, die sie nicht hinnimmt. Verletzt in ihrem Stolz als Königstochter versucht sie die Aufmerksamkeit auf sich zu lenken, indem sie sich burschikos mit Leukon und Telamon amüsiert: „[...] und ich, entschlossen, den König von meinem minderen Platz zu strafen, legte das Benehmen einer Königstochter an den Tag, die ich allerdings auch bin"[421], bemerkt sie, was aus Korinther-Sicht eine Regelverletzung darstellt, für sie wiederum eine individuelle Befriedigung aufgrund erlittener Demütigung ist.

Die untergeordnete Rolle der Frau in der korinthischen Gesellschaft und das Verhalten der Männer, die ihre Gefühle unterdrücken, befremden Medea, weil sie aus einem anderen Kulturkreis kommt, in dem die Geschlechter ein gleichberechtigtes Leben führen. Für Medea sind die Frauen in Korinth „sorgfältig gezähmte Haustiere"[422]. Sie passt sich nicht an die geschlechtsspezifischen verhaltensformenden Normen der Korinther an und erwidert Jason, der von ihr verlangt, einem korinthischen Brauch zu folgen, nach dem eine verheiratete Frau ihre Haare bindet: „Na und? Findest du mich nicht schöner so?"[423] Doch passt sie sich später offensichtlich gezwungenermaßen an korinthische Traditionen teilweise an, wie Agameda beobachtet: „Ihren wilden Haarbusch hat sie durch die

---

420   MS, S. 15f.
421   MS, S. 17.
422   MS, S. 18.
423   MS, S. 67.

Stadt getragen wie ein Banner. Aber die Zeiten sind vorbei. Jetzt bindet sie ein Tuch um das Haar, wenn sie, selten genug, zum Palast geht."[424]

Medeas Liebesbeziehung zum Bildhauer Oistros und ihr Gleichmut über Jasons Beziehung zu Arinna und Glauke hängen mit ihrer Herkunft aus der matriarchalen Kultur zusammen, denn Christa Wolf zufolge kennt die „matriarchale Frau weder die Monogamie noch die Eifersucht"[425]. Medea hat eine Beziehung zu zwei Männern, aber sie liebt nur einen, wie sie Leukon gegenüber zugibt. Seinen Namen erwähnt sie zwar nicht, doch ist anzunehmen, dass sie eine größere Zuneigung zu dem Künstler Oistros empfindet als zu Jason. Durch ihre Andersartigkeit in Denkweise und Verhalten zieht Medea die missbilligenden Blicke der Korinther auf sich. Die Regelverletzungen in Korinth, wie z. B. ihr Verhalten an der Tafel, die Weigerung, die Haare hochzubinden, oder ihre Beziehungen zu Männern, kann vielleicht für eine Korintherin eine kulturelle Entfremdung darstellen, jedoch ist dies kein Zeichen der kulturellen Entfremdung für Medea, weil sie aus einem anderen kulturellen Umfeld kommt, in dem andere Normen und Werte maßgebend sind.

In einem Punkt steht Medea jedoch beiden Kulturen kritisch gegenüber. Sie wendet sich entschieden gegen Menschenopfer und Todesstrafe. Der Versuch, durch ihre Teilnahme am korinthischen Artemisfest die Versöhnung zwischen den Kolchern und Korinthern herbeizuführen, scheitert, als die Nachricht über die Plünderung der Gräber durch eine Gruppe von Gefangenen bekannt wird. Die Korinther fordern die Tötung der Gefangenen, die im Tempel Asyl erhalten haben, als Vergeltung für das begangene Verbrechen. Nach einer heftigen Auseinandersetzung mit Medea, die dieses Vorhaben zu verhindern versucht, berufen sich die aufgebrachten Korinther auf ein altes Brauchtum, um die Opferung von Menschen zu legitimieren: „Die Ahnen hätten der Göttin Menschen zum Opfer gebracht, das habe der sehr wohl gefallen, und warum solle man nun nicht zu den alten Bräuchen zurückkehren."[426]. Machtlos gegenüber der Menge entgegnet Medea:

> Nehmt nur einen. [...]. Ich sagte, ihre Vorfahren hätten auch nur einen ausgewählten Menschen der Göttin zum Opfer gebracht, alles andere sei Frevel, Mord im Tempel aber werde schwer bestraft.[427]

Sie überzeugt die Korinther schließlich mit ihrer Argumentation, und in der Folge werden nicht alle Gefangene, sondern nur ein Mensch geopfert. Medea lehnt

---

424   MS, S. 77.
425   Wolf, Brief an Heide Göttner-Abendroth vom 13. Oktober 1992, a. a. O., S. 36.
426   MS, S. 202f.
427   MS, S. 203.

die rituelle Praxis des Menschenopfers ab, mit dem sie allerdings auch in ihrem Heimatland konfrontiert war. Trotz der Verhinderung eines größeren Verbrechens sinniert sie über den Geopferten:

> Den habe ich auf dem Gewissen. Etwas nie wieder Gutzumachendes war geschehen, und ich hatte meine Hände im Spiel. Die anderen hatte ich gerettet, das galt mir nichts. Warum war ich aus Kolchis geflohen. Es war mir unerträglich erschienen, vor die Wahl zwischen zwei Übeln gestellt zu sein. Ich Törin. Jetzt hatte ich nur noch zwischen zwei Verbrechen wählen können.[428]

Die Unmöglichkeit, eine alte und menschenverachtende Sitte aufzuheben, in eine aussichtslose Situation verwickelt zu sein, deren verheerende Folgen sie nicht verhindern kann, und ihr Handeln nicht selbst bestimmen zu können, macht sie sprachlos. „Ich bin in ihrer Hand."[429], räumt sie verzweifelt ein. Sie entfernt sich vom Fest, übergibt sich danach, verliert das Bewusstsein und kommt erst am nächsten Tag wieder zu sich, was als Symptom eines starken Entfremdungsgefühls gedeutet werden kann. Auch an einer anderen Stelle ist Medeas Widerstand gegen ein auf Menschenopfer beruhendes Brauchtum zu erkennen. Als sich die Epidemie nach dem Erdbeben in Korinth ausbreitet und die Korinther Menschenopfer suchen, um die Götter zu beschwichtigen, wird sie auf einen ihr fremden, grausamen Brauch aufmerksam gemacht, den Leukon ihr erklärt:

> Von je hundert Gefangenen soll demnächst einer geopfert werden, um den Göttern Genüge zu tun und sie zu überreden, ihre strafenden Hände von der Stadt abzuziehen. Dies werde nichts nützen, sagt Medea. Sie werde es nicht zulassen. Mir wird kalt. Eindringlich beschwöre ich sie, sich nicht gegen die Gesetze von Korinth zu vergehen. Es wäre ihr lieb, wenn sie es nicht müsste.[430]

Obwohl Leukon sie warnt, versucht Medea als einzige diesen auf Gewalt basierenden korinthischen Brauch rückgängig zu machen. Sie ist aber nicht in der Lage, den Lauf der Dinge zu beeinflussen, geschweige denn sie zu ändern. Auf dem Artemisfest hat sie es jedoch immerhin erreicht, dass nicht alle Gefangenen, sondern nur einer geopfert wurde, und dadurch sich selbst in Gefahr gebracht.

Christa Wolf bettet an dieser Stelle, also gleich nach dem Vorfall auf dem Artemisfest, ein zweites Ereignis in die Handlung ein, das mit Gewaltanwendung in der rituellen Praxis zusammenhängt; diesmal geschieht dies auf dem kolchischen Demeterfest, das ausführlich aus Medeas Sicht dargestellt wird. Hier wird zunächst die Anbindung Medeas an ihre eigene Tradition sichtbar; durch den

---

428 MS, S. 203f.
429 MS, S. 204.
430 MS, S. 181.

Labyrinthtanz, den Gang über die Kohlen und das Kauen von Lorbeer, das sie „das Glück der Unersetzlichkeit"[431] spüren lässt, kommt Medea nach der heftigen Auseinandersetzung auf dem Artemisfest der Korinther, durch die sie ihr Gleichgewicht verloren hatte, wieder zu sich. Ähnlich wie auf dem Artemisfest versucht sie auch auf dem Demeterfest eine bevorstehende Gefahr zu verhindern, die durch das Fällen eines Baumes im heiligen Hain entsteht:

> In unserem heiligen Hain schlug jemand einen Baum. Der Unselige war des Todes. Ich wusste keinen Rat, außer daß ich laut den Gesang wieder anstimmte, den wir eben unterbrochen hatten, um die Axtschläge zu übertönen. Die Frauen zischten mich an, hielten mir den Mund zu, ich sah ihre verzerrten Gesichter, sie haßten mich, ich haßte sie.[432]

Es gelingt ihr jedoch nicht, die erzürnten Kolcherinnen davon abzubringen, Turon zu kastrieren, der im kolchischen heiligen Hain einen Baum gefällt hat, behandelt ihn aber später und rettet sein Leben. Medea hat auch hier keinen Einfluss auf die Entwicklung: „Sprachlosigkeit steht mir bevor."[433], äußert sie in ihrer Fassungslosigkeit. Auffallend ist an diesen Ereignissen, dass sowohl ein kolchisches als auch ein korinthisches Tabu verletzt wird und Medea die Bestrafung der Täter zu verhindern oder zumindest zu lindern versucht, aber dabei immer wieder auf Widerstand stößt. Begründet wird die Bestrafung der Übeltäter mit dem jeweiligen Brauchtum, das Medea nicht akzeptiert. Öffentlich bringt sie dies, vermutlich aus Angst vor dem zornigen Volk, zwar nicht zum Ausdruck, aber sie demonstriert durch ihr Handeln ihre Ablehnung der rituellen Praxis beider Kulturen, sofern sie auf Gewalt basiert. Wie Ortrud Gutjahr hervorhebt, ist Gewalt ein wichtiger Aspekt, der beide Kulturen trotz Differenzen in der rituellen Praxis miteinander verbindet: „Bei aller Unterschiedlichkeit in der kulturellen Praxis wird durch die reflektierenden Analysen der unterschiedlichen Stimmen ein Grundmuster herausgearbeitet, das für beide Kulturen konstitutiv ist und sie jenseits aller Kulturdifferenzen verbindet: Gewalt."[434] Aus diesem Grund ist der Auffassung von Mitrache, dass Kolchis humaner sei, nicht zuzustimmen.[435]

In der Hinsicht, dass Kolchis humaner sei, steht Medea auf keiner Seite.[436] Es ist nicht davon auszugehen, dass Medea eine vollkommene Aufhebung des

---

431 MS, S. 207.
432 MS, S. 208.
433 Ebd.
434 Gutjahr, Mythos nach der Wiedervereinigung. Zu Christa Wolfs *Medea Stimmen* und Botho Strauß' *Ithaka*, a. a. O., S. 349.
435 Vgl. Mitrache, Von Euripides zu Christa Wolf, a. a. O., S. 211.
436 Vgl. Wolf, Notate aus einem Manuskript ab 1. Februar 1993. In: dies., Medea. Stimmen, Voraussetzungen zu einem Text. Werke Bd. 11, a. a. O., S. 224–238. Noch vor

Rituals anstrebt, sonst würde sie nicht an den Festen teilnehmen, sie wünscht sich aber eine Veränderung, weil ihre Ziele und Erwartungen mit den Zielen des Rituals und auch der Menschen, die sie ausführen, divergieren. Die Unmöglichkeit der Verwirklichung einer Veränderung und die Erfahrung, dass aus der Sicht der Korinther und Kolcher ihr Verhalten regelwidrig ist und von den Menschen nicht gutgeheißen wird, zeigt, dass Medea ihrer eigenen Kultur entfremdet ist. Im Sinne von Seeman lässt sich Medeas Erfahrung als *powerlessness* und *normlessness* deuten; sie erfährt das Gefühl ihrer Machtlosigkeit, weil sie die Entwicklungen bezüglich der inhumanen rituellen Praxis nicht beeinflussen kann. Auch wenn sie die Kastration durch die Übertönung der Axtschläge zu verhindern versucht, halten die kolchischen Frauen ihr den Mund zu und bringen sie dadurch zum Schweigen. Die Figur macht die Erfahrung, einer größeren Ordnung gegenüberzustehen und ihr ausgeliefert zu sein. Jeder Widerstand ist zwecklos, weil eine Einflussnahme unmöglich scheint. Wie Seeman in seiner Theorie hervorhebt, sieht das Individuum keine Möglichkeit, seine Wünsche durch sein eigenes Handeln zu verwirklichen, kann keinen Einfluss auf den Gang der Ereignisse nehmen und fühlt sich ohnmächtig gegenüber einer größeren Macht.[437] Zu Recht betonen Corinna Viergutz und Heiko Holweg, dass Christa Wolf hier eine „biophile Alternative"[438] aufzeigt, eine lebensbejahende Alternative, und an der Medea-Figur exemplifiziert. Auch *normlessness* als eine Entfremdungserfahrung lässt sich bei Medea erkennen. Seeman, der immer von den Erwartungen des Individuums ausgeht, beschreibt *normlessness* als eine Variante von Entfremdung, in der das Individuum glaubt, regelwidrig handeln zu müssen, um seine Ziele zu erreichen.[439] Um die Gewalt wie Menschenopfer oder Kastration zu verhindern, verletzt Medea religiöse Gesetze und zeigt Verhaltensweisen, die von den Korinthern und Kolchern missbilligt werden. Dabei spielt es keine Rolle, ob es um ihre eigene Kultur oder um eine andere geht.

Medea hat eine gewisse Distanz zum Götterglauben und eine tiefe Aversion zu bestimmten korinthischen und kolchischen Ritualen; sie bemängelt die „allzu pünktlich[e]"[440] Ausführung der kolchischen Rituale in Korinth, hält die Vermitt-

---

der Veröffentlichung von *Medea. Stimmen* bemerkt Christa Wolf zur Medea-Figur hier, „Medea übrigens, wird wohl auch daran zugrunde gehen müssen, daß sie auf keiner von allen möglichen Seiten mehr stehen kann, daß sie zwischen die Fronten gerät [...]", S. 231.

437 Vgl. Seemann, On The Meaning of Alienation, a. a. O., S. 784f.
438 Viergutz, Holweg, „Kassandra" und „Medea" von Christa Wolf, a. a. O., S. 82.
439 Vgl. Seeman, On The Meaning of Alienation, a. a. O., S. 788.
440 MS, S. 191.

lung von „manchmal komplizierten Rituale[n]" an die jüngere Generation für unwichtig; auf dem korinthischen Artemisfest verärgert sie die Korinther, weil sie sich an dem Ruf „Groß ist die Göttin der Korinther, Artemis"[441] nicht beteiligt, sie geht sogar einen Schritt weiter und bespuckt die als Zeichen der Fruchtbarkeit an der Artemisstatue angebrachten Stierhoden. Aufgrund ihrer ablehnenden Haltung gegenüber der rituellen Praxis bringt sie beide Seiten gegen sich auf. Hinzuzufügen ist, dass Medea auch schon in Kolchis und dann in Korinth tabuverletzende Handlungen begeht: In Kolchis verhilft sie Jason zum Goldenen Vlies, und in Korinth bringt sie während einer Hungersnot die Menschen dazu, Pferdefleisch zu essen. Sie berührt Objekte, die von der jeweiligen Gesellschaft als heilig angesehen werden, und macht sie sich dadurch zum Feind. „[...] wer die Leute zwinge, an ihr Heiliges zu rühren, mache sie sich zum Feind", muss Medea selbst zugeben.[442] Die Trennung von vorherrschenden und verbreiteten religiösen Werten entspricht der Entfremdungserfahrung *isolation* nach Seemans Theorie. Dass sie die korinthischen religiösen Werte und Rituale ablehnt, ist verständlich, weil diese nicht Teil ihrer eigenen Kultur sind, aber sie distanziert sich auch von ihren eigenen Werten und Ritualen; sie misst diesen einen geringeren Wert bei als die Kolcher.

Auch den Glauben an die Götter verliert sie sukzessive:

> Schwer, langsam, aber endgültig habe ich mich von dem Glauben gelöst, daß unsere menschlichen Geschicke an den Gang der Gestirne geknüpft sind. Daß dort Seelen wohnen, ähnlichen den unseren, die unser Dasein betrifft, und sei es, indem sie die Fäden, die es halten, mißgünstig verwirren. Akamas, des Königs erster Astronom, denkt wie ich, das weiß ich seit einem Blickwechsel bei einer Opferfeier. Wenn wir uns auch beide verstellen, so doch aus verschiedenen Gründen und auf verschiedene Weise. Aus abgrundtiefer Gleichgültigkeit gegenüber jedermann gibt er sich als der eifrigste unter allen Dienern der Götter, ich, indem ich mich, so oft ich kann, den Ritualen entziehe, aber schweige, wenn ich an ihnen teilnehmen muss, aus Mitleid mit uns Sterblichen, die wir, wenn wir die Götter entlassen, eine Zone des Grauens durchqueren, der nicht jeder entkommt.[443]

Medea stellt eine Analogie zu Akamas in Bezug auf ihre Glaubenslosigkeit her und räumt bekümmert ihre Vortäuschung von Gläubigkeit und Verschwiegenheit in religiösen Dingen ein. Im Gegensatz zu Akamas, für den die Rituale eher Routine sind, versucht sie, sich von den rituellen Praktiken fernzuhalten. Nicht aus freiem Willen, sondern notgedrungen geht sie zu den Ritualen, ohne aktive Mitwirkung und ohne Interesse, was ein Merkmal von *self-estrangement* ist, denn sie hat das Gefühl bestimmte Verhaltensweisen verwirklichen zu müssen, doch ihr Handeln

---

441 MS. S. 199.
442 MS, S. 49.
443 MS, S. 188f.

befriedigt sie nicht. Ihre Zweifel am Glauben sind entstanden, als ihr Bruder in Kolchis ermordet und seine Gliedmaßen zum Zwecke der Fruchtbarkeit auf die Äcker gestreut wurde: „Dein Tod hat mir die Augen aufgerissen, Absyrtos. Zum erstenmal fand ich Trost darin, daß ich nicht immer leben muß. Da konnte ich diesen aus Angst geborenen Glauben loslassen; richtiger, er stieß mich ab.“[444] Sie stellt den Glauben an Fruchtbarkeitsriten, die Menschenopfer fordern, infrage und lehnt diese strikt ab. Die Ablehnung dieser Riten und die Unmöglichkeit ihrer Aufhebung gipfeln in einem heftigen Widerwillen, der ein wichtiger Grund für ihre Lösung vom Glauben darstellt. In tiefer Trauer hat sie die Gliedmaßen ihres Bruders eingesammelt und auf diese Weise ein kolschisches Tabu verletzt, „Ob sie mir meinen Unglauben anspüren, meine Glaubenslosigkeit“[445], fragt sie sich rückblickend.[446] Ein menschliches Ideal, wie Seeman[447] in seinen Ausführungen über *self-estrangement* beschreibt, könnte für sie die Schwester ihrer Mutter Kirke darstellen, die auf einer Insel lebt und die sie selbst als „meine Vorläuferin“[448] bezeichnet.

Medeas Entfernung von den kulturellen Riten und Abkehr vom Glauben führen dazu, dass sich auch viele Kolcher, die mit ihr zusammen aus Kolchis geflohen sind und ihr die Schuld am Heimatverlust geben, von ihr abwenden. In ihrer Sehnsucht nach Kolchis stellt sie bedrückt fest:

> Unser Kolchis an den Südhängen des wilden Kaukasus, dessen schroffe Berglinie in jede von uns eingeschrieben ist, wir wissen es voneinander, reden niemals darüber, Reden steigert das Heimweh ins nicht zu ertragende. Aber das wußte ich doch, daß ich niemals aufhören würde, mich nach Kolchis zu sehnen, aber was heißt wissen, dieses nie nachlassende, immer nagende Weh läßt sich nicht vorauswissen, wir Kolcher lesen es uns gegenseitig von den Augen ab, wenn wir uns treffen, um unsere Lieder zu singen und den nachwachsenden Jungen unsere Götter- und Stammesgeschichten zu erzählen, die manche von ihnen nicht mehr hören wollen, weil ihnen daran liegt, für echte Korinther zu gelten. Auch ich vermeide es manchmal, zu diesen Treffen zu gehen, und immer öfter, scheint mir, laden sie mich nicht mehr dazu ein. Ach meine lieben Kolcher, auch sie verstehen es, mir weh zu tun.[449]

---

444 MS, S. 104.

445 MS, S. 103.

446 Interessant ist an dieser Stelle der innere Zwiespalt, den Christa Wolf in König Aites verlegt. „Wenn beides möglich gewesen wäre, an der Macht bleiben und dich behalten, so hätte er gerne beides gehabt, Bruder.“ (S. 102). In der traditionellen Überlieferung von Euripides ist es Medea, die zwischen ihren Gefühlen und ihren Gedanken hin und her schwankt, als sie ihre Kinder tötet.

447 Vgl. Seeman, On The Meaning of Alienation, a. a. O., S. 790.

448 MS, S. 108.

449 MS, S. 30.

Sie besitzt eigentlich eine starke kulturelle Identität und besteht bei jeder Konfrontation mit korinthischen Werten und Bräuchen auf ihrer eigenen Kultur oder sie verteidigt diese. Sie lässt sich nicht von der korinthischen Kultur beeinflussen oder andere Wertmaßstäbe aufzwingen, die vorgeben, überlegen zu sein. Auf der anderen Seite ist erkennbar, dass sie einigen ihrer eigenen Normen und Werte kritisch gegenüber steht, was sie nach außen hin, aber insbesondere gegenüber Fremden verbirgt. Ihre Einstellung hinsichtlich der kolchischen Normen und Wertmaßstäbe ist zwiespältig. An ihren Kleidungssitten, Leitbildern und vielen ihrer Werteinstellungen in Bezug auf „Nützlichkeit" oder „Gold" hält sie fest, aber ihren religiösen Glauben gibt sie allmählich auf. Obwohl sie die rituellen Handlungen zum großen Teil ablehnt, nimmt sie an den Zeremonien teil, wie z. B. am Demeterfest, aber auch am korinthischen Artemisfest oder an den Opferritualen. Wenn sie versucht, von der Gesellschaft als Tabuverletzung angesehene begangene Verbrechen – das Fällen eines Baumes im heiligen Hain der Kolcher oder die Plünderung der Gräber –, zu verschleiern, dann um mögliche Gewaltanwendungen oder Opfer zu verhindern. In diesem Zusammenhang verkörpert sie eine „Umwertung der Werte"[450].

Die kulturelle Entfremdungserfahrung Medeas lässt sich, wie oben erörtert, als *powerlessness* und *normlessness* deuten. Ihre Machtlosigkeit beruht auf der Unfähigkeit, Einfluss auf bestimmte Werte und Normen zu üben und sie zu verändern, während das Entfremdungsgefühl als *normlessness* aus der subjektiven Erfahrung entsteht, gegen gesellschaftliche Regeln zu verstoßen, um gegebene Ziele zu erreichen. Neben diesen zwei Varianten von Entfremdung kann in Anlehnung an Seeman auch die Erfahrung von *isolation* an Medea beobachtet werden, die durch Zunahme des Entfremdungsgefühls und Trennung von vorherrschenden, weitverbreiteten Werten und von der Gesellschaft näher erklärt werden kann. Dies spiegelt sich auch in dem Gefühl, nirgendwo eingegliedert zu sein, wider. Sich selbst total entfremdet, wird sie als Sündenbock durch die Stadt getrieben:

> Maßlos ist sie am Ende gewesen, so, wie die Korinther sie brauchten, eine Furie. Wie sie, die bleichen verängstigten Knaben an der Hand, in den Tempel der Hera eindrang, die Priesterin beiseite schob, die ihr in den Weg trat; wie sie die Kinder zum Altar führte und zur Göttin aufschrie, was einer Drohung mehr ähnelte als einem Gebet: Sie solle diese Kinder schützen, da sie, die Mutter, es nicht mehr könne. Wie sie die Priesterinnen verpflichtete, sich der Kinder anzunehmen, was die aus Furcht und Mitleid versprachen.[451]

---

450 Christa Wolf: Von Kassandra zu Medea. Impulse und Motive für die Arbeit an zwei mythologischen Gestalten. In: dies., Medea. Stimmen, Voraussetzungen zu einem Text. Werke Bd. 11, a. a. O., S. 264–274, hier S. 272.
451 MS, S. 226f.

Vollkommen isoliert von der Gesellschaft und „getrennt von allen"[452], zügellos und unbeherrscht, die Normen und Werte der Kolcher und Korinther grundlegend ablehnend, versucht sie vergebens, ihre Kinder im Heratempel vor der Ermordung zu schützen. Am Ende lebt Medea zurückgezogen von allen Menschen; vereinsamt, hoffnungslos und enttäuscht verfällt sie in einen geistigen Krankheitszustand, als sie erfährt, dass man sie für die Mörderin ihrer Kinder ausgibt:

> Wollen die Götter mich lehren, wieder an sie zu glauben. Da lach ich nur. Jetzt bin ich ihnen über. Wo sie mich auch abtasten mit ihren grausamen Organen, sie finden keine Spur von Hoffnung, keine Spur von Furcht an mir. Nichts nichts. Die Liebe ist zerschlagen, auch der Schmerz hört auf. Ich bin frei. Wunschlos horch ich auf die Leere, die mich ganz erfüllt.[453]

Mit Medeas Erfahrung von totaler Entfremdung, dass sie in keine erdenkbare Welt und keine Zeit passen wird, endet der Roman.

IV.2.2 Jason: *normlessness, isolation, self-estrangement*

Trotz der Kenntnisse über die Heilkunde durch seinen Erzieher Cheiron entfernt sich Jason von jenen Praktiken, die er in seiner Kindheit in den thessalischen Wäldern gelernt hat. Dabei hatte gerade diese Fähigkeit eine große Bewunderung in Medea erregt, sodass sie sich nach dem Erwerb des Goldenen Vlieses auf der Flucht vor ihrem Vater auf der Insel Korkyra zur notgedrungenen Heirat mit ihm bereit erklärt:

> Er war ein herrlicher Mann. Sein Gang, seine Haltung, das Spiel seiner Muskeln bei den Manövern auf dem Schiff – ich mußte ihn immer ansehen, und als einige seiner Argonauten von den Kolchern verwundet waren, haben Jason und ich sie versorgt, er wußte Bescheid, auch er kannte die Griffe, die Heilmittel. Näher bin ich ihm nie gewesen als in jener Nacht, da wir Hand in Hand arbeiteten, uns ohne Worte verständigten. So hatte ich nichts dagegen, seine Frau zu werden, und nicht nur, weil der König auf Korkyra, wo wir Zuflucht gesucht hatten, mich sonst an die zweite kolchische Flotte ausgeliefert hätte, die Befehl hatte, nicht ohne mich nach Hause zu kommen.[454]

Auch König Kreon, der Jason mangels eines männlichen Erben mit seiner Tochter verheiraten will, imponiert seine Erziehung. Jason erinnert sich an ein Streitgespräch mit Medea, die ihre Kritik über die schlecht praktizierte Heilkunst von Ärzten und Astrologen in Korinth äußert:

---

452   MS, S. 192.
453   MS, S. 235.
454   MS, S. 111.

Was hat dich denn dein Cheiron gelehrt? Diese albernen Kunststücke, mit denen sie die Leute übers Ohr hauen? Es war merkwürdig. Was Cheiron mich gelehrt hatte, die gute Heilkunst, die Medea ausübt, ich begann, sie zu vergessen. Sie nützt mir hier nichts.[455]

Früher hat er die gleiche Methode der Heilkunst angewendet wie Medea, die er selbst als „gute Heilkunst" bezeichnet. In dieser Hinsicht besteht eine gewisse Parallele zu Medea und nicht jedoch zur korinthischen Heilkunst. Obwohl er Medeas Kritik über die korinthische Praxis der Heilkunst insgeheim für berechtigt hält, zieht er sich in diesen Fragen lieber zurück, lehnt seine eigenen Werte ab oder „muss seine Werte verleugnen"[456], um sein Ziel zu erreichen. Er zeigt viel mehr Interesse für Dinge, die sein Aufsteigen im Königshaus ermöglichen. Deshalb scheint ihm das Wissen über die erlernte Heilkunst und die Funktion als Heiler eher hinderlich zu sein. „Irgendwann muss ein Mann sich entscheiden, was er will, und muss auch vergessen können, was er nicht mehr gebrauchen kann und was ihn nur belastet"[457], stellt er fest. Der feste Glaube daran, dass die erlernte Heilkunst eine Barriere für seinen Aufstieg bilden könnte und dass nur eine Handlung, die er selbst nicht gutheißt, notwendig ist, um gegebene Ziele zu erreichen, lässt einen Mangel an Vertrauen in seine eigenen Werte erkennen; insofern ist Jason seiner Kultur entfremdet. Zieht man an dieser Stelle Seemans Theorie heran, so sind einige inhaltliche Parallelen zu *normlessness* erkennbar. Nach Seeman entsteht *normlessness* als eine Variante von Entfremdung dann, wenn das Individuum die Erreichung seines Zieles nur in einer unerlaubten Handlung sieht.[458] Es muss allerdings betont werden, dass sich bei Jason ein entsprechendes regelwidriges oder kriminelles Verhalten nicht feststellen lässt, weil er keine strafbare Handlung begeht. Trotzdem zeigen seine Empfindungen im Hinblick auf seine erlernte Heilkunst Merkmale von *normlessness*, wie oben dargelegt wurde. Im Vergleich zu Medeas Erfahrung von *normlessness* unterscheidet sich Jasons in Bezug auf ihre Ziele; Medeas abweichende Verhaltensweisen resultieren aus dem Glauben, menschenverachtende rituelle Praktiken aufzuheben oder diese zu humanisieren, während es bei Jason um die Befriedigung individueller Bedürfnisse geht. Interessant ist in diesem Zusammenhang auch die Beziehung Jasons zu seinen Eltern, die ziemlich brüchig ist, denn Jason ist ohne elterliche Zuneigung aufgewachsen, weil er als Kind in die thessalischen Wälder zum Erzieher Cheiron gegeben wurde, unter anderem zum Schutz vor dem

---

455 MS, S. 68.
456 Wolf, Notate aus einem Manuskript ab 1. Februar 1993. In: dies., Medea. Stimmen, Voraussetzungen zu einem Text. Werke Bd. 11, a. a. O., S. 236.
457 MS, S. 58.
458 Vgl. Seeman, On The Meaning of Alienation, a. a. O., S. 788.

Usurpator Pelias, seinem Onkel. In seiner ersten Begegnung mit seinem Vater und seiner Mutter erscheinen ihm diese als zwei fremde Menschen, was auf seine Entfremdung gegenüber seinen Eltern zurückzuführen ist.[459]

Das Goldene Vlies, das ihm zur Sicherung seiner Thronfolge in Jolkos verhelfen soll und als heiliges Objekt männliche Fruchtbarkeit symbolisiert, wird von Jason als „simples Widderfell"[460] oder „dumme[s] Fell"[461] bezeichnet. Dies zeigt, dass er diesem von anderen hoch geschätzten Objekt keinen besonderen großen Wert beimisst, ja es für unbedeutend hält. Das Vlies dient ihm lediglich als Mittel zur Erreichung seines Zieles. Hier divergieren die Werteinstellungen zwischen ihm und seinen Gefährten. Unsicher ist er auch, als er in Kolchis mit barbarischem Brauchtum konfrontiert wird und den plötzlichen Entschluss fasst, wieder zurückzukehren. Es ist Medea, die ihn aufhält und ihm ihre Hilfe anbietet, das Goldene Vlies zu erlangen, das Zweck seiner Reise nach Kolchis war. Die Trennung von vorherrschenden Werten bzw. die Erfahrung, dass das Individuum den von der Gesellschaft anerkannten Zielen einen geringen Wert beimisst, hat Melvin Seeman mit *isolation* als eine Entfremdungserfahrung beschrieben.[462] Also macht Jason auch die subjektive Entfremdungserfahrung als *isolation* unter dem Aspekt der Kultur.

Außer der Bestürzung Jasons über kolchische Bestattungsriten und seiner Verwunderung über die Begrüßungsform Medeas mit erhobenen Händen, welche aus seiner Sicht „nur dem König oder seinem Abgesandten zukommt"[463], werden seine kulturelle Differenzen zu Kolchis kaum veranschaulicht. Christa Wolf verlegt seine Erfahrungen kultureller Differenzen bewusst nach Korinth, was sicherlich aus ihrer Kritik an der Intoleranz und am Hochmut der sogenannten fortschrittlichen Gesellschaft gegenüber den Werten der unterlegenen Gruppe resultiert. So erscheint Korinth als eine „schimmernde[ ] Stadt"[464] mit „wohleingerichteten Häusern"[465], während der Königspalast in Kolchis „ganz aus Holz"[466] ist, den Jason aber trotz Missfallens bewundert. Die kulturelle Differenzerfahrung in Kolchis kommt besonders im Hinblick auf Rituale, wie z. B. die Totenbestattung zum Vorschein, die im engen Zusammenhang mit der Vorstellung von Wiedergeburt im Jenseits steht. Aus der Sicht Jasons wird beschrieben,

---

459   Vgl. ebd.
460   Ebd.
461   MS, S. 59.
462   Vgl. Seeman, On The Meaning of Alienation, a. a. O., S. 789.
463   MS, S. 47.
464   MS, S. 16.
465   MS, S. 75.
466   MS, S. 52.

was für eine heftige Reaktion die zweistufige Form der Bestattung der Kolcher auf die Argonauten bewirkt:

> Wir, die wir in ein barbarisches Land vorstießen, waren barbarischer Sitten gewärtig und hatten uns durch die Anrufung unserer Götter innerlich gefestigt. Aber bis heute kann ich den Schauder spüren, der mich ergriff, als wir das niedrige Weidengestrüpp am Ufer durchquert hatten und in einen Hain regelmäßig gepflanzter Bäume gerieten, an denen die entsetzlichsten Früchte hingen. [...] Der Schrecken fuhr uns in die Glieder.[467]

Bevor die Argonauten Kolchis betreten, stärken sie ihre Gedanken und Gefühle, damit sie von der fremden Kultur nicht beeinflusst werden. Für die Argonauten erregen die kolchischen Luftbestattungsriten, in denen männliche Tote an Bäume aufgehängt und erst nach der Säuberung der Skelette durch Vögel in Felsenhöhlen bestattet werden, Schauder und Grauen. Hier treffen Bestattungsrituale zweier unterschiedlicher Kulturen aufeinander, die durch Jason und Medea verkörpert werden. In einer Auseinandersetzung mit Medea insistiert Jason darauf, dass die einzig richtige Sitte die Erdbestattung sei, bei der die Toten unversehrt im Grab beigesetzt oder in Felsenhöhlen eingeschlossen werden, während Medea besonderen Akzent auf den Sinn der jeweiligen Rituale legt. In dieser Hinsicht wird nach Friederike Mayer „die Borniertheit Jasons deutlich, mit der Medeas Relativismus kontrastiert"[468]. Ein grauenerregender, aber zugleich faszinierender Anblick ist für Jason auch das Bild Medeas als Priesterin in traditioneller Tracht während eines Opferkultes, dem zufolge die Kolcherinnen das Blut des Opfertieres trinken, worüber er bemerkt, dass dies für ihn das „grausamste und unwiderstehlichste Bild"[469] von Medea sei. Die Angst Jasons, sich durch den Einfluss einer fremden Kultur von der eigenen zu entfernen, kann als Angst vor einer bevorstehenden kulturellen Entfremdung gedeutet werden.

Auch in Korinth ist gegenüber den Kolchern und deren Kultur eine gewisse Angst zu erkennen, als diese heimlich ihren Brauch der Schlangenverehrung in Korinth fortsetzen:

> [...] es schaudert sie [die Korinther], wenn man ihnen sagt, daß die Kolcher Schlangen als Hausgötter an ihrer Herdstelle hielten und sie mit Milch und Honig fütterten. Wenn sie wüßten, die braven Korinther, daß diese Fremden auch hier nicht davon abgelassen haben, daß sie es heimlich weiter tun, das Schlangenhalten und Schlangenfüttern. Aber

---

467 MS, S. 46.
468 Mayer, Potenzierte Fremdheit Medea – die wilde Frau, a. a. O., S. 87.
469 MS, S. 64.

sie betreten ja nie die ärmlichen Behausungen der Fremden am Rand der Stadt, oder Medeas Wohnstätte, so wie ich [Jason] es tue [...].[470]

Die Distanz der Korinther gegenüber den Kolchern ist eine Folge der Angst vor ihrem Brauchtum der Schlangenverehrung, die aus Korinther-Sicht archaisch anmutet. Es ist offensichtlich, dass sich die Kolcher der Nichtachtung ihrer eigenen Kultur in der Fremde bewusst sind und aus diesem Grund ihre rituellen Praktiken heimlich ausführen. Jason hat zwar eine „Distanz zu den archaischen Kolchern"[471], wie Marie-Luise Erhardt auch hervorhebt, es darf aber nicht außer Acht gelassen werden, dass er gleichzeitig eine gewisse Nähe zu ihnen empfindet. Er hat keine großen Berührungsängste gegenüber den exilierten Kolchern, er besucht sie schließlich in ihren ärmlichen Wohnräumen oder lässt sich den Gerstenfladen, den er gern isst, von den Kolcherinnen backen.

Das Zusammengehörigkeitsgefühl der Kolcher und ihre Verbundenheit mit ihrer Tradition werden von ihm aber abwertend als Insistieren auf ihrer Andersartigkeit verstanden, worauf Medea mit einem kurzen Lachen antwortet. Medea teilt Jasons Meinung in dieser Hinsicht nicht und lässt ihn dies ironisch mit einem Auflachen spüren.

> Und man setzt die Kolcher doch nicht herab, das habe ich Medea klarzumachen versucht, wenn man feststellt, daß sie anders sind. Da hat sie aufgelacht in ihrer höhnischen Art, die mir mehr und mehr auf die Nerven geht, aber zugeben mußte sie mir, daß die Leute aus Kolchis sich hier in ihrem Stadtviertel zusammendrängen und an ihren Bräuchen festhalten und nur untereinander heiraten und also selber darauf bestehen, daß sie anders sind.[472]

In der Gegenüberstellung unterschiedlicher Sichtweisen auf die Geschlechterrolle haben Medea und Jason voneinander abweichende Auffassungen, die mit der Herkunft aus unterschiedlichen Kulturkreisen zusammenhängen. Medea kommt aus einer matriarchalen Kultur, in der die Frauen mehr Freiheiten genießen: Beziehungen zu anderen Männern haben können, sich im religiösen, politischen sowie gesellschaftlichen Leben aktiv beteiligen können und den Männern gleichgestellt sein, während die Frauen in der patriarchalen Kultur Jasons eine untergeordnete Rolle haben. „Kolcher halten ihre Frauen, als hinge von ihrer Stimme etwas Wesentliches ab"[473], bemerkt er über die kolchischen Männer. Medeas freizügige Art gegenüber Männern stört ihn, und als er vor Gericht den Namen ihres Liebhabers

---

470 MS, S. 56.
471 Ehrhardt, Christa Wolfs Medea – eine Gestalt auf der Zeitengrenze, a. a. O., S. 21.
472 MS, S. 59f.
473 MS, S. 59.

hört, ist er empört darüber: „Als man sie dann endlich hereinführte, empfand ich nur Wut. Vor allen Leuten war ich jetzt der betrogene Mann und nicht sie die verlassene Frau, wie es in der Ordnung gewesen wäre. Recht geschah ihr, der Hure."[474] Medea passt sich nicht an die gesellschaftlichen Normen an, die die Korinther einer Frau auferlegen, und bringt Jason dadurch in eine unangenehme Lage in der korinthischen Gesellschaft. Er betrachtet die Frau gemäß der patriarchalen Ordnung: vom Mann abhängig und ihm untergeordnet. Deshalb nimmt er in der Gerichtsverhandlung Glaukes Bitte an den Rat, Medea ihre Kinder mitzugeben, mit gemischten Gefühlen auf und wundert sich über ihr Verhalten: „[...] dass sie überhaupt sprach in der Männerversammlung, war unerhört"[475]. Ein Wendepunkt hinsichtlich der Geschlechterrolle ist die Entmannung Turons durch die kolchischen Frauen, woraufhin ein gesellschaftlicher Wandel in Korinth entsteht. Durch die Kastration Turons festigt sich die patriarchale Struktur, die die Frauen in der Gesellschaft in eine unterlegenere Stellung drängt als vorher und in der die Frau als Objekt betrachtet wird, wie aus der Sicht Jasons deutlich wird.

Die kulturell bedingte Entfremdungserfahrung in Jason zeigt sich als *normlessness*: In den meisten Fällen akzeptiert Jason die gesellschaftlichen Normen und Werteinstellungen der Korinther. Diese Akzeptanz ist aber zum Teil eine Folge des Mangels an Vertrauen in seine eigenen, in der Kindheit erlernten Werteinstellungen, wie beispielsweise die Heilkunst, die ihm eine bessere oder höhere Position bzw. einen Erfolg nicht garantieren würden und die er deswegen verdrängt. Auf den Aspekt des Misstrauens Jasons macht auch Christa Wolf aufmerksam, indem sie Medeas Gefühle im Hinblick auf Jasons Verhalten in Frage stellt: „[...] wie muss ihr zumute gewesen sein als ihr aus Jasons Augen zuerst Entfremdung, dann Misstrauen, dann Grauen entgegensprang"[476]. Christa Wolf verweist hier auf das Gefühl eines starken Misstrauens Jasons, das eine Folge unterschiedlicher Stimmen ist bzw. mit Gerüchten über den Vorwurf des Brudermords in Verbindung steht, die ihn verunsichern. Wolf zufolge ist Jason „kein Kriegertyp, aufgezogen von dem Kentauren Cheiron, der ihn die Heilkunst lehrte und ihm diesen Beinamen gab, Jason der Heiler"[477], denn in ihren Recherchen über Jason entdeckt sie, dass er unter anderem als „Vorläufer der Christus-Gestalt"[478] erscheint. Deshalb wird er auch von ihr als Heiler konzipiert,

---

474 MS, S. 218.
475 MS, S. 219.
476 Wolf, Notate aus einem Manuskript ab 1. Februar 1993. In: dies., Medea. Stimmen, Voraussetzungen zu einem Text. Werke Bd. 11, a. a. O., S. 228.
477 Ebd., S. 235.
478 Ebd., S. 229.

er ist jedoch nach Christa Wolf „unterhöhlt durch die Moral der Korinther"[479]. Die Veränderung Jasons, seine Beeinflussung durch die korinthische Kultur und seine Abwendung von Medea ist ein Zeichen der Entfremdung zwischen den beiden, was Christa Wolf Medea in den Mund legt:

> Meidos, der größere, blonde, blauäugige, zu dem Jason schon immer besonders gerne „mein Sohn" gesagt hat, mit dem er stundenlang über Land reitet und auf den er die Entfremdung, die sich zwischen uns ausgebreitet hat, nicht überträgt.[480]

Jasons Trennung von der Familie, die vom Palast ausgestoßen wird, seine Entscheidung im Königspalast zu bleiben und nicht mit ihr auszuziehen, wird auch von seinem Freund Telamon bemängelt, über den er wütend äußert: „Ausgerechnet der hat es mir übel genommen, daß ich nicht mit Medea in dieses Vogelnest an der Palastmauer gezogen bin."[481].

Am Ende erscheint Jason als vollkommen isolierter und vereinsamter Mensch, der sich zurückgezogen und jeden Kontakt zur Gesellschaft und zu Menschen verloren hat; seine Kinder sind ermordet, Medea ist verbannt, und seine künftige Gattin Glauke hat Selbstmord begangen. Er empfindet sich selbst als einen Fremden nach Seemans Entfremdungstheorie *self-estrangement*; fühlt sich wertlos und keine Tätigkeit, die er ausführt, stellt eine ihn befriedigende Tätigkeit dar. Die seelische Zerrüttung Jasons ist Folge einer Entfremdung, die Leukon folgendermaßen zur Sprache bringt:

> In dieser Stille sah ich Jason über den Hof wanken, als habe man ihm einen Schlag vor den Kopf gegeben. Niemand blickte sich nach ihm um. Jetzt soll er Tag und Nacht unter dem halb verfaulten Rumpf seines Schiffes liegen, das sie dicht am Ufer aufgebockt haben, und Telamon, sein alter Gefährte, soll ihn recht und schlecht mit Speise und Trank versorgen.[482]

Jasons Aufstieg scheitert an dem Selbstmord Glaukes, mit deren Heirat er sich eine höhere Position im Palast sichern wollte.

IV.2.3 Agameda: *normlessness, isolation*

Der Blick der Korinther auf Fremde, die Geringschätzung der fremden Kultur und die Beziehung der Kolcher zueinander in der Fremde wird aus der Perspektive der Kolcherin Agameda besonders deutlich dargestellt. Im Folgenden soll deswegen

---

479 Ebd., S. 231.
480 MS, S. 192.
481 MS, S. 53.
482 MS, S. 228.

untersucht werden, welche Gefühle, Empfindungen und Verhaltensweisen Agameda zum Ausdruck bringt, wenn sie auf der einen Seite die herabsetzenden Blicke der Korinther auf ihre eigene Kultur, auf der anderen Seite die distanzierte Haltung ihrer eigenen Landsleute erlebt, um dann ihre Erfahrung der kulturellen Entfremdung näher beschreiben zu können.

Die Heilkunst hat Agameda von Medea erlernt, Zaubersprüche und Heilpraktiken von ihr „abgesehen und abgelauscht"[483]. Sie wird in Korinth erst nach Medeas Ausgrenzung durch die korinthische Gesellschaft als Heilerin hoch geschätzt, aber auch weil sie den reichen Korinthern von den ärmlichen Verhältnissen in Kolchis berichtet:

> Gerade vornehme Korinther Familien riefen von Anfang an mich in ihre wohleingerichteten Häuser und hörten es gerne, wenn ich sie ehrlichen Herzens bestaunte und ihnen von den primitiven Behausungen erzählte, in denen die meisten Leute in Kolchis lebten. Daß sogar das Königshaus aus Holz sein soll, das konnten sie nicht glauben, und sie bedauerten mich und bezahlten mich um so besser, je mehr sie mich bedauerten und ihre eigene Art zu leben um so höher schätzen konnten, schnell kam ich dahinter, schnell hatte ich die Kleider, die ich mir wünschte, und die Speisen, an die ich mich gewöhnte wie an die schweren süßen Weine, die man hier trinkt. Presbon hat mich seinen Freunden empfohlen. Und jetzt, da Medeas Stern im Sinken ist, da ich im Palast Mode werde, wie Presbon sagt, jetzt finde ich manchmal ein Schmuckstück. Einen Ring, ein Halsband. Ich trage sie noch nicht, Presbon hat mir davon abgeraten. Man muss den Neid der anderen nicht herausfordern.[484]

Ihre Taktik, durch die Herabminderung ihrer eigenen Kultur Mitleid bei den korinthischen Familien zu erregen, setzt sie geschickt ein und wird dafür sogar reich belohnt. Agameda verschafft sich selbst große Vorteile, indem sie die traditionellen Lebensformen ihrer eigenen Kultur verunglimpft. Aus Eigennutz passt sie sich an korinthische Lebensgewohnheiten und Lebensformen an und diffamiert ihre eigene Kultur. Dies verweist auf einen entfremdeten Zustand. Ihr Ziel, in der korinthischen Gesellschaft durch ihre Heilkunst Anerkennung und Ruhm zu erlangen, erreicht sie durch Ablehnung und Geringschätzung ihrer eigenen Kultur und Anpassung der fremden Kultur.

Agameda hat eine Aversion gegen die Sehnsucht nach der Heimat, gegen das Festhalten eines Heimatbildes, das für sie offensichtlich eher eine Utopie darstellt, und gegen ihre eigenen Traditionen, die „die exilierten Kolcher in einer engen exklusiven Gemeinschaft zu bewahren suchen"[485]:

---

483 MS, S. 74.
484 MS, S. 75.
485 Mayer, Potenzierte Fremdheit Medea – die wilde Frau, a. a. O., S. 88.

Natürlich geiferte diese Lyssa mich an, nannte Presbon und mich niederträchtig, fehlte nur, dass sie uns geradewegs Verräter geschimpft hätte, wie sie es untereinander sicherlich tun, wenn sie zusammenhocken, diese älter gewordenen Kolcher. Wenn sie auf dem Platz in ihrem Viertel, in dem sie sich ein Klein-Kolchis eingerichtet haben, das sie gegen jede Veränderung abdichten, ihre Köpfe zusammenstecken und in den Geschichten, die sie sich zuraunen, ein wundersames Kolchis erstehen lassen, das es auf dieser Erde niemals und nirgends gegeben hat. Es wäre zum Lachen, wenn es nicht so traurig wäre, schrie ich Lyssa an. Du siehst nur, was du sehen willst, gab sie zurück, nur diese paar verknöcherten Alten, die sich vor lauter Kummer und Heimweh und vor Empörung über die Behandlung, die sie durch die Korinther erfahren, ihre Traumwelt zurechtgezimmert haben. Aber leicht hätte ich es mir ja schon immer gemacht, wagte diese Frau mir zu sagen, immer schon hätte ich mir ein Bild von anderen und besonders von mir selbst zurechtgebastelt, wie ich es brauchte und wie ich es ertragen könnte.[486]

Sie ahnt, dass sie aufgrund der ablehnenden Einstellung gegenüber ihren Landsleuten von diesen mit argwöhnischen Blicken betrachtet wird. Aus ihren Gedanken wird auch deutlich, warum die mit Medea aus Kolchis geflüchteten exilierten Kolcher ihre Klein-Kolonie in Korinth gegründet haben; die diskriminierende Haltung der Korinther ihnen gegenüber scheint die Sehnsucht nach der Heimat zu verstärken. Dabei ist sich Agameda der Distanz der Korinther gegenüber Fremden bewusst und kritisiert ihre durch Assimilierung erzielte Integration: „Am liebsten hätten sie uns mit untergerührt in den gestalt- und gesichtslosen Brei dieses Stammes- und Völkergemischs."[487] Trotz ihrer stillen Kritik über den schlechten Umgang der Korinther mit den Fremden und ihres Überlegenheitsgefühls löst sie sich von den Kolchern und von ihrer eigenen Kultur; das Festhalten an einem „unhaltbaren Selbstbild" ist für sie inakzeptabel. Sie täuscht den Korinthern ihre Bewunderung für ihre Kultur vor und erweckt mit ihrem Verhalten den Eindruck, deren Lebensweise und Werte seien die besseren: „Ich hatte schnell herausgefunden, wie dringlich sie ihren Glauben brauchen, sie lebten im vollkommensten Land unter der Sonne. Was kostet es mich, sie darin zu bestärken?"[488] Durch die bewusste Verherrlichung der korinthischen Kultur bringt sie eine widersprüchliche Haltung zum Ausdruck, die Entfremdungserscheinungen aufweisen, denn sie beschönigt die korinthische Kultur, heuchelt Verehrung und Hochachtung. Von diesen Verhaltensweisen, die sie im Grunde missbilligt, macht sie Gebrauch, um sich in Korinth Vorteile zu verschaffen.

---

486 MS, S. 76.
487 MS, S. 78.
488 MS, S. 81.

Betrachtet man Agamedas Einstellung zur Rollenverteilung in Korinth, spiegelt sich auch hier ihre zwiespältige Haltung wider: Insgeheim lehnt sie den Vorrang der Männer gegenüber den Frauen in Korinth ab: „In Korinth ist es, anders als in Kolchis, geboten, daß der Mann zuerst spricht, sogar, eine lächerliche Sitte, dass der Mann für die Frau spricht."[489] Sie passt sich aber diesbezüglich an die korinthischen gesellschaftlichen Normen an und nimmt sich zurück, als sie gemeinsam mit Presbon zu Akamas geht, um ihn über Medeas Spionieren in Kenntnis zu setzen. Die untergeordnete Rolle der Frau findet sie seltsam im Vergleich zu den kolchischen Sitten, sie verhält sich jedoch der traditionellen Rollenverteilung in Korinth entsprechend und gibt zu Beginn des Gesprächs zuerst Presbon das Wort. Agameda benutzt ihre Vorzüge als Frau und baut ihre Beziehungen zum anderen Geschlecht über Sexualität auf. Über ihre sexuellen Beziehungen zu Presbon, Turon und Akamas hofft sie, Einfluss in Korinth zu erreichen und auf eine höhere Position zu avancieren. Die Sexualität wird hier „instrumentalisiert"[490], wie Göbel-Uotila zu Recht betont, Agameda hat offenbar große Freude an dieser Art, Einfluss zu gewinnen. „Einen größeren Reiz als den, bei dem mächtigsten und klügsten Mann dieser Stadt zu liegen, könnte mir kein anderer verschaffen."[491], bemerkt sie über Akamas. Die Instrumentalisierung der Sexualität und die Ausschweifungen im Sexualleben sind als eine Entfremdungserscheinung anzusehen, denn sie bezeugen missbilligte Verhaltensweisen, um gegebene Ziele zu erreichen. Agameda verkörpert geradezu ein entfremdetes Leben.

Ihrem kolchischen religiösen Glauben bleibt sie eigentlich verbunden; sie glaubt an die Begrenztheit menschlicher Fähigkeit und die Macht der Götter. In diesem Zusammenhang kritisiert sie Medeas Zorn, als diese ihre kranke Mutter nicht vor dem Tod retten konnte:

> Dieser Zorn hat etwas Ungehöriges, denn jeder Kolcher weiß, es gibt eine Grenze für die menschliche Fähigkeit zu heilen, hinter der die Götter selbst die Dinge in die Hand nehmen. Es schickt sich nicht, die Götter durch übergroße Trauer um den Toten zu kränken, wie es zu unserem Befremden die Korinther tun; allerdings fehlt ihnen ja auch die Gewißheit, daß die Seelen der Toten nach einer Ruhezeit in einem neuen Körper wieder auferstehen.[492]

---

489 MS, S. 79.
490 Göbel-Uotila, Medea. Ikone des Fremden und des Anderen in der europäischen Literatur des 20. Jahrhunderts, a. a. O., S. 255.
491 MS, S. 86.
492 MS, S. 88f.

Befremdlich findet sie in Korinth die überbetonte Trauer um einen Verstorbenen und das Fehlen des Glaubens an Wiedergeburt durch Zusammenfügung der zerstückelten Körperteile in einem anderen Körper. Ihre Empfindungen und Gefühle machen ihre Bindung an den kolchischen Glauben deutlich, diese zeigt sie aber nicht öffentlich, sondern in Korinth verheimlicht sie ihn. In einem Ritual der Korinther, bei dem Stierhoden an der Statue der Göttin Artemis befestigt werden, demonstriert Agameda wiederum eine übertriebene leidenschaftliche Bemühung zur Ausführung der rituellen Praxis der korinthischen Kultur, wie aus der Sicht Medeas erzählt wird:

> Agameda, sah ich, war die einzige Kolcherin, der es gelungen war, sich unter die Mädchen aus Korinth zu mischen, die die Hoden reinigen und am Bild der Göttin anbringen durften, um sie dann als Versprechen dauernder Fruchtbarkeit durch die Straßen der Stadt zu tragen.[493]

Keine andere Figur erweckt so viel Missachtung wie Agameda. Fast alle anderen Figuren wie Leukon, Akamas oder Jason reflektieren eine starke Aversion gegen sie; für Lyssa ist sie „niederträchtig"[494], Akamas verachtet sie, Jason empfindet ihr gegenüber zwar Abneigung, aber gleichzeitig eine bestimmte „Bewunderung"[495], Oistros äußert eine „tiefe Abneigung"[496] gegen sie, ebenso Medea, und auch die Kolcher verachten Agameda. Es verwundert also nicht, dass sie keine guten zwischenmenschliche Beziehungen bzw. keine engen Kontakte zu anderen Menschen hat, denen sie vertrauen kann. Liebe kennt sie nicht, und die Männer benutzt sie, um ihr unstillbares Verlangen nach Ruhm, Anerkennung, Respekt und Einfluss zu stillen. Sie empfindet noch nicht einmal tiefe Trauer, als ihre Mutter stirbt, weil ihr erst der Tod die Aufnahme in Medeas Schule ermöglicht: „Medeas Art zu leben schien mir als die einzig erstrebenswerte, und so konnte ich nicht nur traurig sein, als meine Mutter tot war"[497], gibt sie zu. Selbst im Besitz der Heilkunst, ist sie in Medeas Augen keine gute Heilerin, denn sie hatte ihr geraten, sie werde erst dann eine gute Heilerin, wenn sie lerne sich zurückzunehmen. Trotz ihrer Gewissheit, Akamas werde sie beschützen, falls ihr hinterlistiger Plan misslinge, wird sie am Ende durch ihn des Landes verwiesen.

Agameda übernimmt die Lebensformen und Werte der korinthischen Kultur, verleugnet ihre eigenen Normen und Werte, entfernt sich von den Menschen

---

493 MS, S. 201.
494 MS, S. 76.
495 MS, S. 217.
496 MS, S. 200.
497 MS, S. 88.

aus ihrem eigenen Kulturkreis und von ihren Idealen, während sie die korin-thische Kultur hochstilisiert, sie instrumentalisiert Sexualität und passt sich an korinthische Rituale an, obwohl sie diese eigentlich nicht gutheißt. Die subjekti-ve Erfahrung der Entfremdung Agamedas im Sinne von Seeman wurzelt darin, dass sie der Überzeugung ist, gegebene Ziele, wie beruflicher oder finanzieller Erfolg, Anerkennung und Ruhm, nur über Verhaltensweisen zu erreichen, die gesellschaftlich nicht gebilligt werden, denn sie ist sich der Diskrepanz zwischen den individuellen Wünschen und sozialen Schranken zur Erreichung dieser Zie-le bewusst. Seeman beschreibt *normlessness* aus der individuellen Perspektive als die Erfahrung des Individuums, gegebene Ziele nur über gesellschaftlich missbilligte, anomische oder abweichende Verhaltensweisen erreichen zu kön-nen[498], und diese treten in den Empfindungen, Gefühlen und Verhaltensweisen der Figur Agameda exemplarisch hervor. Durch krankhaften Ehrgeiz und Neid ruiniert sie Medea, nutzt die Männer mithilfe ihrer Weiblichkeit aus und miss-braucht ihre Heilkünste. Aus diesem Grund lässt sich die subjektive kulturelle Entfremdungserfahrung Agamedas der Kategorie *normlessness* zuordnen.

Bei näherer Betrachtung verbindet sich die Erfahrung *normlessness* mit *isolati-on*, denn es zeigt sich, dass sich die Figur im Allgemeinen von der eigenen Kultur distanziert. Außer in religiösen Fragen der kolchischen Kultur, die sie allerdings verheimlicht, hat Agameda weder zu ihrer eigenen Kultur noch zu den Kolchern eine Bindung. Melvin Seeman lehnt zwar die Hervorhebung der sozialen Kontakte für die Erfahrung von *isolation* ab, weil er befürchtet, dass dadurch die Aufmerk-samkeit auf den Umgang mit Menschen und somit den Mangel an Anpassung gelenkt würde[499], anstatt auf die subjektiven Erwartungen, doch kann man die sozi-alen Kontakte Agamedas zu den Landsleuten auch aus ihrer subjektiven Erfahrung erklären: Die Trennung von den eigenen Landsleuten oder die Isolation Agamedas von den Kolchern ist nicht die Folge eines Mangels an Anpassung, denn sie ist ja fähig, soziale Kontakte zu ihnen zu knüpfen, sondern eine Folge ihrer subjektiven Erwartung, dass nur die Anpassung an die andere Kultur und der Kontakt zu den Korinthern die Verwirklichung ihrer erstrebten Ziele in Korinth ermöglicht.

IV.2.4 Akamas: *normlessness, isolation*

Analog zu Jason zeigt auch Akamas eine gewisse Distanz zu den Kolchern und ihrer Kultur, mit dem Unterschied jedoch, dass er eine tief greifende Verachtung und Herabwürdigung der Fremden und ihrer Werte erkennen lässt. Mit Akamas

---

498 Vgl. Seeman, On The Meaning of Alienation, a. a. O., S. 787f.
499 Vgl. ebd., S. 789.

konstruiert Christa Wolf einen Korinther, der die Xenophobie verkörpert und zugleich den schlechten Umgang der korinthischen Gesellschaft mit Fremden repräsentiert. Deutlich wird dies aus der Sicht Agamedas, die sich durch Anpassung an korinthische Werte Vorteile erhofft, wie bereits erläutert wurde:

> Übrigens spüre ich am Grund von Akamas' schwer durchschaubarem Verhältnis zu Medea noch etwas anderes, kaum Benennbares. Denn wenn ich schlechtes Gewissen sage, treffe ich es nicht, und doch habe ich nicht nur bei Akamas, auch bei anderen Korinthern etwas gefunden, was sie, mehr noch als ihr Königshaus, aneinander bindet, ohne daß sie es ahnen. Auf eine unterirdische, nicht nachweisbare Weise scheint sich das Wissen ihrer Vorfahren auf die späten Nachkommen zu übertragen, das Wissen, dass sie diesen Landstrich von den Ureinwohnern, die sie verachten, einst mit roher Gewalt erobert haben. [...] Sie [Medea] ermöglicht ihm, sich selbst zu beweisen, daß er auch zu einer Barbarin gerecht, vorurteilsfrei und sogar freundlich sein kann. Absurderweise sind diese Eigenschaften am Hof in Mode gekommen, anders als beim gemeinen Volk, das ohne Gewissensbisse und ohne Einschränkung seinen Haß auf Barbaren auslebt.[500]

Agameda kritisiert einerseits das Überlegenheitsgefühl der Korinther und andererseits Akamas als einen Repräsentanten der korinthischen Gesellschaft und verweist auf die gewalttätige Landnahme durch die Korinther, die sich die Ureinwohner unterworfen haben. Der Fremdenhass des korinthischen Volkes unterscheidet sich von dem des Palastes; die obere Schicht demonstriert Freundlichkeit und verbirgt so ihre wahren Gefühle gegenüber Fremden, stattdessen geht die untere Schicht sehr hart mit Fremden um und zeigt rücksichtslos ihr Ressentiment. Die „Gastfreundschaft beruhigt zunächst das eigene schlechte Gewissen"[501], was durch Akamas vergegenwärtigt wird, denn sein anfangs freundschaftliches Verhältnis zu Medea lässt ihn als einen gerechten Menschen erscheinen.

Die kolchischen Sitten, Normen und Werte lehnt Akamas vollkommen ab und ist bemüht, eine Beeinflussung der korinthischen Gesellschaft durch diese Sitten zu verhindern. Als Medea gleich nach ihrer Ankunft in Korinth ihre Zwillinge zur Welt bringt, wundert er sich über die kolchische Sitte, nach der die Geburt eines Kindes festlich gefeiert wird. Herablassend bewertet er dieses Fest für Neugeborene als „natürlich primitiv"[502], diesen werde durch die feierliche Zeremonie unnötige Aufmerksamkeit geschenkt. Er missbilligt die Beeinflussung der korinthischen Gesellschaft durch diese Sitte, die bereits einige Korintherinnen übernommen hätten:

---

500 MS, S. 86f.
501 Mayer, Potenzierte Fremdheit Medea – die wilde Frau, a. a. O., S. 89.
502 MS, S. 120.

Es nimmt mich nicht wunder, daß manche unserer Frauen, auch die hochgestellten, sich von den Kolcherinnen ihre Art zu gebären beibringen ließen, aber in den Palast lassen unsere hochgelehrten Ärzte der Kolcherinnen Heilkunst nicht eindringen. Und sie haben recht damit, die Heilweisen der Kolcherinnen passen nicht zu uns.[503]

Wie bereits im Kapitel über Medea erwähnt, verbindet Akamas die Vorstellung von „gut" mit Nützlichkeit, was er in einer Auseinandersetzung mit Medea zur Sprache bringt und wovon er sie zu überzeugen versucht. Er sieht sich aber unerwartet einem Kontrahenten gegenüber. Hier berührt er moralische Prinzipien, die seiner materialistischen Einstellung widersprechen. Sein Handeln aus Pflichtgefühl kann man mit Georgopoulou als „Flucht vor eigener moralischer Instanz in das entfremdete Denksystem"[504] bezeichnen. Er ist jemand, der seine Aufgaben und Pflichten erfüllt, ohne dabei sein Gewissen zu befragen. Sein starker Wunsch, in der Erinnerung der Menschen fortzuleben, den er im Zusammenhang mit der Tradition der Sterndeutung in Korinth hervorhebt, zeugt nicht von Ehrfurcht vor der Tradition, sondern von Egozentrik. Es lässt sich zwar eine Bindung an die herrschenden Denkweisen der korinthischen Kultur erkennen, aber diese resultiert aus dem Überlegenheitsgefühl gegenüber der fremden Kultur, denn Akamas legt eigentlich keinen Wert auf die Normen und Werteinstellungen der korinthischen Kultur.

Was den Glauben an die Götter betrifft, so fällt auf, dass Akamas sich selbst dazu nur unzureichend äußert. Seine Haltung zum Götterglauben wird vielmehr aus der Sicht von Medea beschrieben, die ihre eigene Glaubenslosigkeit mit jener von Akamas' vergleicht. Oft wird seine Gleichgültigkeit in Bezug auf seinen Glauben akzentuiert. In einem Monolog über die Ermordung ihres Bruders stellt Medea über ihn fest:

Ich habe noch jemanden getroffen, mit dem ich darüber sprechen könnte. Hier fand ich einen, der glaubt so wenig wie ich: Akamas, aber der steht auf der anderen Seite. Wir wissen viel voneinander. Ich sage ihm, nur mit den Augen, daß ich seine tief eingefressene Gleichgültigkeit durchschaue, die nur seine eigene Person ausläßt, […].[505]

Akamas hat sich, ähnlich wie Medea, vom religiösen Glauben entfernt. Während Medeas Loslösung vom Glauben mit menschenverachtenden Ritualen zusammenhängt, demonstriert Akamas Loslösung vom Glauben Desinteresse an menschlichen Schicksalen, weil sein eigenes Ich im Zentrum seines Lebens steht.

503 Ebd.
504 Georgopoulou, Antiker Mythos in Christa Wolfs *Medea. Stimmen* und Evjenia Fakinus *Das siebte Gewand*, a. a. O., S. 146.
505 MS, S. 104.

Er weiß seine Gleichgültigkeit zu verbergen, indem er „sich als der eifrigste unter allen Dienern der Götter"[506] zeigt. So verschleiert er seine wahren Gefühle und Gedanken über den herrschenden religiösen Glauben in Korinth und zeigt Symptome von Entfremdungserfahrungen als *isolation*, denn die religiösen korinthischen Werte sind für ihn eigentlich unwichtig, er misst ihnen keinen Wert bei.

Als Akamas erzählt, wie das Volk manipuliert wurde, bemerkt er, Menschenopfer seien zu vertreten, „weil es [...] andere, schlimmere Menschenopfer erspare", obwohl dieser Brauch eigentlich schon längst in Vergessenheit geraten ist und in Korinth nicht mehr praktiziert wird. Die Irreführung des Volkes und die Befürwortung von Menschenopfern führen vor Augen, dass er moralisch verwerfliche Handlungen unterstützt, was auf seinen entfremdeten Zustand deutet. Er durchschaut und billigt die Legende um Iphinoe, die zur Manipulation des Volkes in Umlauf gesetzt wurde:

> Der Mensch schont sich, wenn er es irgend einrichten kann, so haben die Götter ihn gemacht, sonst gäbe es ihn nicht mehr auf dieser Erde. Lieder kamen auf, in denen sie Iphinoe besingen, als schöne junge Braut. Sie erleichtern den Korinthern das Herz, sie schmelzen den bösen Verdacht und ihr Schuldgefühl und ihre Trauer um in eine süße Sehnsucht. Man kann nicht genug staunen, die Weisheit der Götter nicht genug bewundern, die es so und nicht anders eingerichtet haben. Es kann zu einem Zwang werden, das immer und immer wieder zu beobachten, wenn man einmal durchschaut hat, wie es geht.[507]

Als moralisch verwerflich wird dargestellt, dass Akamas die bevorstehende Mondfinsternis dem Volk verheimlicht. Medea durchschaut ihn:

> Ich werde nicht mehr dazu kommen, den Akamas zu fragen, warum er sein Wissen von der bevorstehenden Mondfinsternis so strikt geheimgehalten hat, warum er seinen Astronomen, die eingeweiht waren, bei Todesstrafe verbot, ihren Landsleuten anzukündigen, was ihnen bevorstand. Hat Akamas bewirken wollen, was nun eingetreten ist? Kann ein Mensch so böse sein?[508]

Um von sich abzulenken, nutzt er die religiösen Gefühle der Menschen aus, indem er die Korinther auf Fremde hetzt und die Kolcher somit in Gefahr bringt. Dabei verleitet er Menschen zu verbrecherischen Handlungen und Gewalttaten und missbraucht seine Aufgaben und Pflichten als erster Astronom. Akamas unmoralisches Verhalten lässt einen Zustand von Entfremdung erkennen, der aus Misstrauen und Machtstreben entspringt. Dadurch, dass er seine Ziele nicht auf legitimem Wege, sondern nur durch kriminelle Handlungen erreichen

---

506   MS, S. 189.
507   MS, S. 132f.
508   MS, S. 205f.

kann, ist er isoliert und entfremdet von den Regeln der Gesellschaft. Durch sein kriminelles Verhalten, die Ausnutzung korinthischer Werte und Normen versucht er, seine Ziele zu erreichen und zeigt somit Merkmale von *normlessness*. Betrachtet man Akamas' Auffassung der Geschlechterrollen, so ist beispielsweise in seiner Beziehung zu Agameda zu erkennen, dass er sie als Frau nur als ein Objekt betrachtet, die in seiner Vorstellung seine Begierden befriedigt:

> Welche Lust wäre es mir gewesen, sie mit ihrer gehässigen Denunziation nicht nur abzuweisen, sondern sie wegen übler Nachrede steinigen zu lassen. Wenn diese Person, Agameda, wüsste, was für luststeigernde Bilder ich vor meinen Augen ablaufen lasse, während ich sie befriedige.[509]

Obwohl er Agameda wegen ihres verräterischen Verhaltens verachtet, befriedigt er sie unter sadistischen Vorstellungen, zu einer Partnerschaft ist er nicht fähig. Medea als eine wissende und intelligente Frau scheint ihm einerseits unangenehm zu sein: „Die Frau sei zu schlau, fand er [König Kreon], und zu vorlaut. Vor allem war sie ihm unheimlich. Sie war, wie soll ich das ausdrücken, zu sehr Weib, das färbte auch ihr Denken."[510] Andererseits empfindet er ihr gegenüber auch Zuneigung.

Es erstaunt nicht, dass Akamas keine freundschaftlichen Beziehungen unterhält. Fast alle Figuren empfinden ihm gegenüber eine tiefe Abneigung: Für Medea ist er ein skrupelloser Mensch mit „tief eingefressene[r] Gleichgültigkeit"[511], Leukon hält ihn für sehr gefährlich. Besonders ausführlich beschreibt ihn Agameda:

> Er ist ja ein merkwürdig aus ungleichen Teilen zusammengesetzter Mann. Er lebt versteckt in sorgfältig zusammengebastelten Gedankengebäuden, die er für die Wirklichkeit hält, die aber keinen anderen Zweck haben, als ihm sein leicht wankendes Selbstbewusstsein zu stützen. Widerspruch hält er nicht aus, hochmütig gießt er versteckten und offenen Hohn über kleinere Geister aus, also über jedermann, da er allen überlegen sein muß. Ich erinnere mich an den Augenblick, als mir klar wurde, dass er wenig Menschenkenntnis hat und darauf angewiesen ist, in einem Gerüst von Grundsätzen zu leben, das niemand in Frage stellen darf, sonst fühlt er sich auf unerträgliche Weise bedroht. Einer der Grundsätze ist eine fixe Idee, er sei ein gerechter Mann.[512]

---

509 MS, S. 133f.
510 MS, S. 123.
511 MS, S. 104.
512 MS, S. 84.

Aus Agamedas Einschätzung von Akamas wird erkennbar, dass sie ihn als einen Menschen mit schwachem Selbstbewusstsein, mangelnder Menschenkenntnis und enormer Selbstüberschätzung betrachtet.

Auch Akamas versucht, ähnlich wie Medea, eine Beeinflussung durch die andere Kultur zu verhindern. Sein Motiv ist jedoch Geringschätzung der anderen, fremden Kultur. Akamas' Verhalten, Empfindungen und Einstellungen zeigen unter dem Aspekt der kulturellen Entfremdung Merkmale von *normlessness*: Manipulation und Verschleierung der Tatsachen, Täuschung des Volkes, Anstiftung zu Verbrechen, Volksverhetzung und Missbrauch religiöser Werte sind Verhaltensweisen, die ihn als gewissenlosen und unmoralischen Charakter ausweisen. Er ist überzeugt, dass er bestimmte Ziele nur über Verhaltensweisen erreichen kann, die gegen geltende gesellschaftliche Normen und Werte verstoßen. Vergleicht man seine Verhaltensweisen mit den abweichenden Verhaltensweisen von Medea, wird deutlich, dass Medea zugunsten der Humanität, Akamas dagegen zu seinem eigenen Vorteil herrschende Regeln und Normen verletzt. Neben *normlessness* zeigt er auch typische Merkmale von *isolation*, die sich bei ihm in der Trennung von herrschenden Werten und der Trennung von der Gesellschaft äußert; zwar demonstriert Akamas eine Bindung an die korinthischen Werte, dies ist aber nur Schein, seine wahren Gefühle verheimlicht er, und in Bezug auf soziale Kontakte achtet er auf Distanz, die er zu allen Menschen zu wahren versucht. Es geht hier also nicht um Mangel an Anpassung oder die Unfähigkeit des Individuums, sich an die Gesellschaft anzupassen, was Seeman in seiner Beschreibung von *isolation* ausschließt[513], sondern um eine Isolierung, die von der Figur selbst beabsichtigt und erwünscht ist; Akamas hält sich fern von den Korinthern und von den Kolchern, weil er glaubt, enge soziale Kontakte und freundschaftliche Beziehungen könnten ihn bzw. seine skrupellosen Absichten verraten und die verbrecherischen Handlungen aufdecken. Selbst wenn Akamas unter dieser Situation leidet und sich insgeheim nach engeren Kontakten – insbesondere zu Medea und Leukon – sehnt, weiß er, dass er aufgrund seiner Position darauf verzichten muss. „Alles kann man nicht haben, erster Astronom des Königs sein und mit einem wie Leukon auf vertrautem Fuße stehen."[514], bemerkt er über Leukon, was seinen geheimen Wunsch nach Nähe und nach engen zwischenmenschlichen Beziehungen deutlich macht. Akamas ist seiner korinthischen Kultur durch seine Rolle als Quasimachthaber entfremdet, eine Rolle, die ihn menschlich überfordert.

---

513   Vgl. Seeman, On The Meaning of Alienation, a. a. O., S. 788f.
514   MS, S. 135.

IV.2.5 Glauke: *meaninglessness, isolation, self-estrangement*

Immer wieder taucht das Kleid als ein Motiv im Zusammenhang mit Glauke auf. Während in der traditionellen Überlieferung seit Euripides das von Medeas Kindern an Jasons zukünftige Gattin dargereichte vergiftete Hochzeitskleid zu Medeas bösen Absichten gehört, erscheint das Kleid in Christa Wolfs Bearbeitung unter drei Aspekten als ein wichtiges Kleidungsstück für Glauke: Zum einen zeigt es ihre Ablehnung der Zugehörigkeit zum Königshaus, sodann steht es für ihre Ablehnung der in der Gesellschaft herrschenden Kleidungssitten und deutet auf Ablehnung bestimmter traditionellen Werte in der Gesellschaft und schließlich symbolisiert es den Wunsch nach Selbstverwirklichung, der mit dem Sturz in den Brunnen eine besondere Bedeutung gewinnt, worauf hier kurz eingegangen werden soll.

Begeistert auf die Ankunft Medeas wartend, besticht Glauke eine Magd und lässt sich einfache Kleidungsstücke bringen, um als Königstochter im Volk nicht erkannt zu werden:

> Es ahnt ja niemand, wie ich auf sie [Medea] und die anderen Kolcher gewartet, wie inbrünstig ich herbeigesehnt habe, ich habe die junge Magd bestochen, die mich damals bediente, daß sie mir alte Kleider von sich gab, als Mädchen aus dem Volke, das Gesicht hinter einem Tuch versteckt, schlich ich mich durch die Absperrung beim Hafen, ich kann ja kühn sein, wenn ich nicht Glauke bin.[515]

Glaukes innigster Wunsch, Medea und die Kolcher zu sehen, verleitet sie zu einer unerlaubten Handlung: Sie legt ihre Tracht als Königstochter ab und verkleidet sich, um ihre Zugehörigkeit zum Königshaus zu verbergen, denn sie ist sich bewusst, dass jene Zugehörigkeit ein Hindernis für ihr Verhalten und die Realisierung ihres Wunsches darstellen würde. Diese Handlung verweist auf ihr zwiespältiges Verhältnis zu sich selbst. Des Weiteren wird deutlich, dass Glauke, die seit ihrer Kindheit nur schwarze Kleider getragen hat, diese erst durch die Bekanntschaft mit Medea mit bunten ersetzt:

> [...] warum, sagte sie, willst du dein ganzes Leben unter diesen schwarzen Tüchern ersticken, sie zog mir die schwarzen Kleider aus, die ich trug, solange ich denken kann, sie brachte Arinna mit, die Tochter von Lyssa, die hatte Webstücke bei sich, wie nur die Frauen aus Kolchis sie herstellen, Farben, die mir die Augen weiteten, sie hielten mir die Stoffe an, sie führten mich vor einen Spiegel, aber das ist nichts für mich, sagte ich, sie lachten bloß, ein bestimmtes leuchtendes Blau sollte es sein, das hebt, sagt Arinna, mit Goldborte um den Hals und auf den Rocksaum.[516]

---

515   MS, S. 143.
516   MS, S. 141.

Auch wenn sie zunächst misstrauisch gegenüber den farbigen Kleidern ist, ist ihre Bewunderung für diese nicht zu verkennen. Als ein Küchenjunge sie aufgrund ihrer Kleidung nicht erkennt und ihr nachpfeift, findet sie es „unerhört und wunderbar"[517], was ihre zwiespältige Persönlichkeit widerspiegelt und ihr Dilemma zwischen Pflicht und Wunsch deutlich macht. Die kolchischen Kleidungssitten gefallen ihr und beleben sie. Die Aufmerksamkeit der Männer mit den kolchischen Kleidern auf sich zu ziehen, erheitert sie. Glaukes Haltung bezüglich der kolchischen Kleidungsstücke zeigt, dass sie keine Berührungsängste zu Fremden und ihrer Kultur hat, ganz im Gegenteil: Sie findet die andere Kultur aufgrund ihrer Vielseitigkeit verlockender als ihre eigene. Ihre schwarzen Kleider werden ihr aber später wieder zurückgegeben, die sie dann stillschweigend annimmt. Nach der Gerichtsverhandlung und Verbannung Medeas ohne ihre Kinder hat sie einen epileptischen Anfall und kurz nach diesem Vorfall stürzt sie sich gekleidet mit dem von Medea geschenkten weißen Kleid in den Brunnen[518]. Sie trägt nicht irgendein Kleid und auch nicht ein traditionelles Kleid der Korinther, sondern entscheidet sich für das weiße Kleid, das Medea ihr geschenkt hat. Glaukes Suizid in dem an den Tod ihrer Schwester erinnernden weißen Kleid kann als Bild für die schweren Folgen einer verhinderten Selbstverwirklichung gedeutet werden. Die Unmöglichkeit, sich selbst zu verwirklichen, führt hier zu Entfremdungserfahrungen, die aus einem Mangel an Selbstvertrauen resultieren und schließlich mit dem Selbstmord enden. „Die Werte, die Korinth ihr aufgedrückt hat, treiben sie in den Tod"[519], hat Christa Wolf über Glauke gesagt.

Aus den Gedanken und Einstellungen Glaukes ist nicht allzu viel über ihren Götterglauben zu entnehmen. Sie legt eine resignierte Haltung an den Tag und macht den Eindruck einer in ihr Schicksal ergebenen Frau. Anderseits empfindet

---

517 MS, S. 142.

518 Gerd Heinz-Mohr weist darauf hin, dass das Wort Brunnen, im Hebräischen Brunnen sowie Auge bezeichne und Erkenntnis symbolisiere, während er in der Bibel „Segen, Heil, Reinigung" vergegenwärtige. Unter diesem Aspekt lässt sich Glaukes Sturz in den Brunnen als unerfüllten Wunsch nach Erkenntnis interpretieren. Vgl. hierzu Stichwort: Brunnen. In: Gerd Heinz-Mohr: Lexikon der Symbole. Bilder und Zeichen der christlichen Kunst. Freiburg, Basel, Wien: Herder 1991 (= Herder/ Spektrum: Bd. 4008), S. 60–61.

519 Wolf, Warum Medea? Christa Wolf im Gespräch mit Petra Kammann am 25. 1. 1996. In: dies., Medea. Stimmen, Voraussetzungen zu einem Text. Werke Bd. 11, a. a. O., S. 253.

sie sich selbst als eine „von den Göttern Benachteiligte[ ]"[520] und betrachtet Jason als ein Geschenk der Götter:

> Aber kann eine wie ich ein Geschenk der Götter zurückweisen, muß ich nicht die Brosamen auflesen, die mir vom fremden Tisch zufallen, sie schmecken bitter, aber doch auch süß, um so süßer, je weiter er sich von mir entfernt, dann ist er in meinem Gedanken bei mir, redet mit mir, wie er nie mit mir geredet hat, berührt mich, wie er mich nie berühren wird, verschafft mir ein Glück, das ich nicht kannte, ach Jason.[521]

Auch ihre Gedanken darüber, dass sie vor der Bekanntschaft mit Medea ihren Kummer und ihre Enttäuschungen nur der Gottheit offenbaren konnte, zeigen ihren Götterglauben und ihre Ergebenheit den Göttern gegenüber.[522]

Bezüglich der Rollenverteilung akzeptiert sie zwar die untergeordnete Rolle der Frau in der korinthischen Gesellschaft, aber sie demonstriert durch ihre Haltung zugleich Unzufriedenheit mit diesem Zustand. Als sie den Steinmetz und Bildhauer Oistros kennenlernt, für den sie eine große Bewunderung aufgrund seiner Andersartigkeit empfindet, wird ihr der Unterschied zu den Korinthern besonders bewusst:

> Eines Tages hatte Arinna mich gefragt, [...] ob ich nicht Lust hätte, einmal einen der besten Bildhauer und Steinmetzen bei der Arbeit zu sehen, Oistros. Ich hatte viel von ihm gehört, er macht Grabmäler für höhergestellte Personen, es hieß, die Götter hätten ihm goldene Hände gegeben, aber ich sah als erstes seine Augen, graublaue eindringliche Augen, freundlich, ja, aber nicht nur freundlich, auch forschend, ich fand keine Spur jener Neugier, jener Zudringlichkeit, jenes Neides in ihnen, die ich in den Augen der meisten Korinther finde. [...] Er hat rostrote Haare, das ist selten in Korinth und wird als Makel angesehen, nicht bei Oistros, an dem Spott und üble Nachrede abprallen, [...]. Er behandelte mich als seinesgleichen, [...].[523]

Im Gegensatz zu den Korinthern, die Oistros wegen seiner auffallenden äußeren Erscheinung, seines roten Haars, eher meiden, empfindet Glauke für ihn eine gewisse Sympathie, die zu einer freundschaftlichen Beziehung führt. Es interessiert sie nicht, was die Korinther über Oistros denken, denn sie bemängelt an ihren eigenen Landsleuten Eigenschaften wie Neugier, Zudringlichkeit und Neid, die sie bei Oistros nicht vorfindet. Oistros, der in Korinth als Außenseiter lebt, wird von Glauke unter anderem aufgrund seiner partnerschaftlichen Haltung gegenüber Frauen, seines Feingefühls und seiner Zurückhaltung geschätzt. Er unterscheidet

---

520 MS, S. 142.
521 MS, S. 155f.
522 Vgl. MS, S. 141.
523 MS, S. 153f.

sich in dieser Hinsicht völlig von den Korinthern. Aber gerade dieser Unterschied erweckt in ihr jene Sympathie, und über die Freiheit in den Liebesbeziehungen von Oistros und Medea sowie Leukon und Arethusa kann sie nur staunen:

> Mir fiel es wie Schuppen von den Augen, ich war unter Liebespaaren. Denn wenn auch Oistros und die Frau, deren Namen ich nicht nenne, sich selten berührten, ihre Blicke konnten sich nicht voneinander lösen. Ich konnte es kaum fassen: Jason war frei.[524]

Die von ihr bewunderten Frauen haben beide Beziehungen zu zwei Männern: Medea zu Jason und Oistros, Arethusa zu dem alten Kreter und zu Leukon. Da Glauke aus einer Kultur kommt, die einer Frau nur die Beziehung zu ihrem Gatten erlaubt, ist sie zunächst glücklich darüber, dass Jason offenbar ungebunden ist. Sie ist ebenfalls sehr verblüfft über die Unbekümmertheit Medeas, die über Jasons Beziehungen zu anderen Frauen Bescheid weiß. Dies erfährt sie von Arinna, der Tochter von Medeas Ziehschwester:

> [...] kaum wollte ich für wahr halten, was ich sah, da fing Arinna von selbst damit an, mir passierte es zum ersten Mal, daß mich eine Frau ins Vertrauen zog, ja, sie hing an Jason, mein Herz zuckte, ich ließ mir kein Wort entgehen, ich lernte. Und seine Frau? Wagte ich zu fragen. Sie wußte es, erfuhr ich. Sie schien unbefangen, wenn sie uns antraf.[525]

Wie bereits an anderer Stelle erwähnt, haben Frauen in Korinth eine untergeordnete Rolle, sie „spielen dort keine bestimmende Rolle mehr, sie sind keine selbstbestimmte Menschen"[526]. Deshalb sucht Glaukes Vater für sie den Ehemann aus, den sie später heiraten wird. „Es war ja nicht möglich, mein Begehren auf den Mann zu richten, der dieser Frau gehörte"[527], räumt Glauke ein, was ihre Hemmungen sichtbar macht, obwohl sie Jason liebt.

Der Vater-Tochter-Konflikt verschärft sich durch die heimliche Weigerung gegenüber der Autorität des Vaters; ihre Angst vor dem Vater überwindet sie mit Hilfe von Medea. „Ich hätte erschrecken sollen, aber ich erschrak nicht"[528], gibt sie zu, als ihr Vater sie wegen ihrer Freundschaft zu Medea zur Rechenschaft zieht.

Glauke erlebt fern von ihren eigenen Landsleuten, vom Königshaus und von ihrer eigenen Kultur Glücksmomente. „Wie ich ihn hasse, diesen Himmel von Korinth"[529], bemerkt sie über ihr Land. An die korinthischen Normen und Werte

---

524 MS, S. 157.
525 MS, S. 145.
526 Wolf, Warum Medea? Christa Wolf im Gespräch mit Petra Kammann am 25. 1. 1996. In: dies., Medea. Stimmen, Voraussetzungen zu einem Text. Werke Bd. 11, a. a. O., S. 253.
527 MS, S. 150.
528 MS, S. 143.
529 MS, S. 144.

hält sie sich nur aus Pflichtgefühl, denn die ethischen und moralischen Normen ihrer eigenen Kultur bereiten ihr Unbehagen. Sie weicht von ihrer eigenen Kultur ab, zeigt dies aber nicht öffentlich. Glück empfindet sie in der Nähe von Arinna, Medea, Oistros und Arethusa, weil diese sie als Mensch anerkennen, achten und respektieren. Von dem Wohnraum Arethusas, die mit Oistros im gleichen Haus wohnt, ist sie fasziniert:

> Nie hatte ich mir vorgestellt, daß es so etwas Schönes wie diesen Raum in meiner Stadt geben könnte. Arethusa, die hier lebte und die ganz vertraut zu sein schien mit der Frau, deren Namen ich vermeide, Arethusa war Steinschneiderin, ihr Kopf hatte das gleiche Profil wie die Gemmen, die sie aus den Steinen herausschnitt, ihr dunkles krauses Haar war kunstvoll hochgebunden, sie trug ein Kleid, das ihre schmale Taille betonte und viel von ihren Brüsten frei ließ, ich konnte den Blick nicht von ihr wenden. [...]. Ihr Raum hatte eine große Öffnung gen Westen, er war vollgestellt mit seltenen Pflanzen, man wußte kaum, ob man drinnen oder draußen war, hier wäre gut sein, empfand ich, und mein Herz zog sich zusammen, weil solche Orte, an denen sich leben läßt, mir nicht vergönnt sind [...].[530]

Als Arethusa, die ihre traditionellen Esssitten und die kretische Steinschneidekunst in Korinth fortsetzt, ihr ein Getränk aus ihrer Heimat zubereitet, stellt Glauke erleichtert fest: „Ich fühlte mich in eine andere Welt versetzt, meine Schüchternheit verflog, ich redete mit, fragte"[531]. Vertraute Menschen und Freunde findet sie nicht innerhalb ihres eigenen Kulturkreises und auch nicht in ihrer Familie. Dabei wird sichtbar, dass sie sich nach Menschen sehnt, denen sie vertrauen kann: „[...] kann ich mich noch auf irgendeinen Menschen verlassen"[532].

Glauke ist „von klein auf sich selbst entfremdet"[533]; die Unmöglichkeit zur Selbstverwirklichung und Selbstbestimmung innerhalb ihrer eigenen Kultur lösen in ihr ein starkes Gefühl kultureller Entfremdung aus. Sie weicht ab von korinthischen gesellschaftlichen Normen und Werten, verstößt dabei gelegentlich auch gegen Regeln, was heimlich geschieht. Sie stellt Normen zwar nicht infrage, doch bringt sie ihre Unzufriedenheit über diese zum Ausdruck und entfernt sich von ihnen. Glaukes Entfremdungserfahrung kann nach Seemans Theorie unter vier Aspekten näher bestimmt werden: als *meaninglessness, normlessness, isolation* und *self-estrangement*.

---

530 MS, S. 154.
531 MS, S. 156.
532 MS, S. 148.
533 Wolf, Warum Medea? Christa Wolf im Gespräch mit Petra Kammann am 25. 1. 1996. In: dies., Medea. Stimmen, Voraussetzungen zu einem Text. Werke Bd. 11, a. a. O., S. 253.

Als *meaninglessness* kann Glaukes kulturelle Entfremdungserfahrung gedeutet werden, weil Kreon ihr Leben seit ihrer Kindheit auf eine so effektive Weise plant, dass sie nicht in der Lage ist, ihre Zukunft nach eigener Einsicht rational zu organisieren. Seeman betont hinsichtlich *meaninglessness* als eine Entfremdungserfahrung, dass das Individuum sich im Unklaren darüber ist, was es glauben soll; aufgrund der komplizierten Zusammenhänge könne es keine klare Voraussage über das eigene rationale Handeln machen, was er als die Zunahme der „funktionalen Rationalität" betrachtet.[534] Bei Glauke lässt sich eine Fremdbestimmung feststellen, die unvermeidlich eine Zunahme der „funktionalen Rationalität" herbeiführt. Sie ist sich z. B. im Hinblick auf ihre Kleidung im Unklaren darüber, welchen Überzeugungen sie glauben soll. Über Arinna und Medea äußert sie: „[…] die beiden mussten viel reden, dass ich sie [die neuen Kleider] dann auch trug, mit niedergeschlagenen Augen rannte ich durch die Gänge."[535] Kurz darauf zweifelt sie: „[…] auf einmal sollten meine Arme und meine Beine geschickt geworden sein, jedenfalls kam es mir so vor, aber das war ja alles Täuschung, Verhöhnung, sagt Turon"[536]. Sie kann nicht mit hinreichender Sicherheit entscheiden, welche der verschiedenen Erklärungen richtig ist, denn sie versteht sie nicht, deshalb kann sie auch nicht die Folgen ihres Handelns mit Sicherheit voraussagen. Melvin Seeman, der in seiner Theorie über die Entfremdung als eine Variante von *meaninglessness* auf Adornos These über die Krise der Zwischenkriegssituation in Deutschland verweist, hebt die Auffassung Adornos hervor, wonach die Unsicherheit des Individuums über die unterschiedlichen Erklärungen der damaligen Geldentwertung dazu geführt habe, die Juden für diese Krise verantwortlich zu machen.[537] Diesbezüglich fallen einige Ähnlichkeiten mit Glaukes Empfindungen und Handlungen ins Auge, denn auch sie beschuldigt Medea der schwarzen Magie, was als eine vereinfachende Lösung ihrer Unsicherheit interpretiert werden kann: „Turon hat schon recht, sie Verräterin zu nennen, sie der schwarzen Magie zu bezichtigen"[538].

Glauke weist auch Entfremdungserfahrungen im Sinne von *normlessness* auf; ihre passive Autoritätsverweigerung, ihre heimlich ausgeführten unerlaubten Handlungen und die Ablehnung der herrschenden Kleidungssitten verstärken die Annahme, Wünsche und Ziele nur über unerlaubte Handlungsweisen erreichen zu können. Je stärker der Druck wird, umso mehr nimmt die Entfremdungserfahrung zu, die sich in Form von *isolation* widerspiegelt und einen

---

534 Vgl. Seeman, On The Meaning of Alienation, a. a. O., S. 786.
535 MS, S. 142.
536 Ebd.
537 Vgl. Seeman, On The Meaning of Alienation, a. a. O., S. 786.
538 MS, S. 140.

„Mangel an dem Gefühl irgendwo eingegliedert zu sein und hinzugehören"[539] verdeutlicht, wie Joachim Israel anhand von Seemans Theorie feststellt. Glauke zeigt deutlich eine Distanz zu den gesellschaftlichen Werten und Normen in Korinth, diese sind für sie unbedeutend oder haben für sie einen sehr geringen Wert, weil sie sich mit ihnen nicht identifizieren kann. Da sie sich nach Wärme, Zuneigung und Vertrauen sehnt, die sie weder in der Familie noch in der korinthischen Gesellschaft findet, nähert sie sich der anderen Kultur bzw. Menschen aus einer anderen Kultur an. Glaukes soziale Isolierung ist nicht die Folge ihrer Anpassungsunfähigkeit, sondern der Ablehnung ihrer eigenen Kultur. Die Ablehnung oder Nicht-Akzeptanz der Normen und Werte ist für Melvin Seeman ein wichtiger Aspekt der Entfremdung als *isolation* und enthält nach seiner Auffassung einige Elemente von Robert K. Mertons Theorie über das Anpassungsmuster „Rebellion" aufgrund der Nicht-Akzeptanz der herrschenden Ziele und Normen. Merton hat auch „Rebellion" als eine Entfremdungserscheinung betrachtet,[540] er allerdings führt in seiner Theorie über „Rebellion" aus, dass das Individuum Werte und Normen ablehne und eine neue Sozialstruktur anstrebe. Versucht man, an dieser Stelle eine Parallele zu Glauke zu ziehen, so wird deutlich, dass sie keine neue Sozialstruktur anstrebt, weil sie kein entwickeltes Selbstbewusstsein hat. Aufschlussreicher ist jedoch die These Joachim Israels, der nicht von Rebellion spricht, sondern einen Zusammenhang zwischen Mertons Anpassungsmuster Ritualismus sowie Rückzug und Seemans *isolation* herstellt. Nach Israel gibt es zwei Reaktionen auf Mertons Anpassungsmuster, die die Nicht-Akzeptanz der subjektiven Ziele mit dem Gesellschaftssystem darstellen. Über diese Verhaltensmuster heißt es bei Israel:

> Die eine Reaktion ist, sich auf die Mittel zu konzentrieren und zu versuchen, sich auf eine sehr beschränkte Weise an ihnen festzuklammern. Das Resultat ist eine Art von starrem Ritualismus. [...]. Die andere Alternative wäre, daß das Individuum seine negative Einstellung zu den gesellschaftlich akzeptierten Zielen so stark empfindet, dass es sich von den sozialen Rollen zurückzieht und sich selbst isoliert. Gewisse geistig-seelische Krankheitszustände könnten somit als Folge der Entfremdung des Individuums gesehen werden.[541]

Die oben dargelegte Reaktion kann in der Figur Glauke exemplifiziert werden, denn ihr anomales und ritualisiertes Verhalten, wie z. B. ihre Putzsucht[542] lässt

---

539 Israel, Der Begriff der Entfremdung, a. a. O., S. 259.
540 Merton, Sozialstruktur und Anomie, a. a. O., S. 356.
541 Israel, Der Begriff der Entfremdung, a. a. O., S. 259.
542 MS, S. 144.

sich schließlich als Folge des Entfremdungsgefühls und *isolation* erklären. Ihr stark abweichendes Verhalten entspringt ihrer Angst und ihrer Instrumentalisierung durch den Vater. „Angst erzeugt Untätigkeit oder, genauer gesagt, routinemäßige Handlungen"[543], so Merton über das ritualisierte Verhalten. Glaukes Rückzug von der Gesellschaft, deren Wertesystem sie nicht teilt, eskaliert in ihrer Isolierung. Berücksichtigt man Mertons Ausführungen über die Reaktion Rückzug, so werden auch hier Parallelen zu Glaukes Verhalten sichtbar. Merton bemerkt, dass Individuen, die dieses Verhalten an den Tag legen, „[...] sich Zentren zuneigen können, an denen sie mit anderen abweichenden Individuen in Kontakt kommen und wo sie sogar auch an der Subkultur dieser abweichenden Gruppen teilhaben können [...]."[544] So kommt auch Glaukes, die sich von den Menschen aus ihrem eigenen Kulturkreis entfernt, mit Menschen aus einer anderen Kultur in Kontakt, deren Werte sie eher gutheißt. In Glaukes ist „die Gespaltenheit besonders ausgeprägt"[545], und in keiner anderen Figur tritt die Entfremdungserfahrung so deutlich hervor wie in ihr. Ihre vollkommene Isolierung, die ihr Leiden an Verlust von Werten erkennen lässt, endet mit ihrem Selbstmord. Ausgehend von der Theorie von Seeman lässt sich Glaukes Entfremdung auch als *self-estrangement* näher beschreiben, denn sie ist nicht in der Lage eine befriedigende und selbstverwirklichende Tätigkeit zu finden. Fast jede Tätigkeit oder Aktivität im Palast, die sie unternimmt, führt sie aus Zwang aus, ob es um ihre Kleidung geht oder um ihre zwischenmenschlichen Beziehungen, spielt dabei keine Rolle; die Figur empfindet sich selbst als eine fremde Person, sie birgt doppelte Ichs in sich. Das Problem der Selbsterkenntnis taucht hier im Zusammenhang mit der Selbstentfremdung als ein wichtiger Aspekt auf, denn die Verhinderung der Auseinandersetzung mit der Vergangenheit sowie die Verhinderung der Selbsterkenntnis scheint die Figur in einen geistig-seelischen Krankheitszustand versetzt zu haben. Medea, zu der Glaukes Vertrauen gewonnen und der sie ihr Herz geöffnet hat, verhilft ihr zur Selbsterkenntnis, und Glaukes beginnt auch ihr „verkleinerte[s] Abbild [ihrer] selbst"[546] infrage zu stellen, doch als der Kontakt zu dieser Person verboten wird, wird gleichzeitig der Heilungsprozess unterbrochen, sodass sie wieder in den Krankheitszustand zurückfällt.

---

543 Merton, Sozialstruktur und Anomie, a. a. O., S. 352.
544 Ebd., S. 356.
545 Georgopoulou, Antiker Mythos in Christa Wolfs *Medea. Stimmen* und Evjenia Fakinus *Das siebte Gewand*, a. a. O., S. 97.
546 MS, S. 146.

IV.2.6 Leukon: *powerlessness, isolation, self-estrangement*

Ähnlich wie Glauke schließt sich auch Leukon jenem Freundeskreis an, der „ziemlich weit von unserem Königshaus entfernt"[547] ist, wie Akamas höhnisch äußert. Über diese Äußerung von Akamas, die eine versteckte Anspielung auf die freundschaftliche Beziehung Leukons zu Medea widerspiegelt, entgegnet Leukon, ob er ihm deswegen „Pflichtverletzung vorwerfen könne"[548], und verhindert somit eine Einmischung in seine private Sphäre. Zu diesem Freundeskreis gehören die Kolcherin Medea, die Kreterin Arethusa und der ausgegrenzte Bildhauer Oistros. Leukon tendiert also zu jenen Menschen, die als Flüchtlinge, Zugewanderte oder Außenseiter in Korinth leben. Dies wird besonders in seinen Gedanken über Oistros deutlich, den er aufgrund seiner Bedürfnislosigkeit, Bescheidenheit, seiner offenen Haltung gegenüber anderen Menschen, seines Gleichmuts und seiner Unabhängigkeit bewundert:

> Heute bestellen die edelsten Korinther bei ihm die Grabmäler für ihre Familien, er könnte reich sein, niemand weiß so recht, wie er es anstellt, bedürfnislos und bescheiden zu bleiben, auch versteht man nicht, wieso er nicht den Neid der anderen Steinmetzen auf sich zieht. Geld scheint so wenig an ihm zu haften wie Neid, dafür ist er ein Menschenfänger, immer ist er umgeben von jungen Leuten, für die er in seiner Werkstatt Beschäftigung hat. Auch mich hat sein unbekümmertes Wesen angezogen, wenn ich mit ihm zusammen war, genas ich von meiner Schwermut und meinen Grübeleien, die er mir nicht anzumerken schien, jedenfalls verlor er kein Wort darüber, und eben das war das Heilsame in seiner Gegenwart, daß er jeden gleich behandelte, ich bin sicher, er würde auch kein Aufhebens machen, wenn sich der König zu ihm verirrte. Und, merkwürdig zu beobachten, sein Gleichmut und seine Unabhängigkeit strahlen auf jeden aus, der zu ihm kommt, ob hoch oder niedrig.[549]

Von zwei Korinthern, von Glauke und Leukon, werden Oistros' guten Eigenschaften und Fähigkeiten hoch geschätzt. Dabei wird großen Wert auf den Aspekt der Gleichberechtigung gelegt. Während Glauke auf die Gleichberechtigung hinweist, die vielmehr auf die Geschlechter bezogen ist, macht Leukon hier Oistros' Haltung zu unterschiedlichen sozialen Schichten deutlich und schätzt seine Gelassenheit gegenüber der Obrigkeit. Leukons Abwendung von den Menschen seines eigenen Kulturkreises resultiert nicht aus seiner Unfähigkeit, freundschaftliche Beziehungen aufzubauen, sondern aus der Ablehnung der herrschenden Werte seiner eigenen Gesellschaft. Im Gegensatz zu Glauke, die ebenfalls eine Abneigung gegenüber

---

547 MS, S. 166.
548 MS, S. 166f.
549 MS, S. 165f.

ihren eigenen Landsleuten empfindet, lässt sich aber in Leukon eine starke Verbundenheit zu Korinth erkennen: „Soll denn meine Haftung an diese ungeliebte Stadt nie aufhören"[550], räumt er desillusioniert über die Bindung zu seiner Stadt ein, die ihm ein gewisses Unbehagen bereitet und seine zwiespältige Gefühle deutlich macht. Die Unterschiede zwischen den Korinthern und Kolchern werden ihm erst durch die in Korinth lebenden Fremden bewusst:

> Irgend etwas fehlt dieser Frau [Medea], was wir Korinther alle mit der Muttermilch einsaugen, das merken wir gar nicht mehr, erst der Vergleich mit den Kolchern und besonders mit Medea hat mich darauf gestoßen, es ist ein sechster Sinn, eine feine Witterung für die kleinsten Veränderungen der Atmosphäre um die Mächtigen, von der wir, jeder einzelne von uns, auf Leben und Tod abhängig sind. Eine Art ständigen Schreckens, sage ich ihr.[551]

Fremde ermöglichen ihm eine Selbstreflexion, durch die er, zu seiner eigenen Überraschung, typische Merkmale der Korinther feststellt, wie beispielsweise die große Angst vor Veränderungen der sozialen und politischen Lage oder die „Selbstüberhebung"[552], die Lyssa zur Sprache bringt, womit sie den Niedergang Korinths begründet: „Ihr überhebt euch über alles und alle, das verstellt euch den Blick für das, was wirklich ist, auch dafür, wie ihr wirklich seid"[553]. Leukon stimmt der Ansicht Lyssas über die Selbstüberhebung der Korinther zu, die als eine Folge der Verblendung der Menschen angesehen wird. Die Erkenntnis über die Korinther, Medea zum Sündenbock zu machen und ihr Verbrechen anzulasten, lassen ihn ein Gefühl von Ohnmacht empfinden. Entsetzt stellt er fest:

> [...] in jenen Minuten erst habe ich mein Korinth kennen gelernt. Ich begriff, daß es Medea zugefallen ist, die verschüttete Wahrheit aufzudecken, die unser Zusammenleben bestimmt, und daß wir das nicht ertragen werden. Und daß ich ohnmächtig bin.[554]

Die Erkenntnis über die wahren Motive der Gewaltanwendung der Korinther, ihre Selbstüberhebung, Verblendung und Intoleranz verursachen eine Nicht-Akzeptanz und eine starke Ablehnung der Menschen seiner eigenen Kultur, zu der er selbst auch angehört.

In der Geschlechterrollendifferenzierung zeigt sich eine sukzessive Entfremdung von der patriarchalisch dominierten korinthischen Wertordnung. Seine geheime Liebesbeziehung zu der von Kreta nach Korinth zugewanderten

---

550 MS, S. 172.
551 MS, S. 169.
552 MS, S. 179.
553 Ebd.
554 MS, S. 175.

Steinschneiderin Arethusa, die er als sein „Liebesglück"[555] ansieht und die gleichzeitig eine andere Beziehung zu einem Kreter hat, aber auch Medea, die ihm „so vertraut ist wie kaum ein anderer Mensch und die immer fremd bleiben wird"[556], sind Frauenfiguren, die Leukon tief beeindrucken:

> Und wenn ich noch einen Wunsch frei hätte bei diesen wankelmütigen Göttern, so fielen mir zwei Frauennamen ein, für die ich Schutz erbitten würde. Ich wundere mich über mich selbst, nie vorher hat in meinem Leben der Name einer Frau eine Rolle gespielt.[557]

Leukons Beziehungen zu Arethusa und Medea führen vor Augen, dass er die zwischenmenschlichen Beziehungen nicht mehr auf der Grundlage eines zweckorientierten oder instrumentellen Verhältnisses aufbaut. Im Gegensatz zu den Korinthern, die die sorglose, selbstsichere und gefahrlose Art der Kolcherinnen als „Hochmut"[558] interpretieren, zeigt Leukon eher Wohlgefallen:

> Über keinen anderen Menschen habe ich so viel nachgedacht, wie über diese Frau, aber sie ist es nicht allein, auch die anderen Kolcherinnen geben mir zu denken, sie machen hier die niederen Arbeiten und tragen den Kopf hoch wie die Frauen unserer höchsten Beamten, und das Merkwürdige ist, sie können nichts anderes vorstellen. Mir gefällt es ja, und zugleich beunruhigt es mich.[559]

Denn er hat Angst vor dem latenten Fremdenhass, der unerwartet in Aggression umschlagen könnte.

In dem Götterglauben Leukons bestehen Ähnlichkeiten zu dem Glaukes, weil auch er an eine höhere Macht glaubt, die das Leben eines Menschen bestimmt und der man ergeben ist. Dieser Schicksalsglaube führt ihn zu der Gewissheit, dass das Handeln bzw. Eingreifen in bestimmte Ereignisse zwecklos ist:

> Das ist mein Los, alles mit ansehen zu müssen, alles zu durchschauen, und nichts tun zu können, als hätte ich keine Hände. Wer seine Hände gebraucht, muß sie in Blut tauchen, ob er will oder nicht.[560]

Wie Eleni Georgopoulou zu Recht feststellt, ist Leukon der Überzeugung, dass „der Mensch ohnmächtig ist, und zwar nicht nur auf religiöser Ebene, im Sinne eines vorbestimmten Schicksals, sondern auch auf politischer Ebene"[561]. Aus diesem

---

555 MS, S. 170.
556 Ebd.
557 MS, S. 163.
558 MS, S. 169.
559 Ebd.
560 MS, S. 163.
561 Georgopoulou, Antiker Mythos in Christa Wolfs *Medea. Stimmen* und Evjenia Fakinus *Das siebte Gewand*, a. a. O., S. 157. Auf das Problem der politischen Entfremdung wurde bereits im vorigen Kapitel eingegangen.

Grund versucht er Medea davon abzubringen, sich dem Ritual des Menschenopfers in Korinth zu widersetzen und somit sich selbst in Gefahr zu bringen. Auch wenn er wie Medea gegen das Ritual des Menschenopfers ist, weiß er, dass er nichts dagegen unternehmen und die Situation nicht ändern kann. Gerade diese Erkenntnis macht ihn Georgopoulou zufolge „handlungsunfähig"[562]. Leukon reflektiert über seine eigenen kulturellen Werte und stellt Werte, wie Wahrheit, Gerechtigkeit und Schuld infrage. Seine Handlungsunfähigkeit und die Erkenntnis seiner Passivität verstärken seine Schuldgefühle, unter denen er leidet. Die Erfahrung von Ohnmacht und Handlungsunfähigkeit führt zu einem starken Gefühl von Entfremdung, nach Seeman zu *powerlessness*.

Neben der Erfahrung von *powerlessness* als einer Variante der Entfremdung, hier von der eigenen Kultur, lässt sich die Erfahrung *isolation* bei Leukon herausstellen. Nach Seeman erfährt das Individuum ein Gefühl von *isolation*, wenn es die Achtung gegenüber herrschenden Normen und Werten, wie beispielsweise bestimmten populären Symbolen, aber auch gegenüber herrschenden Denkweisen und Überzeugungen der Gesellschaft verliert.[563] Es zeigt sich, dass Leukon als Intellektueller insbesondere der herrschenden Denkweise der korinthischen Gesellschaft einen geringen Wert beimisst. Seine Hinwendung zu anderen Kulturen ist mit seiner Trennung von herrschenden moralischen Werten in Korinth zu erklären, wie bereits dargelegt, denn er „besitzt moralische Werte, die nicht vom Zweckdenken determiniert sind"[564]. Er zieht sich vollkommen von der Gesellschaft und den Menschen zurück: „Zwischen all diesen entfernten Welten allein auf meiner Welt, die mir um so weniger gefällt, je genauer ich sie kenne."[565] Leukons Absonderung und seine Selbstmordgedanken weisen auf einen geistig-seelischen Krankheitszustand hin, der mit einem starken Entfremdungsgefühl zusammenhängt. Eleni Georgopoulou, die darauf hinweist, dass der Name Leukon „weiß"[566] bedeutet und Christa Wolf durch die bewusste Wahl des Namens auf die Positionslosigkeit Leukons als Zuschauer anspiele, behauptet: „Im Verlauf des Geschehens verliert Leukon seine Zuschauerrolle durch seine Liebe zu Arethusa und seine Verbundenheit zu Medea"[567], es muss aber betont werden,

---

562 Ebd.
563 Vgl. Seeman, On The Meaning of Alienation, a. a. O., S. 789.
564 Georgopoulou, Antiker Mythos in Christa Wolfs *Medea. Stimmen* und Evjenia Fakinus *Das siebte Gewand*, a. a. O., S. 141.
565 MS, S. 223.
566 Georgopoulou, Antiker Mythos in Christa Wolfs *Medea. Stimmen* und Evjenia Fakinus *Das siebte Gewand*, a. a. O., S. 139.
567 Ebd., S. 163.

dass ihm dies nur teilweise gelingt. Denn wie bereits erläutert, veranschaulicht seine passive Haltung gegenüber Arethusas Beziehung zu dem alten Kreter:(„Ich habe nur die Wahl es hinzunehmen oder ganz von ihr abzulassen. Beides ist mir nicht möglich."[568]) oder gegenüber dem auf Menschenopfer beruhenden korinthischen Ritual, dass er seine Zuschauerrolle nicht aufgibt.

Unter dem Aspekt der Kultur ist Leukon auch sich selbst fremd nach Seemans Theorie des *self-estrangement*[569]. Er erlebt sich selbst als Fremden, empfindet sich nicht zugehörig zu den Korinthern, ist unzufrieden mit sich selbst, und fast keine Tätigkeit, die die Normen und Werte von Korinth betreffen, füllt ihn aus. Er ist auch nicht in der Lage, für sich eine selbstverwirklichende Tätigkeit zu finden, und hat keine Freude am Leben. Die Erkenntnis, dass Arethusa ihn aufgrund seines Verhaltens und seiner Handlungsunfähigkeit zurückweisen würde, löst in ihm Gedanken an Selbstmord aus, doch zu einer Entscheidung ist er auch hier nicht fähig:

> Wenn Arethusa lebte, sie würde mich nicht mehr wollen. Auch mit dieser Wahrheit werde ich leben, ich weiß es. Und ich werde mich nicht hinunterstürzen, so oft ich mich auch an die Einfassung dieser Terrasse stelle und hinunterblicke.[570]

Leukon steht seinem Selbst gegenüber wie einem Fremden. Von seinem menschlichen Ideal ist er weit entfernt; der Mensch, den er eigentlich bewundert und dem er nacheifert, ist Oistros. Doch auch dieser ist sich zum Schluss total selbstentfremdet, hat sich von der Gesellschaft und den Menschen ganz isoliert und flüchtet sich in einem geistig-krankhaften Zustand in seine Arbeit:

> Warum kann ich nicht sein wie Oistros. Oistros arbeitet wie ein Besessener in seiner Arbeitshöhle, in der er sich verbarrikadiert hat, in die er niemanden hineinlässt. Er vernachlässigt sich, wäscht sich nicht, läßt seinen Bart und sein rotes Haar wuchern, ißt kaum, trinkt Wasser aus dem großen Krug, der bei Arethusa stand, und schlägt mit einer Wut, die mir Angst macht, auf einen großen ungefügen Steinblock ein. Er spricht nicht, stiert mich aus seinen vom Steinstaub und von Schlaflosigkeit entzündeten Augen an, ich weiß nicht, erkennt er mich überhaupt. Er hat sich zur Unkenntlichkeit verändert. Wenn er auf die Straße ginge, würden die Kinder schreiend vor ihm davonlaufen. Ich weiß nicht, was er aus seinem Stein herausholen will, das letzte Mal glaubte ich Andeutungen von Figuren in heftiger Umschlingung zu erkennen, Gliedmaßen in einer Art hoffnungslosem Kampf jeder gegen jeden, oder im Todeskampf. Man kann ihn nicht fragen. Er arbeitet sich zu Tode. Das will er.[571]

---

568   MS, S. 171.
569   Seeman, On The Meaning of Alienation, a. a. O., S. 789f.
570   MS, S. 225.
571   MS, S. 226.

Drei Entfremdungserfahrungen lassen sich also nach der Theorie von Seeman unter dem Aspekt der Kultur feststellen: *powerlessness, isolation und self-estrangement.* Die Figur macht die Erfahrung Machtlosigkeit, weil sie z. B. das Ritual des Menschenopfers zwar ablehnt, aber weiß, dass die Umstände unveränderbar sind. Es ist die Handlungsunfähigkeit und die Unmöglichkeit, Einfluss auf rituelle Praktiken auszuüben, die auf Gewalt basieren und in der Figur das Gefühl von Ohnmacht erzeugen. Die herrschenden korinthischen Werte, Normen und Denkweisen haben für Leukon keine Gültigkeit, aus diesem Grund wendet er sich von den Menschen der eigenen Kultur ab und tendiert zu Menschen aus anderen Kulturen, was nicht als Anpassungsmangel zu deuten ist, sondern als eine bewusste, von der Figur beabsichtigte Trennung von der eigenen Kultur und den eigenen Menschen, was hier mit der subjektiven Erfahrung *isolation* zusammenhängt. Keine Tätigkeit im kulturellen Bereich stellt eine Bedürfnisbefriedigung für Leukon dar, denn sie wird zur Routine, aus Zwang ausgeübt und hat keine Bedeutung für ihn. Er fühlt sich wertlos, ist sich selbst entfremdet und unfähig, diesen Zustand in eine selbstverwirklichende Tätigkeit umzuwandeln; er weist somit typische Merkmale von *self-estrangement* auf.

Schlussbetrachtung

Das Problem der Entfremdung erscheint im Gesamtwerk von Christa Wolf als ein wichtiges und ständig wiederkehrendes Thema. Bereits in den 60er Jahren hat sie sich mit dem Problem der Entfremdung auseinandergesetzt und der These widersprochen, dass die Entfremdung in sozialistischen Ländern und auch in der DDR überwunden sei. Sie war der Überzeugung, es sei eine der Aufgaben, die Entfremdung zu überwinden. Durch die Behandlung von Entfremdung, Tod oder Selbstmord hat sie sich an Themen herangewagt, die in der DDR verpönt waren. Die Ablehnung des sozialistischen Realismus und das Festhalten an ihrem Verständnis von Realismus im Sinne von „wahrheitsgetreu erfinden aufgrund eigener Erfahrungen" oder von subjektiver Authentizität lassen auch erkennen, dass sie stilistisch und ästhetisch einen anderen Weg gegangen ist. Um der Zensur zu entgehen, hat sie Selbstzensur ausgeübt, aber gleichzeitig auf die negativen psychischen Auswirkungen, wie die Verhinderung der Selbsterkenntnis und Verfestigung von Entfremdung, hingewiesen. Da die Verarbeitung von eigenen Erfahrungen und die Auseinandersetzung mit ihnen für ihre schriftstellerische Tätigkeit von großer Bedeutung war, hat sie ihre eigene subjektive Erfahrung der Entfremdung auf die literarischen Figuren projiziert und Trost bei Künstlern, Schriftstellern, Komponisten oder in der Mythologie gefunden. Die aufgrund kulturpolitischer Widersprüche entstandenen Konflikte in der DDR und die Wiedervereinigung, deren Konsequenz wirtschaftliche und soziale Veränderungen waren, haben eine starke Wirkung auf sie gehabt und unterschiedliche Formen von Entfremdung hervorgerufen. Die biographische Analyse der subjektiven Entfremdungserfahrung von Christa Wolf hat gezeigt, dass sie Ende der 70er Jahre, also nach der Ausbürgerung Wolf Biermanns (1976) und nach der Ausschließung von neun Autoren aus dem Schriftstellerverband der DDR (1979), sowie nach der Wiedervereinigung ein starkes Entfremdungsgefühl empfunden hat. Vergleicht man diese beiden Erfahrungen, kann man von zwei unterschiedlichen Entfremdungserscheinungen ausgehen: In der DDR lässt sich Ende der 70er Jahre, bedingt durch die Unstimmigkeit in der Kulturpolitik, die Erfahrung zum Außenseiter gemacht zu werden, Handlungsunfähigkeit und Verlust von Freunden ein stärkeres Gefühl der politischen Entfremdung feststellen, während nach der Wiedervereinigung die kulturelle Entfremdung in den Vordergrund rückt, die auf den Untergang der DDR und die wirtschaftliche, gesellschaftliche sowie gesellschaftspolitische Veränderung in Deutschland zurückgeht.

In den beiden Mythos-Bearbeitungen *Kassandra* und *Medea* fallen Ähnlichkeiten in ihrer Herangehensweise und Unterschiede in der Konzeption der Entfremdung auf. Gemeinsam ist beiden Mythos-Bearbeitungen Christa Wolfs eigenwilliger Umgang mit dem Mythos: die Frage nach den kulturgeschichtlichen Hintergründen des Kassandra- und Medea-Mythos, der Entmythologisierungsprozess als Auflösung von Entfremdungssyndromen im Sinne der Verdinglichung der Frau, die Funktion des Selbsterkennungsprozesses durch den Mythos, die Identifikation und die Projektion der eigenen Entfremdungserfahrung auf die mythologische Figur. Die von ihr geltend gemachten „Voraussetzungen" zu *Kassandra* und *Medea* veranschaulichen, dass in *Kassandra* von den Entfremdungssyndromen der Industriegesellschaft im Zusammenhang mit atomarer Entwicklung und Technisierung die Rede ist, die den Untergang unserer Zivilisation vorbereiten und ein Ohnmachtsgefühl erzeugen, während in *Medea* die Theorie über den Sündenbockmechanismus von René Girard und die Ausgrenzung des Fremden bzw. der Frau und die daraus resultierende subjektive Erfahrung der Entfremdung im Vordergrund stehen. Ein anderer inhaltlicher Unterschied in beiden Mythos-Projekten besteht im dargestellten Bruch der Beziehung zum „Palast", d. h. der Macht. In *Kassandra* resultiert er aus dem durch den Druck der Obrigkeit unterdrückten Wunsch nach Freiheit, in *Medea* spielt der Wunsch nach Neuerung durch politischen Wechsel und nach Unabhängigkeit eine wichtige Rolle, die durch die Gewaltanwendung der Könige verhindert wird und so Entfremdung hervorruft.

Die Untersuchung der euripideischen Medea, der Medea-Darstellungen vor der Zeit von Euripides und der Medea-Bearbeitungen neuerer Autoren wie Hans Henny Jahnn, Robinson Jeffers, Jean Anouilh und Munis Faik Ozansoy haben gezeigt, dass Christa Wolf ihre Medea-Figur den Medea-Darstellungen der voreuripideischen Zeit entsprechend konzipiert hat und sie nicht so sehr als Fremde und Exotin, Kindsmörderin, rachsüchtige Furie, Unruhestifterin, die sich selbst im Geschlechterkampf zerstört, darstellt. Die Autorin verfolgt einen individual-psychologischen Ansatz, indem sie Medea als eine Heilerin darstellt, die über ihre eigene subjektive Entfremdung reflektiert. Erzählt wird aus der Ich-Perspektive Medeas und weiterer fünf Figuren ihres Umfelds, die ebenfalls Opfer von Entfremdung sind.

Die Anwendung der Theorie von Melvin Seeman und seiner fünfgliedrigen Klassifizierung der subjektiven Entfremdung – *powerlessness, meaninglessness, normlessness, isolation* und *self-estrangement* – die er aus der sozialpsychologischen Perspektive analysiert hat, führt vor Augen, welche subjektive Entfremdungserfahrung die literarischen Figuren machen. Da in *Medea. Stimmen,* markiert durch den Übergang vom Matriarchat zum Patriarchat, ein gesellschaftlicher Umbruch veranschaulicht wird, der eine Änderung im Bereich der Politik und Kultur mit sich bringt und Entfremdungserfahrungen erzeugt, wurden die sechs Figuren, aus deren Perspektive die Handlung erzählt wird, auf politische und kulturelle Entfremdung hin analysiert.

Unter dem Aspekt der politischen Entfremdung machen die Figuren nach Seemans Theorie folgende Erfahrungen: Jason und Glauke machen aufgrund der Unfähigkeit, komplizierte und verborgene politische Zusammenhänge zu begreifen, die Erfahrung, die der Kategorie *meaninglessnes* zugeordnet werden kann. Beide werden zu politischen Zwecken derart instrumentalisiert, dass sie nicht in der Lage sind, auf der Grundlage eigener Einsicht rational zu handeln oder die Folgen ihres Handelns mit hinreichender Sicherheit vorauszusehen, weswegen beide eine gewisse Gleichgültigkeit zu politischen Problemen und politischen Kämpfen demonstrieren. Agameda und Akamas zeigen typische Merkmale von *normlessness*; weil sie der Überzeugung sind, gegebene politische Ziele nur über verbrecherische und unerlaubte Verhaltensweisen erreichen zu können. Da die Sicherung des gesellschaftspolitischen Systems des Königs auch die Position von Akamas sichern würde, schaltet Akamas alle Gegner aus, die ein Risikofaktor für den Machterhalt darstellen würden, und Agameda unterstützt ihn dabei, weil sie sich dadurch Anerkennung und Ruhm erhofft.

Leukons Erfahrung beruht auf *powerlessness, isolation* und *self-estrangement*. Sein Ausschluss aus dem politischen Leben Korinths, die Unmöglichkeit politische Fehlentscheidungen zu verhindern und die Gewissheit seiner Handlungsunfähigkeit lassen Leukon ein Ohnmachtsgefühl empfinden. Die herrschenden politischen Denkweisen und Absichten sind nicht gültig für ihn, weil sie auf Gewalt und Machterhaltung basieren. Aus diesem Grund distanziert er sich von ihnen. Eine dritte Entfremdungserfahrung, die sich an dieser Figur feststellen lässt und gleichzeitig einen hohen Entfremdungsgrad erzeugt, ist *self-estrangement*. Die Figur ist nicht imstande, ihre Tätigkeit in der Politik in eine befriedigende und selbstverwirklichende Tätigkeit umzuwandeln, und fühlt sich selbst wertlos, fremd. Sie selbst ist weit entfernt von dem „menschlichen Ideal" in ihrer Vorstellung. Diesem Ideal kommt aber Medea näher, weil sie in die politischen Entwicklungen eingreift und nicht schweigt. Bei keiner anderen Figur ist eine so starke Abneigung und Apathie im Hinblick auf die Politik vorzufinden, wie bei Leukon.

Medeas Entfremdungserfahrung zeigt Ähnlichkeiten zu den Erfahrungen von Leukon auf. Auch sie macht die Erfahrung *powerlessness* und *isolation*, jedoch nicht *self-estrangement*, sondern *normlessness*. In Kolchis empfindet sie zunächst als eine in der Politik aktiv handelnde und an der Politik teilhabende Person das Gefühl von *isolation*, denn den herrschenden politischen Denkweisen und Überzeugungen des Königs misst sie einen geringen Wert bei. Der Wunsch nach einer Veränderung in der Herrschaftsstruktur, d. h., die Wiederbelebung des

Matriarchats wird von ihr als die einzige Möglichkeit angesehen, um sich von der Abhängigkeit anderer Ländern zu befreien, die Eigenständigkeit zu bewahren und die wirtschaftlichen sowie sozialen Verhältnisse in Kolchis zu verbessern. *Normlessness* erfährt die Figur an dem Punkt, wo sie glaubt, ihre politischen Ziele über bestimmte Verhaltensweisen zu realisieren, die nicht gebilligt werden. Es wird z. B. an eine ältere Tradition erinnert, nach der die Regierungszeit des Königs nach höchstens zweimal sieben Jahren beendet sein muss. Zwar sind keine kriminellen und verbrecherischen Verhaltensweisen wie bei Akamas oder Agameda festzustellen, trotzdem werden hier bestimmte Mittel angewandt, um gegebene politische Ziele zu erreichen. Die Ermordung des Bruders und die Gewaltanwendung zur Erhaltung der Macht durch den Vater verursachen bei ihr Ohnmachtsgefühle. Sie kann das Unglück, die politischen Fehlentwicklungen nicht verhindern und hat keinen Einfluss mehr auf sie. Wie Leukon ist sich Medea ihrer Handlungsunfähigkeit bewusst und flüchtet in ein anderes Land.

Im Vergleich zur politischen Entfremdung können die Figuren in Bezug auf kulturelle Entfremdung aufgrund unterschiedlicher Entfremdungserscheinungen noch stärker differenziert werden. Jason, Agameda und Akamas zeigen typische Merkmale von *normlessness* und *isolation*. Entfremdung als eine Erfahrung von *normlessness* liegt dann vor, wenn die Figur die subjektive Erfahrung macht, sie müsse von der Norm abweichende Verhaltensweisen verwirklichen, um ihr Ziel zu erreichen; so verleugnen Jason und Agameda ihre eigenen Normen und Werte, weil diese ein Hindernis für ihren Aufstieg bilden oder weil sie sich dadurch Vorteile in Korinth erhoffen; Jason lehnt die gute Heilkunst ab, die er in seiner Kindheit in den thessalischen Wäldern von seinem Erzieher Cheiron gelernt hat, und Agameda verunglimpft und diffamiert ihre eigene Kultur. Akamas ist wiederum bemüht, den Einfluss der kolchischen Kultur wider besseres Wissen zu verhindern. Seine Entfremdungserfahrung durch Teilhabe an der Macht wird besonders in der Befürwortung menschenverachtender Rituale, wie dem Menschenopfer, Ausnutzung religiöser Gefühle der Korinther und in der Instrumentalisierung des Götterglaubens sichtbar, wenn er eine Bindung an Götterkult und Ritual demonstriert, aber seine Glaubenslosigkeit verheimlicht. Außerdem entsteht durch die Instrumentalisierung der Sexualität ebenfalls Entfremdung, die zum einen für Akamas Befriedigung der Begierde und zum anderen für Agameda Einflussgewinnung bedeutet. Im Sinne von Seeman empfinden diese drei Figuren auch das Gefühl von *isolation*. In Jason macht sich dies durch die Geringschätzung des Goldenen Vlieses bemerkbar, dessen Erwerb Ziel seiner Reise war. Für ihn ist es ein unwichtiges Objekt, das nur seine Thronfolge in Jolkos sichern sollte. Daraus ergibt sich, dass er die herrschenden Wertauffassungen in

Bezug auf die Bedeutung des Goldenen Vlieses nicht teilt. Auch Agameda distanziert sich von den Denkweisen und Normen ihrer eigenen Kultur, um Anerkennung, Einfluss und Erfolg in Korinth zu erreichen. Ihre Isolation von den eigenen Landsleuten ist keine Folge von Anpassungsmangel, sondern eine bewusste Vermeidung sozialer Kontakte zu den Kolchern, die sie für ihren Aufstieg als hinderlich betrachtet. Akamas zeigt ähnliche Empfindungen, wenn er aufgrund seiner Position als erster Astronom des Königs auf Distanz zu Menschen achtet. Den kulturellen Werteinstellungen und Normen gegenüber empfindet er eine gewisse Gleichgültigkeit, demonstriert aber genau das Gegenteil. Jason macht außerdem die Erfahrung *self-estrangement*, weil er am Ende als eine vollkommen vereinsamte und sich selbst fremd gewordene Figur erscheint, die jeden Kontakt zur Gesellschaft und zu Menschen verloren hat; er fühlt sich wertlos und keine Tätigkeit erfüllt ihn mehr.

Bei Leukon wurden drei Varianten der Entfremdung festgestellt; *powerlessness*, *isolation* und *self-estrangement*. Leukon fühlt sich machtlos, weil er das Ritual des Menschenopfers nicht verhindern und die Korinther nicht davon abbringen konnte, Medea zum Sündenbock zu machen bzw. sie für nicht begangene Verbrechen verantwortlich zu machen und sich dadurch selbst zu entlasten. Die Vorahnung über eine bevorstehende Katastrophe und die Gewissheit über seine Handlungsunfähigkeit lassen Leukon, ähnlich wie hinsichtlich der politischen Entfremdung, ein Ohnmachtsgefühl empfinden. Er isoliert sich von den Menschen innerhalb seines eigenen Kulturkreises und sucht Trost bei Fremden wie Medea, Arethusa, Oistros oder Arinna, die andere, humanere Werteinstellungen haben als die Korinther. Selbstentfremdung erfährt die Figur, nachdem Medea aus der Stadt gejagt wird und ihre Kinder ermordet werden, Arethusa an der Pest stirbt und Oistros, vollkommen isoliert und verwildert, sich seiner Arbeit hingibt, denn er empfindet sich selbst als einen Fremden und hegt sogar Selbstmordgedanken. Seine Tätigkeit wird zur Routine, er ist nicht in der Lage, diese in eine selbstverwirklichende Tätigkeit umzuwandeln. Bewunderte Leukon unter dem Aspekt der Politik Medea wegen ihrer Eigenschaften und Fähigkeiten, so kann man unter dem Aspekt der kulturellen Selbstentfremdung davon ausgehen, dass er Oistros wegen seines Gleichmuts, seiner Unabhängigkeit und seiner besonderen Fähigkeit, alle Menschen gleich zu behandeln, hoch schätzt.

Bei zwei Figuren, Glauke und Medea, erscheinen vier Varianten der Entfremdung. Glauke empfindet *meaninglessness*, *normlessness*, *isolation* und *self-estrangement*. Da Glaukes Leben seit ihrer Kindheit von ihrem Vater effizient geplant wurde und ihr Werte und Normen aufgedrückt wurden, kann sie nicht mit hinreichender Sicherheit eine Entscheidung zwischen den unterschiedlichen Überzeugungen treffen; sie macht die Erfahrung der *meaninglessness*. Die verschiedenen Aussagen über ihre Kleidung oder über die Fähigkeiten Medeas rufen in der Figur Unsicherheit hervor, so dass die Folgen ihres Handelns für sie nicht vorhersehbar sind. Merkmale von *normlessness* tauchen auf, weil Glauke zur Erreichung ihrer Ziele und Wünsche an die Notwendigkeit einer unerlaubten Handlungsweise glaubt. Ihre passive Autoritätsverweigerung oder die Ablehnung ihrer Tracht als Königstochter, um Medeas Ankunft heimlich zu beobachten, sind Entfremdungserscheinungen, die man mit *normlessness* in Verbindung bringen kann. Das Gefühl von *isolation* empfindet sie aufgrund der Nicht-Akzeptanz korinthischer Normen und Werteinstellungen, denen sie einen sehr geringen Wert beimisst. Die Figur entfernt sich von der korinthischen Kultur, isoliert sich von den Korinthern und flüchtet, ähnlich wie Leukon, zu Menschen, die aus einem anderen Kulturkreis kommen und andere Wertauffassungen besitzen wie Medea, Oistros, Arethusa, Arinna. Glauke ist nicht in der Lage, eine selbstlohnende und selbstverwirklichende Tätigkeit auszuüben und empfindet sich selbst als eine Fremde. Ihre Verhaltensweisen führt sie aus Zwang aus und sie verfällt zuletzt in einen geistig-seelischen Zustand, aus dem sich selbst nicht mehr retten kann. In ihrer vollkommenen Selbstentfremdung begeht sie Selbstmord und zeigt somit Merkmale von *self-estrangement*. Dies ist ein Indiz dafür, dass sie Opfer der Entfremdung wird.

Medea macht die Erfahrungen *powerlessness, normlessness, isolation* und *self-estrangement*. Sie besitzt eine starke kulturelle Identität und hält in Korinth an vielen ihrer kolchischen Werte und Normen fest. Aus diesem Grund lässt sie einen Einfluss der korinthischen Werte nicht zu, die aus ihrer Sicht – im Vergleich zu ihren eigenen – eher auf einem materialistischen und zweckorientierten Denken beruhen, wie ihre Auseinandersetzung mit Akamas über die kolchischen und korinthischen Werte und Normen zeigt. Ein entscheidender Punkt, der auf die Gemeinsamkeit beider Länder hinweist, ist die auf Gewalt basierende rituelle Praxis. Ob in Kolchis oder Korinth, Medea versucht, die Menschenopfer zu verhindern; sei es die Ermordung ihres Bruders durch ihren Vater in Kolchis zum Zweck des Machterhalts, die Kastration Turons durch die Kolcherinnen wegen eines Baumfrevels im heiligen Hain oder die Ermordung von Gefangenen wegen Plünderung von Gräbern. Sie kann die Entwicklungen nicht aufhalten und ist machtlos. Eine Einflussnahme auf diese inhumane und menschenverachtende rituelle Praxis erscheint unmöglich, sodass sie das Entfremdungssyndrom der *powerlessness* empfindet. Typische Merkmale von *normlessness* sind ebenfalls zu erkennen, weil sie an die Erforderlichkeit einer gesellschaftlich unerlaubten Handlungsweise glaubt, um ihre Ziele oder Wünsche zu verwirklichen; sie sammelt die auf die Äcker gestreuten Gliedmaßen ihres Bruders ein, verhilft Jason zum Goldenen Vlies, lässt die Menschen während einer Hungersnot Pferdefleisch essen oder versucht, die Axtschläge im heiligen Hain zu übertönen. Trotz der starken Bindung an ihr Land, ihre Landsleute und an viele ihrer Bräuche und Normen, z. B. die Heilkunst, den Labyrinthtanz, die Kleidungssitten, die Einstellung zum Gold oder die Geschlechterrolle, steht sie bestimmten Werten und Ritualen gegenüber kritisch gegenüber. Ähnlich wie Leukon in der politischen Entfremdung, hat Medea eine sehr starke Abneigung gegen den Götterglauben, insbesondere gegenüber den kolchischen und korinthischen Gottheiten Artemis und Demeter und den ihnen geweihten Fruchtbarkeitsriten. Die Infragestellung dieser Rituale resultiert aus der Gewaltanwendung in der rituellen Praxis, die sie ablehnt. Dies und auch Medeas Teilnahme am korinthischen Artemisfest als Zeichen der Versöhnung zwischen beiden Kulturen und Gesellschaften ist der Grund, warum sich die Kolcher von ihr entfernen. Die Entfremdungserfahrung Medeas zeigt sich hier als *isolation*. Die letzte Entfremdungserfahrung ist *self-estrangement*; ihre Verhaltensweisen in Bezug auf einige kolchischen Rituale in Korinth empfindet sie als Routine, denn sie befriedigen sie nicht. Trotz ihrer Gleichgültigkeit schweigt sie jedoch und nimmt an ihnen teil, d. h., sie fühlt sich gezwungen an ihnen teilzunehmen. Die Figur ist also nicht in der Lage, die routinemäßig praktizierten Verhaltensweisen in eine selbstverwirklichende Tätigkeit umzuwandeln und fühlt sich selbst als eine Fremde. Als Vorbild betrachtet sie allerdings die Schwester ihrer Mutter Kirke, die allein und isoliert von allen Menschen auf einer Insel lebt. Medeas Entfremdungszustand ist am Ende so stark, dass sie wahnsinnig wird, nachdem ihre Kinder von den Korinthern ermordet werden.

Auffallend bezüglich der Analyse der kulturellen Entfremdungserfahrung der Figuren ist, dass alle Figuren aufgrund von Ablehnung oder Trennung von den vorherrschenden kulturellen Normen und Werteinstellungen die Erfahrung der *isolation* machen. Sie lösen sich aber aus unterschiedlichen Gründen von ihnen los, wie oben dargelegt wurde. Selbst wenn Seeman hier unter Isolation nicht die soziale Isolation des Individuums bzw. die gesellschaftliche Anpassung und den Umgang mit anderen Menschen versteht, weil dann die gesellschaftlichen Hintergründe und nicht so sehr die subjektiven Erfahrungen im Vordergrund stehen würden, erweist sich diese Komponente auch als ein hilfreiches Mittel, um die Entfremdungserfahrung der Figuren unter dem Aspekt von *isolation* zu untersuchen. Dabei wird erkennbar, dass die Trennung von den eigenen Landsleuten als angestrebte und bewusste Ablehnung (bei Agameda, Akamas, Glauke, Leukon) und nicht als Folge eines gesellschaftlichen Anpassungsmangels hervortritt.

Zieht man an dieser Stelle eine Parallele zu Christa Wolfs eigenen subjektiven Entfremdungserfahrungen, kann man feststellen, dass die Entfremdungserfahrung von Leukon und von Medea in der Politik und Kultur große Ähnlichkeiten mit den Erfahrungen der Autorin aufzeigen. Leukons Entfremdungserfahrungen zeigen Ähnlichkeiten mit den subjektiven Entfremdungserfahrungen der Autorin in der DDR Ende der 70er Jahre und die Entfremdung Medeas mit denen Wolfs nach der Wiedervereinigung auf. Der Ausschluss aus kulturellen und politischen Fragen, die Erkenntnis, keinen Einfluss mehr auf die kulturpolitischen Fehlentscheidungen nehmen zu können, und die Gewissheit, über ihre eigene absolute Handlungsunfähigkeit in der Politik und Kultur Ende der 70er Jahre in der DDR sind typische Merkmale von *powerlessness*. Die vorherrschenden und weitverbreiteten politischen Überzeugungen und kulturellen Werte waren für sie ungültig, weil sie nicht am real existierenden Sozialismus, sondern am „Sozialismus mit menschlichem Antlitz" festgehalten hat. Gleichzeitig hat sie nicht an der Konzeption des sozialistischen Realismus, sondern an ihrer Schreibweise der subjektiven Authentizität festgehalten, also lässt sich im Sinne von *isolation* eine starke Trennung von den politischen und kulturellen Zielen erkennen. Sie war aber auch von sich selbst entfremdet, hat über ihre eigene Selbstentfremdung reflektiert und die Erfahrung des *self-estrangement* gemacht, ihre Tätigkeit im politischen wie im kulturellen Leben hat sie nicht befriedigt, und sie entlastete sich schreibend.

Die Entfremdungserfahrungen Christa Wolfs nach der Wiedervereinigung kommen den Erfahrungen von Medea nahe: Als *powerlessness* ist ihre Erfahrung näher zu beschreiben, weil sie den schnellen Umbruchsprozess, der erhebliche Veränderungen im politischen sowie kulturellen Leben mit sich brachte, als Ausverkauf materieller und ideeller Werte der DDR empfunden hat. Sie war machtlos und hatte keinen Einfluss auf die kulturellen und politischen Veränderungen, die sie als ein schockartiges Erlebnis empfunden hat. Auch die Bekanntmachung der Stasi-Kontakte, die Einsicht in ihre eigenen Akten und die Angriffe in den Medien haben das Gefühl der Machtlosigkeit verstärkt. *Normlessness* als ein subjektives Entfremdungsgefühl hat die Autorin empfunden, weil sie an eine Konföderation, die Eigenständigkeit der DDR und an einen Sozialismus mit menschlichem Antlitz geglaubt und diese verteidigt hat, was im Widerspruch zur damaligen weitverbreiteten Auffassung stand. Die Entfremdung in Form von *isolation* wird erkennbar durch die Abgrenzung von weitverbreiteten und herrschenden Überzeugungen, denen sie einen sehr geringen Wert zuschrieb, sowie durch den Rückzug aus der Gesellschaft. Die letzte Entfremdungserfahrung lässt sich als *self-estrangement* näher bestimmen, die sich in der Unfähigkeit widerspiegelt, in kulturellen Fragen eine selbstlohnende, selbstvollendende und selbstverwirklichende Tätigkeit finden zu können, oder der Zustand, dass jene

Aktivitäten nicht mehr als befriedigend empfunden werden. Hier liegt die Grenze zwischen der literarischen Projektion und dem realen Leben der Autorin.

Die Entfremdungstheorie von Melvin Seeman und die fünf Bedeutungen von Entfremdung werfen ein Licht auf die unterschiedlichen Entfremdungserscheinungen der literarischen Figuren und führen zu einem differenzierten Verständnis in Bezug auf das Problem der Entfremdung. Diese Untersuchung widerlegt somit die These, dass Medea eine „unentfremdete"[572] Figur sei. Durch die Projektion ihrer eigenen subjektiven Entfremdungserfahrungen auf die literarischen Figuren stellt Christa Wolf in *Medea. Stimmen* exemplarisch die unterschiedlichen Dimensionen der Entfremdungserfahrungen dar. Sie war sich selbst der Gefahr dieser Erfahrung bewusst und hat sich mit ihr in der DDR und nach der Wiedervereinigung intensiv auseinandergesetzt, um die Ursachen der Entfremdung aufzudecken und sie zu überwinden.

---

572 Vgl. hierzu Ehrhardt, Christa Wolfs Medea – eine Gestalt auf der Zeitengrenze, a. a. O., S. 53, und Viergutz, Holweg, „Kassandra" und „Medea" von Christa Wolf, a. a. O., S. 82.

Literaturverzeichnis

Primärliteratur

Anouilh, Jean: Medea. In: ders.: Dramen. Band 1. München: Albert Langen, Georg Müller, S. 90–131.

Brecht, Bertolt: An die Nachgeborenen. In: ders.: Werke Bd. 12. Gedichte 2. Sammlungen 1938–1956. (Hg.) Werner Hecht u. a. Berlin, Weimar: Aufbau und Frankfurt am Main: Suhrkamp 1988.

Euripides: Medea. Tragödie. Deutsch von J. J. C. Donner. Stuttgart: Reclam 2006.

Hesiod: Theogonie. Griechisch/ Deutsch. Stuttgart: Reclam, 2005 (= Reclams Universal-Bibliothek Nr. 9763).

Jahnn, Hans Henny: Medea. Tragödie. In: ders.: Werke und Tagebücher. In sieben Bänden. Mit einer Einleitung von Hans Mayer. (Hg.) T. Freeman und T. Scheuffelen. Bd. 4. Hamburg: Hoffmann und Campe Verlag, 1974, S. 453–528.

Jeffers, Robinson: Medea. Frei nach Euripides. Aus dem Amerikanischen von Eva Hesse. In: Medea. Euripides, Seneca, Corneille, Cherubini, Grillparzer, Jahnn, Anouilh, Jeffers, Braun. (Hg.) von Joachim Schondorff. Mit einem Vorwort von Karl Kerenyi. München, Wien: Albert Langen, Georg Müller 1963.

Ozansoy, Munis Faik: Medea. Manzum Tragedya. Iki Perde. Ankara: Ankara Üniversitesi Basimevi, 1963.

Wolf, Christa: Medea. Stimmen. München: Luchterhand 1996.

Wolf, Christa: Der geteilte Himmel. Werke Bd. 1. (Hg.) Sonja Hilzinger. München: Luchterhand 1999.

Wolf, Christa: Nachdenken über Christa T.. Werke Bd. 2. Hg. v. Sonja Hilzinger. München: Luchterhand 1999.

Wolf, Christa: Erzählungen 1960–1980. Werke Bd. 3. Hg. v. Sonja Hilzinger. München: Luchterhand 1999.

Wolf, Christa: Essays, Gespräche, Reden, Briefe 1959–1974. Werke Bd. 4. Hg. v. Sonja Hilzinger. München: Luchterhand 1999.

Wolf, Christa: Kindheitsmuster. Werke Bd. 5. Hg. v. Sonja Hilzinger. München: Luchterhand 2000.

Wolf, Christa: Kein Ort. Nirgends, Der Schatten eines Traumes Karoline von Günderrode – ein Entwurf, Nun ja! Das nächste Leben geht aber heute an. Ein Brief über die Bettine. Werke Bd. 6. Hg. v. Sonja Hilzinger. München: Luchterhand 2000.

Wolf, Christa: Kassandra, Voraussetzungen einer Erzählung. Werke Bd. 7. Hg. v. Sonja Hilzinger. München: Luchterhand 2000.

Wolf, Christa: Essays, Gespräche, Reden, Briefe 1975–1986. Werke Bd. 8. Hg. v. Sonja Hilzinger. München: Luchterhand 2000.

Wolf, Christa: Störfall. Nachrichten eines Tages, Verblendung. Disput über einen Störfall. Werke Bd. 9. Hg. v. Sonja Hilzinger. München: Luchterhand 2001.

Wolf, Christa: Sommerstück, Was bleibt. Werke Bd. 10. Hg. v. Sonja Hilzinger. München: Luchterhand 2001.

Wolf, Christa: Medea. Stimmen, Voraussetzungen zu einem Text. Werke Bd. 11. Hg. v. Sonja Hilzinger. München: Luchterhand 2001.

Wolf, Christa: Essays, Gespräche, Reden, Briefe 1987–2000. Werke Bd. 12. Hg. v. Sonja Hilzinger. München: Luchterhand 2001.

Wolf, Christa: Auf dem Weg nach Tabou. Texte 1990–1994. Köln: Kiepenheuer und Witsch 1994.

Wolf, Christa: Medea. Stimmen. München: Luchterhand 1996.

Wolf, Christa: Hierzulande Andernorts. Erzählungen und andere Texte 1994–1998. München: Luchterhand 1999.

Wolf, Christa: Ein Tag im Jahr 1960–2000. München: Luchterhand 2003.

Sekundärliteratur

Agde, Günter (Hg.): Kahlschlag. Das 11. Plenum des ZK der SED. Studien und Dokumente. 2. erweiterte Auflage. Berlin: AtV 2000 (= 8045).

Anz, Thomas (Hg.): „Es geht nicht um Christa Wolf". Der Literaturstreit im vereinten Deutschland. Unter Mitarbeit von Christof Bolay, Kirsten Erwentraut, Yvonne Katzenberger, Thomas Kastura, Barbara Lilje, Christine Loy, Susanne Müller. München: edition spangenberg 1991.

Arnold, Heinz Ludwig (Hg.): Christa Wolf. Vierte Aufl.: Neufassung. München: edition text + kritik 1994 (= Text +Kritik, Heft 46).

Arnold, Heinz Ludwig (Hg.): Literatur in der DDR. Rückblicke. München: edition text + kritik 1991 (= Text + Kritik. Sonderband 1991).

Atwood, Margaret: Zu Christa Wolfs Medea. In: Marianne Hochgeschurz: (Hg.): Voraussetzungen zu einem Text. München: dtv 2000, S. 105–114.

Bachofen, Johann Jakob: Das Muterrecht. Eine Untersuchung über die Gynaikokratie der alten Welt nach ihrer religiösen und rechtlichen Natur. Eine Ausw. hg. v. Hans-Jürgen Heinrichs. 9. Aufl. Frankfurt am Main: Suhrkamp 1997 (= Suhrkamp-Taschenbuch Wissenschaft; 135).

Balzer, Jens: Tobt nicht, rast nicht, flucht nicht. Die Königin ist nicht Täterin, sondern reines Opfer. Christa Wolf gibt „Medea. Stimmen". In: Die Zeit, 23.02.1996.

Baumer, Franz: Christa Wolf. Überarb. und erg. Neuauflage. Berlin: Morgenbuch 1996 (= Köpfe des 20. Jahrhunderts; Bd. 110).

Beinssen-Hesse, Silke: Christa Wolfs Medea Stimmen und die Krise des Opferkults. In: Gerhard Fischer, David Roberts (Hg.): Schreiben nach der Wende. Ein Jahrzehnt deutscher Literatur 1989–1999. Tübingen: Stauffenburg 2001 (= Studien zur deutschsprachigen Gegenwartsliteratur; Bd. 14), S. 193–206.

Bernsdorf, Wilhelm (Hg.): Wörterbuch der Soziologie. Stuttgart: Ferdinand Enke 1969.

Böthig, Peter (Hg.): Christa Wolf. Eine Biographie in Bildern und Texten. München: Luchterhand 2004.

Büch, Karin Birge: Spiegelungen. Mythosrezeption bei Christa Wolf. „Kassandra" und „Medea. Stimmen". Marburg: Tectum 2002.

Bühl, Harald/ Heinzer, Dieter/ Koch, Hans/ Staufenbiel, Fred (Hg.): Kulturpolitisches Wörterbuch. Berlin: Dietz 1970.

Breuer, Dieter: Geschichte der literarischen Zensur in Deutschland. Heidelberg: Quelle und Meyer 1982 (= Uni-Taschenbücher; 1208).

Chiarloni, Anna: Medea und ihre Interpreten. Zum letzten Roman von Christa Wolf. In: Marianne Hochgeschurz (Hg.): Voraussetzungen zu einem Text. München: dtv, S. 174–188.

Colombo, Daniela: Das Drama der Geschichte bei Heiner Müller und Christa Wolf. Würzburg: Königshausen & Neumann 2009 (= Epistemata, Würzburger Wissenschaftliche Schriften, Reihe Literaturwissenschaft; Bd. 662–2209).

Cornu, Auguste: Die Idee der Entfremdung bei Hegel, Feuerbach und Karl Marx (1948). In: Heinz-Horst Schrey (Hg.): Entfremdung. Darmstadt: Wissenschaftliche Buchgesellschaft 1975 (= Wege der Forschung; Bd. CDXXXVII).

Deiritz, Karl/ Kraus, Hannes (Hg.): Der deutsch-deutsche Literaturstreit oder „Freunde, es spricht schlecht mit gebundener Zunge." Analysen und Materialien. Hamburg, Zürich: Luchterhand 1991 (= Sammlung Luchterhand; 1002).

Delhey, Yvonne: Kunst zwischen Mythos und Aufkärung – Litterature engagee im Zeichen des Humanen. Zur Mythosrezeption Christa Wolfs mit einer Fußnote zu Franz Fühmann. In: Hans-Christian Stillmark (Hg.): Rückblicke auf die Literatur der DDR. Unter Mitarbeit von Christoph Lehker. Amsterdam, New York, NY 2002 (= Amsterdamer Beiträge zur neueren Germanistik; Bd. 52–2002), S. 155–177.

Dietrich, Kerstin: „DDR-Literatur" im Spiegel der deutsch-deutschen Literaturdebatte: „DDR-Autorinnen" neu bewertet. Frankfurt am Main u. a.: Lang, 1998 (= Europäische Hochschulschriften: Reihe 1, Deutsche Sprache und Literatur; Bd. 1698) (= Zugl.: Hamburg, Univ. Diss., 1998).

Drescher, Angela (Hg.): Dokumentation zu Christa Wolf „Nachdenken über Christa T.". Hamburg, Zürich: Luchterhand 1992 (= Sammlung Luchterhand; 1043).

Durzak, Manfred: Rollenzwang und Individuation. Die Romane von Christa Wolf. In: ders.: Der deutsche Roman der Gegenwart. Entwicklungsvoraussetzungen und Tendenzen; Heinrich Böll, Günter Grass, Uwe Johnson, Christa Wolf, Hermann Kant. Dritte, erweiterte und veränderte Auflage. Stuttgart, Berlin, Köln, Mainz: Kohlhammer 1979 (= Sprache und Literatur; 70), S. 184–221.

Dwight, Dean: Entfremdung und politische Apathie. In: Arthur Fischer (Hg.): Die Entfremdung des Menschen in einer heilen Gesellschaft. Materialien zur Adaption und Denunziation eines Begriffs. München: Juventa, 1970 (= Thomas Ellwein und Ralf Zoll (Hg.): Politisches Verhalten, Untersuchungen und Materialien zu den Bedingungen und Formen politischer Teilnahme, Bd. 2), S. 275–283.

Emmerich, Wolfgang: Kleine Literaturgeschichte der DDR. Erweiterte Neuausgabe. 2. Aufl. Leipzig: Gustav Kiepenheuer 1997.

Ehrhardt, Marie-Luise: Christa Wolfs Medea – eine Gestalt auf der Zeitengrenze. Würzburg: Königshausen & Neumann 2000.

Fischer, Ernst: Kafka-Konferenz. In: Heinz Politzer (Hg.): Franz Kafka. Darmstadt: Wissenschaftliche Buchgesellschaft 1973, S. 365–377.

Fischer, Arthur (Hg.): Die Entfremdung des Menschen in einer heilen Gesellschaft. Materialien zur Adaption und Denunziation eines Begriffs. München: Juventa 1970 (= Thomas Ellwein und Ralf Zoll (Hg.): Politisches Verhalten, Untersuchungen und Materialien zu den Bedingungen und Formen politischer Teilnahme, Bd. 2).

Fromm, Erich: Die Seele des Menschen Ihre Fähigkeit zum Guten und zum Bösen. Aus dem Englischen von Liselotte Mickel und Ernst Mickel. München: dtv 2000.

Erich Fromm: Wege aus einer kranken Gesellschaft. Eine sozialpsychologische Untersuchung. Nach d. amerikan. Orig.-Ausg. übersetzt von Liselotte und Ernst Mickel. 10., überarb. Aufl., Frankfurt am Main: Europäische Verlagsanstalt 1980.

Georgopoulou, Eleni: Antiker Mythos in Christa Wolfs *Medea. Stimmen* und Evjenia Fakinus *Das siebte Gewand*. Die Literarisierung eines Kultur-*Prozesses*. Braunschweig: Romiosini 2001.

Gidion, Heidi: Christa Wolfs „Nachdenken über Christa T." Wiedergelesen nach fünfundzwanzig Jahren. In: Arnold, Heinz Ludwig (Hg.): Christa Wolf. Vierte Aufl.: Neufassung. München: edition text + kritik (= text + kritik, Heft 46, 1994), S. 48–58.

Glaser, Horst Albert: Medea oder Frauenehre, Kindsmord und Emanzipation. Zur Geschichte eines Mythos. Frankfurt am Main, Berlin u. a.: Lang 2001.

Göbel-Uotila, Marketta: Medea. Ikone des Fremden und des Anderen in der europäischen Literatur des 20. Jahrhunderts. Am Beispiel von Hans Henny Jahnn, Jean Anouilh und Christa Wolf. Hildesheim: Olms 2005 (= Germanistische Texte und Studien, Band; 73).

Groth, Joachim-Rüdiger: Widersprüche. Literatur und Politik in der DDR 1949–1989. Zusammenhänge, Werke, Dokumente. Frankfurt am Main, Berlin, Bern, New York, Paris, Wien: Lang 1994.

Grubitzsch, Siegfried/ Weber, Klaus (Hg.): Psychologische Grundbegriffe. Ein Handbuch. Hamburg: Rowohlt 1998.

Gutjahr, Ortrud: Mythos nach der Wiedervereinigung. Zu Christa Wolfs *Medea Stimmen* und Botho Strauß' *Ithaka*. In: Verena Ehrich-Haefeli, Hans-Jürgen Schrader, Martin Stern (Hg.): Antiquitates Renatae. Deutsche und französische Beiträge zur Wirkung der Antike in der europäischen Literatur. Festschrift für Renate Böschenstein zum 65. Geburtstag. Würzburg: Königshausen & Neumann, 1998. S. 345–360.

Hage, Volker: Kein Mord, nirgends. Ein Angriff auf die Macht und die Männer: Christa Wolfs Schlüsselroman „Medea". In: Der Spiegel, 26.02.1996.

Hehlmann, Wilhelm (Hg.): Wörterbuch der Psychologie. Stuttgart: Kröner 1959 (= Kröners Taschenausgabe Bd. 269).

Heinz-Mohr, Gerd: Lexikon der Symbole. Bilder und Zeichen der christlichen Kunst. Freiburg, Basel, Wien: Herder 1991 (= Herder/ Spektrum: Bd. 4008).

Heidmann Vischer, Ute: Die andere Art *Medea* zu lesen. Wie Schriftstellerinnen des zwanzigsten Jahrhunderts Euripides für sich entdecken. In: Verena Ehrich-Haefeli, Hans-Jürgen Schrader, Martin Stern (Hg.): Antiquitates Renatae. Deutsche und französische Beiträge zur Wirkung der Antike in der europäischen Literatur. Festschrift für Renate Böschenstein zum 65. Geburtstag. Würzburg: Königshausen & Neumann 1998. S. 333–344.

Hilzinger, Sonja: Christa Wolf. Stuttgart: Metzler 1986 (= Sammlung Metzler; M 224).

Hochgeschurz, Marianne (Hg.): Christa Wolfs Medea. Voraussetzungen zu einem Text. München: dtv 2000.

Honecker, Erich: Bericht des Politbüros an die 11. Tagung des Zentralkomitees der SED, 15.–18.12.1965. Auszug. In: Günter Agde (Hg.): Kahlschlag. Das 11. Plenum des ZK der SED. Studien und Dokumente. 2. erweiterte Auflage. Berlin: AtV 2000 (= 8045), S. 238–251.

Hörnigk, Therese: „… aber schreiben kann man dann nicht." Über die Auswirkungen politischer Eingriffe in künstlerische Prozesse. In: Günter Agde (Hg.): Kahlschlag. Das 11. Plenum des ZK der SED 1965. Studien und Dokumente. 2. erweiterte Auflage. Berlin: AtV 2000 (= 8045), S. 413–422.

Hörnigk, Therese: Eine Suche nach der verlorenen Zeit? Christa Wolf und ihre Erzählung „Was bleibt". In: Karl Deiritz, Hannes Kraus (Hg.): Der deutsch-deutsche Literaturstreit oder „Freunde, es spricht schlecht mit gebundener Zunge." Analysen und Materialien. Hamburg, Zürich: Luchterhand 1991 (= Sammlung Luchterhand; 1002), S. 95–101.

Israel, Joachim: Der Begriff der Entfremdung. Makrosoziologische Untersuchung von Marx bis zur Soziologie der Gegenwart. Aus dem Englischen übersetzt von Marga Kreckel. Hamburg: Rowohlt 1972.

Jäger, Manfred: Kultur und Politik in der DDR 1945–1990. Köln: Edition Deutschland Archiv. Im Verlag Wissenschaft und Politik 1995.

Jäger, Manfred: Das Wechselspiel von Selbstzensur und Literaturlenkung in der DDR. In: Ernest Wiesner (Hg.): „Literaturentwicklungsprozesse". Die Zensur der Literatur in der DDR. Frankfurt am Main: Suhrkamp 1993 (= edition suhrkamp; 1782) (= Neue Folge; 782), S. 18–48.

Kaminski, Nicola: Sommerstück – Was bleibt – Medea. Stimmen. Wende-Seismographien bei Christa Wolf. In: Walter Ehrhart, Dirk Niefanger (Hg.): Zwei Wendezeiten. Blicke auf die deutsche Literatur 1945 und 1989. Tübingen: Max Niemeyer 1997, S. 115–139.

Krellner, Ulrich: Mythologie Transformationen. Zur Rolle des Mythos in Christa Wolfs Kassandra und Medea. Stimmen. In: Edgar Platen, Martin Todtenhaupt: Mythisierungen, Entmythisierungen, Remythisierungen. Zur Darstellung von Zeitgeschichte in deutschsprachiger Gegenwartsliteratur (IV). München: Iudicum 2007 (= Perspektiven nordeuropäische Studien zur deutschsprachigen Literatur und Kultur. Hg. v. Edgar Platen, Christoph Perry, Beatrice Sandberg, Wolf Wucherpfennig), S. 123–137.

Kerényi, Karl: Die Mythologie der Griechen. Bd. II. Die Heroen-Geschichten. 15. Aufl. München: dtv 1996 (= 30031).

Krogmann, Werner: Christa Wolf Konturen. Frankfurt am Main, Bern, New York, Paris: Lang 1989.

Lexicon Iconographicum Mythologiae Classicae. Doppelband 6. Zürich, München: Artemis Verlag 1992.

Loster-Schneider, Gudrun: „Den Mythos lesen lernen ist ein Abenteuer": Christa Wolfs Erzählung ‚Kassandra' im Spannungsverhältnis von Feminismus und Mythenkritik. In: Literaturgeschichte als Profession: Festschrift für Dieter Jöns. Hg. v. Hartmut Laufhütte unter Mitw. von Jürgen Landwehr. Tübingen: Narr 1993, S. 385–404.

Loster-Schneider, Gudrun: Intertextualität und Intermedialität als Mittel ästhetischer Innovation in Christa Wolfs Roman Medea. Stimmen. In: Waltraud Wende (Hg.): Nora verläßt ihr Puppenheim. Autorinnen des zwanzigsten

Jahrhunderts und ihr Beitrag zur ästhetischen Innovation. Stuttgart, Weimar: Metzler 2000, S. 222–249.

Lühe, Irmela von der: „Unsere Verkennung bildet ein geschlossenes System" – Christa Wolfs ‚Medea' im Lichte der Schillerschen Ästhetik. Marbach: Deutsche Schillergesellschaft 2000.

Lütkehaus, Ludger (Hg.): Mythos Medea. Leipzig: Reclam 2001 (= Reclam Bibliothek Leipzig; Bd. 2006).

Magenau, Jörg: Die andere Nachricht. Christa Wolf und die Jahre vor der Wende. In: ndl, 50 (2002) 2, S. 51–66.

Magenau, Jörg: Christa Wolf. Eine Biographie. Berlin: Kindler 2002.

Mannheim, Karl: Mensch und Gesellschaft im Zeitalter des Umbaus. Ins deutsche Übertragen von Ruprecht Paqué. Darmstadt: Wissenschaftliche Buchgesellschaft 1958.

Mayer-Burger, Berhard: Entwicklung und Funktion der Literaturpolitik der DDR (1945–1978). 2. Aufl. München: tuduv 1986 (= tuduv-Studien: Reihe Sprach- und Literaturwissenschaft).

Mayer, Friederike: Potenzierte Fremdheit Medea – die wilde Frau. Betrachtungen zu Christa Wolfs Roman *Medea. Stimmen.* In: Literatur für Leser, 20 (1997) 2, S. 85–94.

Merton, Robert K.: Sozialstruktur und Anomie. In: Heinz-Horst Schrey (Hg.): Entfremdung. Darmstadt: Wissenschaftliche Buchgesellschaft 1975, S. 339–359.

Messerschmidt, Astrid/ Peters, Eva: Kein Freispruch für Euripides. Zu den Medea-Romanen von Ursula Haas und Christa Wolf. In: Weimarer Beiträge, 46 (2000) 4, S. 524–546.

Meyer-Gosau, Frauke: Sehnsucht nach der Vormoderne. Christa Wolfs „arger Weg" zur gesamtdeutschen Autorin. In: Walter Delabar, Erhard Schütz (Hg.): Deutschsprachige Literatur der 70er und 80er Jahre. Autoren, Tendenzen, Gattungen. Darmstadt: Wissenschaftliche Buchgesellschaft 1997, S. 268–285.

Meyer-Gosau, Frauke: „Keine Spur von Hoffnung, keine Spur von Furcht. Nichts nichts." Christa Wolfs Weg aus der Geschichte. In: Volker Wehdeking (Hg.): Mentalitätswandel in der deutschen Literatur zur Einheit (1990–2000). Berlin: Erich Schmidt 2000 (= Philologische Studien und Quellen; H. 165), S. 153–163.

Mittelstraß, Jürgen u. a. (Hg.): Enzyklopädie Philosophie und Wissenschaftstheorie. Mannheim, Wien, Zürich: Bibliographisches Inst. 1980.

Mitrache, Liliana: Von Euripides zu Christa Wolf. Die Wiederbelebung des Mythos in „Medea. Stimmen". In: Studia Neophilologia 74 (2002), S. 207–214.

Mittenzweig, Werner: Zur Kafka Konferenz 1963. In: Günter Agde (Hg.): Kahlschlag. Das 11. Plenum des ZK der SED. Studien und Dokumente. 2. erweiterte Auflage, Berlin: AtV 2000 (= 8045), S. 79–87.

Nettler, Gwynn: A Measure of Alienation. In: American Sociological Review, 22 (1957), S. 670–677.

Neuhaus, Stefan: Christa Wolf, Medea und der Mythos. In: Wirkendes Wort, (53) 2/2003, S. 283–294.

Neumann, Gerhard: Christa Wolf: *Kassandra*. Die Archäologie der weiblichen Stimme. In: Wolfram Mauser (Hg.): Erinnerte Zukunft: 11 Studien zum Werk Christa Wolfs. Würzburg: Königshausen & Neumann 1985, S. 233–264.

Ortkemper, Hubert: Medea in Athen. Die Uraufführung und ihre Zuschauer. Mit einer Neuübersetzung der „Medea" des Euripides. Frankfurt am Main, u. a.: Insel 2001 (= insel taschenbuch 2755).

Preußer, Heinz-Peter.: Mythos als Sinnkonstruktion. Die Antikenprojekte von Christa Wolf, Heiner Müller, Stefan Schütz und Volker Braun. Köln, Weimar, Wien: Böhlau 2000 (Zugl.: Berlin Freie Univ., Diss., 1998).

Raddatz, Fritz J.: „Von der Beschädigung der Literatur durch ihre Urheber. Bemerkungen zu Heiner Müller und Christa Wolf". In: Die Zeit, 28.01.1993.

Reich-Ranicki, Marcel: Ohne Rabatt. Über Literatur aus der DDR. München: dtv 1993 (= 11744).

Renner, Rolf Günter: Mythische Psychologie und psychologischer Mythos. Zu Christa Wolfs *Kassandra*. In: Wolfram Mauser (Hg.): Erinnerte Zukunft: 11 Studien zum Werk Christa Wolfs. Würzburg: Königshausen & Neumann 1985, S. 265–290.

Roscher, W. H.: Ausführliches Lexikon der griechischen und römischen Mythologie. Leipzig: B. G. Teubner 1894–1897.

Rosenberg, Morris: The Meaning of Politics in Mass Society. In: Public Opinion Quarterly, XV (1951), S. 5–15.

Roser, Birgit: Mythenbehandlung und Kompositionstechnik in Christa Wolfs „Medea. Stimmen". Frankfurt am Main, Berlin, Bern, Bruxelles, New York, Wien: Lang 2000 (= Münchener Studien zur literarischen Kultur in Deutschland; Bd. 32).

Rüther, Günther: „Greif zur Feder Kumpel". Schriftsteller, Literatur und Politik in der DDR 1949–1990. 2. überarb. Aufl., Düsseldorf: Droste 1991 (= Droste-Taschenbücher Geschichte).

Sabalius, Romey: Literatur bleibt! Der „Fall" Christa Wolf. In: Ursula E. Beitter (Hg.): Schreiben im heutigen Deutschland. Die literarische Szene nach der Wende. New York u. a.: Lang 1997 (= Loyola College in Maryland Berlin Seminar: Contemporary German Literature and Society; Vol. 1), S. 35–39.

Sauer, Klaus (Hg.): Christa Wolf. Materialienbuch. Darmstadt, Neuwied: Luchterhand 1983.

Schaff, Adam: Entfremdung als soziales Phänomen. Wien: Europa 1977.

Scheffel, Michael: Vom Mythos gezeichnet? Medea zwischen ,Sexus' und ,Gender' bei Euripides, Franz Grillparzer und Christa Wolf. In: Wirkendes Wort, (53) 2/2003, S. 295–307.

Schellhammer, Simone: Der deutsch-deutsche Literaturstreit um Christa Wolf. Untersuchung eines publizistischen Konflikts. 1993.

Schönau, Walter: Einführung in die psychoanalytische Literaturwissenschaft. Stuttgart: Metzler 1991 (= Sammlung Metzler; Bd. 259).

Schondorff, Joachim (Hg.): Medea. Euripides, Seneca, Corneille, Cherubini, Grillparzer, Jahnn, Anouilh, Jeffers, Braun. Mit einem Vorwort von Karl Kerényi. München, Wien: Albert Langen, Georg Müller 1963 (= Theater der Jahrhunderte; Medea).

Schrey, Heinz-Horst (Hg.): Entfremdung. Darmstadt: Wissenschaftliche Buchgesellschaft 1975 (= Wege der Forschung; Bd. CDXXXVII).

Schulz, Max Walter: Das Neue und Bleibende in unserer Literatur. In: VI. Deutscher Schriftstellerkongreß vom 28. bis 30. Mai 1969 in Berlin. Protokoll. Berlin, Weimar: Aufbau 1969, S. 23–58.

Seeman, Melvin: On the Meaning of Alienation. In: American Sociological Review 24 (1959), S. 783–791.

Shafi, Monika: „Falsch leiden sollte es das auch geben." Konfliktstrukturen in Christa Wolfs Roman „Medea". In: Colloquia Germanica Internationale Zeitschrift für Germanistik 30 (1997) 4, S. 375–385.

Sørensen, Barbara: Sprachkrise und Utopie in Christa Wolfs Texten nach der Wende. Die Krise der Intellektuellen im wiedervereinigten Deutschland. Kopenhagen, München: Fink 1996 (= Text & Kontext Sonderreihe; Bd. 38).

Stanzel, Franz K.: Theorie des Erzählens. 5. Aufl. Göttingen: Vandenhoeck und Ruprecht 1991.

Stephan, Alexander: Christa Wolf. 4. erw. Aufl. München: Beck 1991 (= Beck'sche Reihe; 603: Autorenbücher).

Stephan, Inge: Die bösen Mütter: Medea-Mythen und nationale Diskurse in Texten von Elisabeth Länggässer und Christa Wolf. In: Gerhard Fischer, David Roberts (Hg.): Schreiben nach der Wende. Ein Jahrzehnt deutscher Literatur 1989–1999. Tübingen: Stauffenburg 2001 (= Studien zur deutschsprachigen Gegenwartsliteratur; Bd. 14), S. 171–180.

Stephan, Inge: Medea. Multimediale Karriere einer mythologischen Frau. Köln, Weimar, Wien: Böhlau 2006.

Viergutz, Corinna/ Holweg, Heiko: „Kassandra" und „Medea" von Christa Wolf. Utopische Mythen im Vergleich. Würzburg: Königshausen & Neumann 2007.

Vinke, Hermann (Hg.): Akteneinsicht Christa Wolf. Zerrspiegel und Dialog. Eine Dokumentation. 2. Aufl. Hamburg: Luchterhand 1993.

Voss, Christine L.: Projektionsraum Mythos bei Christa Wolf – von der Kassandra zur Medea. Eine literarische Analyse der feministisch-mythographischen Konzepte in diesen Werken. Ann Arbor, Mich.: UMI 1998.

Walther, Joachim: Sicherheitsbereich Literatur. Schriftsteller und Staatssicherheit in der Deutschen Demokratischen Republik. Berlin: Links 1996 (= Wissenschaftliche Reihe des Bundesbeauftragten; 6).

Walter, Joachim/ Biermann, Wolf/ Bruyn, Günter de/ Fuchs, Jürgen/ Hein, Christoph/ Kunert, Günter/ Loest, Erich/ Schädlich, Hans-Joachim/ Wolf, Christa (Hg.): Protokoll eines Tribunals. Die Ausschlüsse aus dem DDR-Schriftstellerverband 1979. Hamburg: Rowohlt 1991 (= rororo aktuell; 12992).

Welzel, Klaus: „Was bleibt" von Christa Wolf?. In: ders.: Utopieverlust – die Deutsche Einheit im Spiegel ostdeutscher Autoren. Würzburg: Königshausen & Neumann 1998 (= Epistemata: Reihe Literaturwissenschaft; Bd. 242) Zugl. Mannheim, Univ. Diss. 1997, S. 15–70.

Wenninger, Gerd (Hg.): Lexikon der Psychologie. In fünf Bänden. Berlin, Heidelberg: Spektrum Akademischer Verl. 2000.

Werner, Michael (Hg.): Begegnungen mit Heine. Berichte der Zeitgenossen. In Fortführung von H. H. Houbens „Gespräche mit Heine" 1847–1856, Bd. 2. Hamburg: Hoffmann und Campe, 1973.

Wild, Henk de (Hg.): Bibliographie der Sekundärliteratur zu Christa Wolf. Frankfurt am Main: Berlin, Bern, New York, Paris, Wien: Lang 1995.

Wilke, Sabine: „Kreuz- und Wendepunkte unserer Zivilisation nach-denken": Christa Wolfs Stellung im Umfeld der zeitgenössischen Mythos-Diskussion. In: dies.: Poetische Strukturen der Moderne. Zeitgenössische Literatur zwischen alter und neuer Mythologie. Stuttgart: Metzler 1992, S. 81–118.

Witt, Günter: Wie eine Inquisition. In: Günter Agde (Hg.): Kahlschlag. Das 11. Plenum des ZK der SED. Studien und Dokumente. 2. erweiterte Auflage. Berlin: AtV 2000 (= 8045), S. 339–344.

Wittek, Bernd: Der Literaturstreit um Christa Wolf und die deutsch-deutsche Gegenwartsliteratur in Zeitungen und Zeitschriften von Juni 1990 bis Ende 1992. Marburg: Tectum 1996.

Wittek, Bernd: Der Literaturstreit im sich vereinigenden Deutschland. Eine Analyse des Streits um Christa Wolf und die deutsch-deutsche Gegenwartsliteratur in Zeitungen und Zeitschriften. Marburg: Tectum 1997.

Zipser, Richard (Hg.): Fragebogen: Zensur. Zur Literatur vor und nach dem Ende der DDR. Leipzig: Reclam 1995 (= Reclam-Bibliothek; 1541).